westermann

D1930476

Bernd Ettmann, Sonja Gritzmann-Schmitt, Barbara Ritterbach, Jan Schuster, Dr. Günter Wierichs

Herausgeber: Bernd Ettmann, Dr. Günter Wierichs

GUT BERATEN in der Bank

Bankkaufmann / Bankkauffrau 1. Ausbildungsjahr
Lernsituationen

1. Auflage

Bestellnummer 32673

Die in diesem Produkt gemachten Angaben zu Unternehmen (Namen, Internet- und E-Mail-Adressen, Handelsregistereintragungen, Bankverbindungen, Steuer-, Telefon- und Faxnummern und alle weiteren Angaben) sind i. d. R. fiktiv, d. h., sie stehen in keinem Zusammenhang mit einem real existierenden Unternehmen in der dargestellten oder einer ähnlichen Form. Dies gilt auch für alle Kunden, Lieferanten und sonstigen Geschäftspartner der Unternehmen wie z. B. Kreditinstitute, Versicherungsunternehmen und andere Dienstleistungsunternehmen. Ausschließlich zum Zwecke der Authentizität werden die Namen real existierender Unternehmen und z. B. im Fall von Kreditinstituten auch deren IBANs und BICs verwendet.

Die in diesem Werk aufgeführten Internetadressen sind auf dem Stand zum Zeitpunkt der Drucklegung. Die ständige Aktualität der Adressen kann vonseiten des Verlages nicht gewährleistet werden. Darüber hinaus übernimmt der Verlag keine Verantwortung für die Inhalte dieser Seiten.

BiBox westermann
inkl. E-Book

Dieses Lehrwerk ist auch als BiBox erhältlich. In unserem Webshop unter www.westermann.de finden Sie hierzu unter der Bestellnummer des Ihnen vorliegenden Bandes weiterführende Informationen zum passenden digitalen Schulbuch.

service@westermann.de
www.westermann.de

Bildungsverlag EINS GmbH
Ettore-Bugatti-Straße 6-14, 51149 Köln

ISBN 978-3-427-**32673**-1

westermann GRUPPE

Vorwort

Liebe Auszubildende,

Ziel Ihrer Ausbildung ist der Erwerb einer umfassenden Handlungskompetenz, die Sie dazu befähigt, berufliche Aufgabenstellungen selbstständig zu bearbeiten. Hierzu benötigen Sie fundierte Fachkenntnisse, kommunikative Fähigkeiten, vernetztes und analytisches Denken sowie Eigeninitiative und Empathie. Zudem müssen Sie die in den Geschäftsprozessen verwendeten digitalen Techniken sachgerecht und reflektiert einsetzen können.

Das **Arbeitsbuch *GUT BERATEN in der Bank*** unterstützt Sie beim Erwerb dieser umfänglichen Kompetenzen.

Lernsituationen konfrontieren Sie mit typischen Aufgabenstellungen aus der betrieblichen Praxis, die Sie weitgehend selbstständig alleine oder in Zusammenarbeit mit anderen Auszubildenden bearbeiten. Dabei beschäftigen Sie sich mit fachlichen und überfachlichen Inhalten.

Die Bearbeitung einer Lernsituation umfasst folgende Phasen:

Informationsphase	Sie informieren sich über die Aufgabenstellung und stellen sich dabei folgende Fragen: • Was ist das Problem? • Was ist unsere Aufgabe?
Planungs- und Entscheidungsphase	Sie planen Ihre weitere Vorgehensweise und erstellen einen Arbeitsplan: • Wie gehen wir vor, in Gruppen, mit Partner, allein, arbeitsteilig? • Welche Informationen benötigen wir? • Welchen Zeitrahmen benötigen wir?
Durchführungsphase	Sie erstellen bestimmte Handlungsprodukte. Dies sind zum Beispiel • Kundeninformationen • E-Mails und Geschäftsbriefe • Beratungsgespräche • Präsentationen
Kontrollphase	Sie prüfen Ihre Arbeitsergebnisse sowie Ihr Entscheidungs- und Kommunikationsverhalten.
Bewertungsphase	Sie bewerten den gesamten Arbeitsprozess und die Arbeitsergebnisse, um Verbesserungsmöglichkeiten für die Bearbeitung zukünftig anstehender Aufgaben zu identifizieren. Dabei reflektieren Sie auch die Kommunikation und Kooperation in Ihrer Arbeitsgruppe sowie den Einsatz digitaler Techniken.

Die Gestaltung der Lernsituationen ermöglicht Ihnen einen strukturierten und planvollen Kompetenzaufbau.

Aufgaben zu den **Lernsituationen** und zu den **Lernfeldern** vertiefen und festigen Ihre Kompetenzen und helfen Ihnen bei der Vorbereitung auf Klausuren und Prüfungen.

Der vorliegende Band 1 des Arbeitsbuches enthält Lernsituationen und Aufgaben zu den Lernfeldern 1 bis 5 des Rahmenlehrplans für den Ausbildungsberuf Bankkaufmann/Bankkauffrau.

Hilfestellung bei der Bearbeitung gibt Ihnen der Schülerband ***GUT BERATEN in der Bank*** (Best.-Nr. 32641) mit umfassenden Sachinformationen zu den Lernfeldinhalten und zahlreichen Ausführungen zu den lernfeldübergreifenden Kompetenzbereichen „Digitalisierung“, „Kommunikations- und Präsentationstechniken“ und „Grundlagen des kaufmännischen Rechnens“.

Wir wünschen Ihnen viel Spaß und viel Erfolg bei der Nutzung dieses Arbeitsbuches.

Das Autorenteam

Inhaltsverzeichnis

Lernfeld 1:

Die eigene Rolle im Betrieb und im Wirtschaftsleben mitgestalten

1

Zielbeschreibung:

Sie verfügen über die Kompetenz, Ihre Rolle als Auszubildende, als Mitarbeiterinnen und Mitarbeiter und Ihre eigene Stellung im Wirtschaftsleben selbstverantwortlich wahrzunehmen und mitzugestalten.

1 Lernsituationen

1.1 Fredericks Rechtshandlungen und Verträge – ohne Unterschrift der Eltern?

Situationsbeschreibung

Der 17-jährige Frederick Peters tritt zum 01.08.20.. eine Stelle als Auszubildender bei der Regio-Bank AG an. Dort lernt er die ein Jahr ältere Selma Cengaz kennen, die sich ebenfalls für eine Ausbildung zur Bankkauffrau entschieden hat. Die beiden freunden sich schnell an. Sie wissen, dass in den nächsten Jahren eine spannende Zeit als Auszubildende und – nach bestandener Abschlussprüfung – eventuell als Angestellte auf sie zukommen wird.

Frederick hatte sich bereits zum Beginn seiner Ausbildung fest vorgenommen, endlich einmal Ordnung in seine Papiere bzw. auf seinen Schreibtisch zu bringen. Jetzt, wo er fast erwachsen ist und selbst Verantwortung trägt, ist es ihm wichtig, Bescheid zu wissen und den Überblick zu behalten.

Stolz nimmt er den frisch unterschriebenen Ausbildungsvertrag mit der Regio-Bank AG in die Hand. Außerdem liegt noch der Arbeitsvertrag über seine Aushilfstätigkeit während des Sommers bei der Messebau GmbH vor ihm, den er aber längst gekündigt hat. Das Kündigungsschreiben findet er auch nach kurzem Suchen.

Dabei fällt ihm auf, dass die Ausbildungsleiterin der Regio-Bank AG und auch der Geschäftsführer der Messebau GmbH bei Abschluss der Verträge auf der Unterschrift seiner Eltern bestanden hatten, ebenso der Bankmitarbeiter bei der Kontoeröffnung. Die Kündigung seines Aushilfsjobs bei der Messebau GmbH hat Frederick allerdings alleine unterschrieben. Von dem, was er während seines Ferienjobs verdient hat, hat Frederick sich ganz ohne Wissen seiner Eltern ein Tablet bei der Elektro Müller OHG gekauft. Der Kassenbeleg fällt ihm auch in die Hände. Frederick bekommt Zweifel, ob das alles so rechtens war und nimmt zum ersten Mal die Gesetzessammlung, die sein Ausbildungsbetrieb ihm zur Verfügung gestellt hat, zur Hand. Darauf findet er zahlreiche Abkürzungen: BGB, HGB, ZPO, WpHG, AO, RechKredV usw.

Ihm fällt wieder ein: Der Bankmitarbeiter hat gesagt, er sei nicht geschäftsfähig. Das sieht er nicht so.

Zu seinem Ausbildungsbeginn möchte er gut vorbereitet sein und erstellt im ersten Enthusiasmus für sich eine Lernunterlage, um dann seine eigenen Geschäfte besser zu klären. Braucht er zukünftig immer noch die Unterschrift der Eltern?

Versetzen Sie sich in Fredericks Lage und erstellen Sie eine

- Strukturierungshilfe zu den Rechtsgebieten und eine
- Lernunterlage zur Beurteilung der Wirksamkeit von Fredericks Rechtshandlungen.

Information

Strukturieren Sie die Problemstellungen der Lernsituation, indem Sie alle Rechtshandlungen auflisten, die Frederick bisher vorgenommen hat. Stellen Sie außerdem fest, mit welchen Personen bzw. Unternehmen er dabei in Kontakt gekommen ist.

Planen und Entscheiden

Erstellen Sie einen Arbeits- und Zeitplan für die Bearbeitung der Lernsituation.

Durchführen

Bearbeiten Sie die Unterlagen zu den Handlungsprodukten.

Strukturierungshilfe zu den Rechtsgebieten

- **Unterscheidung öffentliches und privates Recht**

Kriterium	Öffentliches Recht	Privates Recht
Wer sind die Beteiligten?		
Wessen Interesse steht im Vordergrund?		
Ist die Rechtsnorm vertraglich änderbar?		
Zuordnung der Beispiele aus der Situationsbeschreibung		

- **Aufbau des BGB**

1. Buch	
2. Buch	
3. Buch	
4. Buch	
5. Buch	

Lernunterlage zur Beurteilung der Wirksamkeit von Fredericks Rechtshandlungen

Rechts- und Geschäftsfähigkeit

Rechtsfähigkeit:	**Definition:**

Rechtssubjekte		
Personen	**Beschreibung**	**Beginn der Rechtsfähigkeit**
Natürliche Personen		
Juristische Personen	Beispiele:	

Durchführen

Zuordnung der verschiedenen Rechtssubjekte zu den Personen bzw. Unternehmen, mit denen Frederick in Kontakt gekommen ist	
Natürliche Personen	
Juristische Personen	

Geschäftsfähigkeit:	**Definition:**

Geschäftsfähigkeit bei natürlichen Personen ...		
unter 7 Jahren	zwischen 7 und 18 Jahren	ab 18 Jahren bis zum Tod
sind: (§§ 104 Nr. 1, 105 Abs. 1 BGB)	sind: (§ 106 BGB)	sind:
Willenserklärungen der Personen sind ...		
	a) bei mehrseitigen Rechtsgeschäften (ohne Einwilligung, § 108 BGB): b) bei einseitigen Rechtsgeschäften (ohne Einwilligung, § 111 BGB):	

AUSNAHMEN		
Auftreten als Bote	• § 107 BGB: • § 110 BGB:	• § 104 Nr. 2 BGB
	• § 111 BGB: • § 112 BGB: • § 113 BGB:	• § 105 Abs. 2 BGB • § 1903 BGB

Durchführen

- Rechtsgültigkeit der von Frederick geschlossenen Verträge/Rechtshandlungen

Vertrag/Rechtshandlung	Willenserklärung von Frederick ist ...	Begründung

Kontrolle

Tauschen Sie sich über die von Ihnen erstellte Lernunterlage mit einem Mitschüler/einer Mitschülerin aus, um die Materialien gegenseitig inhaltlich zu prüfen.

Bewerten

- Recherchieren Sie zu den Inhalten „Rechtsgebiete, Rechts- und Geschäftsfähigkeit“ im Internet und suchen Sie alternative Übersichten bzw. Darstellungen. Wo sehen Sie Verbesserungspotenziale Ihrer Lernunterlage?
- Überdenken Sie, warum der Gesetzgeber einen Unterschied zwischen den Willenserklärungen Minderjähriger nach Abschluss eines Arbeits- und nach Abschluss eines Ausbildungsvertrages macht.

Aufgaben zur Lernsituation

1. Öffentliches und privates Recht

Prüfen Sie, in welcher Zeile die Gesetze dem öffentlichen und dem privaten Recht zutreffend zugeordnet sind. ☐

	Öffentliches Recht	Privates Recht
(1)	Sozialrecht	Schulrecht
(2)	Steuerrecht	Handelsgesetzbuch (HGB)
(3)	Aktienrecht	Bürgerliches Gesetzbuch (BGB)
(4)	Mietrecht	Tarifrecht
(5)	Kaufvertragsrecht	Abgabenordnung (AO)

2. Verfügungen über Taschengeld

Die 14-jährige Aline erhält von ihren Eltern ein monatliches Taschengeld in Höhe von 40,00 EUR zur freien Verfügung. Diesen Monat kauft sich Aline davon einen Rucksack für 35,00 EUR. In welcher Aussage wird die Rechtslage korrekt wiedergegeben? ☐

(1) Da Aline seit ihrer Geburt geschäftsfähig ist, kann sie den Rucksack rechtsgültig kaufen.
(2) Da Aline seit ihrem siebten Geburtstag beschränkt geschäftsfähig ist, ist der Kaufvertrag zwischen dem Händler und ihr schwebend unwirksam.
(3) Da Aline noch nicht volljährig ist, ist sie auch nicht voll geschäftsfähig und kann ohne ihre Eltern keine wirksamen Rechtsgeschäfte abschließen.
(4) Da Aline weder rechts- noch geschäftsfähig ist, kann sie den Rucksack nicht ohne die Zustimmung ihrer Eltern rechtswirksam erwerben.
(5) Da Aline beschränkt geschäftsfähig ist und den Rucksack mit dem Geld bezahlt hat, das sie von ihren Eltern zur freien Verfügung erhalten hatte, ist zwischen ihr und dem Händler ein wirksamer Kaufvertrag zustande gekommen.

3. Rechtsgeschäfte von Minderjährigen

Entscheiden Sie, ob die folgenden Rechtsgeschäfte gültig, schwebend unwirksam oder nichtig sind und verbinden Sie die Rechtshandlungen mit der richtigen Lösung!

	Folgende Rechtshandlung ...
(1)	Frederick kündigt seine Mitgliedschaft bei dem Fitnessclub „Young Fitness“, den er letztes Jahr mit Zustimmung seiner Eltern geschlossen hatte.
(2)	Frederick kauft sich seinen ersten Anzug beim Herrenausstatter. Das Geld haben ihm seine Eltern zu diesem Zweck überlassen.
(3)	Fredericks Großmutter erteilt Frederick Vollmacht über ihr Konto, damit er sie bei ihren Bankgeschäften unterstützen kann. Frederick freut sich über das ihm entgegengebrachte Vertrauen.
(4)	Frederick erhält von seinen Großeltern zum Geburtstag ein großzügiges Geldgeschenk.
(5)	Die Großeltern sind damit einverstanden, dass er dieses Geld für die Anschaffung eines neuen Mountainbikes nutzt.
(6)	Frederick schließt mit dem Elektrofachgeschäft einen Ratenkredit für einen Flachbildfernseher ab. Seine Eltern waren einverstanden, da die Rate durch die Ausbildungsvergütung abgedeckt ist.

... ist
gültig
schwebend unwirksam
nichtig

4. Rechts- und Geschäftsfähigkeit von Rechtssubjekten

Welche Aussage trifft im Zusammenhang mit der Rechts- und Geschäftsfähigkeit zu? ☐

(1) Der Großvater des vierjährigen Fabian schenkt dem Jungen noch zu Lebzeiten seine goldene Uhr. Da Fabian nicht geschäftsfähig ist, kann er auch nicht Eigentümer der Uhr werden.
(2) Die Freunde Niko, Jens, Dogan und Philip gründen eines Abends einen Musikklub und wollen Musikpartys veranstalten. Sie nennen sich „Klangwerk“. Mit Gründung erlangt der Klub Rechtspersönlichkeit und kann auf den Namen „Klangwerk“ ein Konto eröffnen.
(3) Der Student Maurice hat auf einer Hausparty „zu tief ins Glas geschaut“. Aufgrund des übermäßigen Alkoholkonsums ist er vorübergehend nicht geschäftsfähig.
(4) Für die 75-jährige Frieda Stockmann wurde aufgrund ihrer Demenzerkrankung eine Betreuung angeordnet. Frau Stockmann ist somit geschäftsunfähig.
(5) Anton Kessel, Geschäftsführer der Schreinerei Manufactum GmbH schließt einen Kreditvertrag mit der Regio-Bank AG. Kreditnehmerin ist aufgrund der eigenen Rechtspersönlichkeit die Manufactum GmbH.

1.2 Selmas gestohlenes Fahrrad wurde auf dem Flohmarkt verkauft

Situationsbeschreibung

Selma Cengaz musste vor zwei Wochen zu ihrem großen Entsetzen feststellen, dass ihr Fahrrad am Bahnhof gestohlen wurde. Heute hat sie ihr Fahrrad beim Fußballtraining auf dem Sportplatz wiederentdeckt. Sogar der Aufkleber mit ihrem Abi-Motto ist noch vorhanden. Nach kurzer Zeit kommt eine Spielerin aus einer anderen Mannschaft zum Fahrrad und steigt auf. Selma spricht sie an. Die Spielerin erzählt ihr, dass sie das Fahrrad am Wochenende auf dem Flohmarkt für 75,00 EUR gekauft habe. Selma sagt: „Das ist doch mein Fahrrad." Die Spielerin „überhört" jedoch diese Aussage, dreht sich um und fährt davon. Selma will das Fahrrad zurückfordern und überlegt sich, wie sie das Gespräch beginnen könnte. Beim nächsten Training wird die Spielerin sicher wieder da sein.

Versetzen Sie sich in Selmas Lage und erstellen Sie zur Vorbereitung auf das Gespräch

- ein Schema über die rechtlichen Grundlagen zu Besitz und Eigentum sowie
- Notizen für den Gesprächsverlauf.

Information

Fertigen Sie eine Skizze darüber an, wie Sie die Rechtsstellung zwischen Selma, der Spielerin und dem Fahrrad sehen.

Planen und Entscheiden

Erstellen Sie einen Arbeits- und Zeitplan für die Bearbeitung der Lernsituation.

Durchführen

Bearbeiten Sie die Unterlagen zu den Handlungsprodukten.

Schema über die rechtlichen Grundlagen zu Besitz und Eigentum

- **Begriff und Arten**

Eigentum	**Definition:**

Durchführen

Arten des Eigentums	**Alleineigentum:**	**Miteigentum nach Bruchteilen:**	**Gesamthands-eigentum:**
Besitz	**Definition:**		
Arten des Besitzes	**Alleinbesitz:**	**Mitbesitz:**	
	unmittelbarer Besitzer:	**mittelbarer Besitzer:**	

Rechtsobjekte				
Sachen			Rechte	
unbewegliche Sachen (Immobilien)	bewegliche Sachen		absolute Rechte	relative Rechte
	vertretbar	nicht vertretbar		
Beispiele:	Beispiele:	Beispiele:	Beispiele:	Beispiele:

- **Eigentumsübertragung an beweglichen Sachen**

Situation	Skizze zur Abwicklung
Gegenstand befindet sich beim Veräußerer Normalfall: § 929 BGB, Satz 1	(Veräußerer) (Erwerber)
Gegenstand befindet sich bereits beim Erwerber: § 929 BGB, Satz 2	(Veräußerer) (Erwerber)
Gegenstand soll weiterhin im Besitz des Veräußerers bleiben: § 930 BGB	(Veräußerer) (Erwerber)

Durchführen

Situation	Skizze zur Abwicklung
Gegenstand befindet sich im Besitz eines Dritten: § 931 BGB	(Veräußerer) (Erwerber)

Gutgläubiger Eigentumserwerb

Besonderheit des Eigentumserwerbs
Merksatz: „Gutgläubiger Erwerb vom Nichtberechtigten" §§ 932, 935 BGB

Notizen für den Gesprächsverlauf

Kontrolle

- **Führen Sie das Gespräch mit Ihrem Partner/Ihrer Partnerin. Benennen Sie Gesprächsbeobachter, die auf inhaltliche Richtigkeit, Vollständigkeit und das Kommunikationsverhalten der Gesprächspartner achten.**
- **Prüfen Sie abschließend Ihre anfängliche Skizze mit Ihrer Partnerin/Ihrem Partner und korrigieren Sie diese gegebenenfalls.**

Bewerten

- **Bewerten Sie Ihre Arbeitsergebnisse und den Arbeitsprozess.**
- **Die Rechtslage wäre anders, wenn Selma das Fahrrad verliehen hätte. Überlegen Sie Gründe, warum der Gesetzgeber an gestohlenen und geliehenen Sachen rechtlich unterschiedliche Eigentumsverhältnisse definiert.**

Aufgaben zur Lernsituation

1. Verlust einer Geldbörse mit Inhalt

Maja Remmer wurde beim letzten Einkaufsbummel ihre Geldbörse gestohlen. Neben dem Verlust von 70,00 EUR ärgert sie sich auch sehr über den Verlust der Geldbörse, da diese ziemlich teuer war.

Welche Aussage zu möglichen Rechtsfolgen ist zu dieser Situation richtig? ☐

(1) Sofern der Dieb die Geldbörse verkauft, wird der gutgläubige Käufer Eigentümer der Geldbörse.
(2) Falls der Dieb mit dem Geld aus der Geldbörse in einem Restaurant bezahlt, kann das Restaurant nicht Eigentümer des Geldes werden.
(3) Ein gutgläubiger Dritter, der die leere Geldbörse bei einer öffentlichen Versteigerung erwirbt, wird Eigentümer der Geldbörse.
(4) Maja Remmer bleibt in jedem Fall weiterhin Eigentümerin des Geldes und der Geldbörse.
(5) Sofern sich der Dieb mit dem Geld aus der Geldbörse neue Schuhe kauft, kann er nicht Eigentümer der Schuhe werden.

2. Arten der Eigentumsübertragung

Die Übertragung des Eigentums kann in unterschiedlicher Form stattfinden. Ordnen Sie die Arten der Eigentumsübertragung mit Pfeilen den nebenstehenden Fällen zu.

Fälle
Die Regio-Bank AG kauft von einem Händler ein wertvolles Gemälde, das sich in einer Ausstellung befindet, für die hauseigene Kunstsammlung. Bis zum Ausstellungsende soll es in den Räumen des Ausstellers hängen bleiben.
Die Regio-Bank AG verkauft einem Kunden Sondermünzen mit Goldprägung, die der Kunde in sein Schließfach bei der Regio-Bank AG schließt.
Ein Angestellter der Regio-Bank AG verkauft sein altes Auto an eine Nachbarin. Bei der Übereignung vereinbaren die beiden, dass er das Fahrzeug erst nach dem nächsten Wochenende übergibt.
Die Regio-Bank AG verleiht für das Sommerfest der Grundschule Sonnenschirme. Im Anschluss an das Sommerfest schenkt die Regio-Bank AG die Sonnenschirme der Grundschule.

Arten der Eigentumsübertragung
Einigung und Übergabe der Sache
Einigung und Vereinbarung eines Besitzkonstituts
bloße Einigung
Einigung und Abtretung des Herausgabeanspruchs

3. Eigentumsvorbehalt

Die Regio-Bank AG feiert ihr 100-jähriges Bestehen. Zu diesem Zweck wurden hochwertige Kugelschreiber für Kunden bei der Styling AG gekauft. Auf der Rechnung steht: „... Lieferung erfolgt unter Eigentumsvorbehalt.“
Welche der folgenden Aussagen ist in diesem Zusammenhang richtig? ☐

(1) Sobald die Regio-Bank AG die Kugelschreiber an Kunden verschenkt, geht das Eigentum der Styling AG zugunsten des Kunden auch in dem Fall unter, dass die Rechnung der Styling AG noch nicht bezahlt wurde.
(2) Die Regio-Bank AG muss unabhängig von der Zahlungsfrist zunächst zahlen, bevor sie die Kugelschreiber verschenken darf.
(3) Das Eigentum an den Kugelschreibern geht mit Einigung und Übergabe an die Regio-Bank AG über.
(4) An den Kugelschreibern kann trotz des Eigentumsvorbehalts Eigentum von der Regio-Bank AG erworben werden, obwohl die Zahlung nicht erfolgt ist.
(5) Die Regio-Bank AG kann erst nach der Zahlung Besitzer der Kugelschreiber werden.

4. Wiederholungsmatrix zu Rechtsobjekten

1. Überprüfen Sie, ob Sie die folgenden Begriffe kennen und einordnen können.
2. Markieren Sie die bekannten Begriffe mit einem Häkchen.
3. Klären Sie die unbekannten Begriffe, indem Sie sich mit Ihrem Partner austauschen.

Eigentum	Herausgabeanspruch	Besitzkonstitut	Immobilien
Rechtsobjekt	Einigung	Besitz	gutgläubiger Erwerb
Inhaberpapier	Miteigentum nach Bruchteilen	Gesamthandseigentum	Eigentumsvorbehalt

1.3 Selma kündigt einen Vertrag

Situationsbeschreibung

Selma spielt seit vielen Jahren Fußball und geht seit einem Jahr ins Fitnessstudio. Neben der Ausbildung reicht ihr das dreimal wöchentlich stattfindende Fußballtraining. Die Mitgliedschaft im Fitnessstudio kündigt sie per E-Mail zum Ende des Jahres. Glücklicherweise hat sie die Kündigungsfristen noch nachgesehen und die E-Mail zum letztmöglichen Termin losgeschickt.

Auszug aus den AGB des Fitnessstudios

§ 3 Der Austritt kann zum Ende des Halbjahres unter Einhaltung einer Kündigungsfrist von vier Wochen erklärt werden. Kündigungen sind unter Angabe des Namens und der Mitgliedsnummer gegenüber dem Studio in Textform zu erklären. Bei Beendigung der Mitgliedschaft, gleich aus welchen Gründen, erlöschen alle Ansprüche aus dem Mitgliedschaftsverhältnis.

Nun erhält sie folgende E- Mail zurück:

Von: info@fitnessclub.de
Gesendet: Montag, 20. Januar 20.. 11:16
An: Selma@world.de
Betreff: Kündigung

Liebes Mitglied,
leider können wir Ihre Kündigung nicht entgegennehmen, da Ihre Unterschrift fehlt. Wir hoffen, dass Sie unser Sportangebot weiterhin nutzen. Gerne können Sie zu einem späteren Termin kündigen.

Mit freundlichen Grüßen
Gabi Bauer
Rechnungswesen
Fitnessclub

Selma ist entsetzt. Der Beitrag ist hoch, den hatte sie bereits anders verplant.

In der Filiale fragt sie ihren Filialleiter Herrn Groß um Rat. Herr Groß erklärt ihr, dass man alle Verträge und Rechtshandlungen sehr genau betrachten muss. Er empfiehlt Selma, eine Zusammenstellung zu diesen Inhalten anzufertigen.

Versetzen Sie sich in Selmas Lage und erstellen Sie eine

- Inhaltszusammenstellung über Willenserklärungen und Formvorschriften zur Vorbereitung der E-Mail und eine
- E-Mail an das Fitnessstudio.

Notieren Sie, welche Sachverhalte Selma klären muss.

____

____

____

____

Information

Planen und Entscheiden

Erstellen Sie einen Arbeits- und Zeitplan für die Bearbeitung der Lernsituation.

Durchführen

Bearbeiten Sie die Unterlagen zu den Handlungsprodukten.

Inhaltszusammenstellung zur Vorbereitung der E-Mail an das Fitnessstudio

Bestandteile einer Willenserklärung				
Arten der Rechtsgeschäfte hinsichtlich der Empfangsbedürftigkeit	einseitige Rechtsgeschäfte Erklärung:		zwei-/mehrseitige Rechtsgeschäfte Erklärung:	
	empfangsbedürftig	nicht empfangsbedürftig	einseitig verpflichtend	mehrseitig verpflichtend
Erklärung				
Beispiele				
Formvorschrift der Rechtsgeschäfte	Grundsatz:			
Gesetzlich vorgeschriebene Form § 126 ff. BGB	Formvorschrift	Beschreibung		Beispiele für die gesetzlich vorgeschriebene Form
	Textform			
	Schriftform			
	elektronische Form			
	notarielle Beglaubigung			
	notarielle Beurkundung			

Durchführen

E-Mail an das Fitnessstudio

Kontrolle

- **Tauschen Sie sich mit Ihren Mitschülern über die E-Mail aus und prüfen Sie diese auf inhaltliche Richtigkeit und Vollständigkeit.**

Bewerten

- **Bewerten Sie Ihre Arbeitsergebnisse und den Arbeitsprozess.**
- **Das Nichteinhalten von Formvorschriften führt zur Nichtigkeit des Rechtsgeschäftes. Überlegen Sie, warum der Gesetzgeber für manche Rechtsgeschäfte eine bestimmte Form vorschreibt.**

Aufgaben zur Lernsituation

1. Zustandekommen von Verträgen

Die Regio-Bank AG schließt eine Vielzahl an Arbeits- und Ausbildungsverträgen. In welcher Aussage wird das Zustandekommen der Verträge richtig beschrieben? ☐

(1) Ein Arbeitsvertrag ist ein einseitiges Rechtsgeschäft, das den Arbeitnehmer zur Erbringung der vereinbarten Arbeitsleistungen verpflichtet.
(2) Wenn der Auszubildende die Willenserklärung des Ausbilders empfängt, kommt das Ausbildungsverhältnis zustande.
(3) Arbeits- und Ausbildungsverträge begründen ein gegenseitiges Schuldverhältnis.
(4) Ein Ausbildungsvertrag ist ein zweiseitiges Rechtsgeschäft, das den Auszubildenden einseitig verpflichtet.
(5) Ein Ausbildungsvertrag ist ein mehrseitiges Rechtsgeschäft, da die Zustimmung der Industrie- und Handelskammer zum Zustandekommen notwendig ist.

2. Form der Rechtsgeschäfte

Der Auszubildende Frederick hat verstanden, dass bei Rechtsgeschäften der Grundsatz der Formfreiheit gilt. Welches Rechtsgeschäft muss dennoch gesetzlich zwingend in Schriftform erfolgen? ☐

(1) Vertrag über einen Verbraucherkredit
(2) Vertrag über den Kauf von 1 000 Aktien
(3) Widerruf einer Bestellung
(4) Kaufvertrag über einen Gebrauchtwagen
(5) Kündigung eines Zeitschriftenabonnements

3. Notarielle Beurkundung

In der Rechtsabteilung der Regio-Bank AG werden täglich einige Rechtsgeschäfte beim Notar abgeschlossen. Welche der Aussagen ist hinsichtlich der gesetzlich vorgeschriebenen notariellen Beurkundung richtig? ☐

(1) Als öffentliche Beglaubigung wird die Beglaubigung der eigenhändigen Unterschrift eines Vertragspartners auf einer Urkunde verstanden, die durch amtliche Beglaubigung einer Behörde ersetzt werden kann.
(2) Sofern der Inhalt einer Urkunde vorgelesen und durch Unterschriften genehmigt wird, spricht man von der notariellen Beurkundung.
(3) Bei der notariellen Beurkundung bezeugt der Notar lediglich die Echtheit der Unterschrift als Identitätsnachweis.
(4) Grundbucheintragungen müssen stets vom Notar beurkundet werden.
(5) Bei der notariellen Beglaubigung müssen die Vertragsbeteiligten persönlich vor dem Notar erscheinen, damit der Notar sich von den abgegebenen Willenserklärungen überzeugen kann.

4. Nichtigkeit von Rechtsgeschäften

In der Regio-Bank AG befasst man sich mit verschiedenen Verträgen. Welcher der folgenden Verträge ist nichtig? ☐

(1) Die Regio-Bank AG kauft telefonisch bei einer Filmproduktion einen Imagefilm für die Ausbildung.
(2) Für die Schreibtische werden neue Unterlagen angeschafft. Aufgrund eines Tippfehlers des Verkäufers ist der Verkaufspreis extrem niedrig.
(3) Ein Kunde bittet um eine Immobilienfinanzierung. Er legt einen schriftlich aufgesetzten Kaufvertrag über ein Grundstück vor.
(4) Nach dem Bewerbungsverfahren wird mit dem neuen Leiter „Firmenkunden“ das Arbeitsverhältnis mündlich geschlossen.
(5) Ein Kreditvertrag wird ordnungsgemäß bedient. Es stellt sich jedoch heraus, dass eine Vorstrafe des Kreditnehmers arglistig verschwiegen wurde.

5. Rechtsfolgen bei arglistiger Täuschung

Herr Müller, dessen gebrauchter Pkw kürzlich von der Regio-Bank AG finanziert wurde, stellt nach dem ersten Werkstattbesuch fest, dass der Pkw einen schweren Unfall hatte, den ihm der Verkäufer wissentlich verschwiegen hatte.
Welche der folgenden Aussagen ist in diesem Zusammenhang richtig? ☐

(1) Aufgrund der arglistigen Täuschung des Verkäufers ist der Kaufvertrag über den Pkw nichtig und muss rückabgewickelt werden.
(2) Herr Müller hätte unmittelbar nach dem Kauf den Pkw besser prüfen lassen müssen, vier Monate später ist eine Reklamation ausgeschlossen.
(3) Aufgrund der Nichtigkeit des Pkw-Kaufs ist auch das Darlehen der Regio-Bank AG nichtig.
(4) Herr Müller kann den Kaufvertrag anfechten; bei erfolgreicher Anfechtung wird der Kaufvertrag von Anfang an ungültig.
(5) Herr Müller muss dem Verkäufer seine Entscheidung über die Behandlung des Vertrages schriftlich mitteilen, hierdurch wird der Kaufvertrag von Anfang an ungültig.

1.4 Frederick kauft für die Regio-Bank AG T-Shirts für den Businesslauf, leider klappt nicht alles reibungslos

Situationsbeschreibung

Frederick hat sich bereits gut eingearbeitet. Heute, am 3. April 20.., kommt sein Geschäftsstellenleiter mit einer spannenden Aufgabe auf ihn zu. Auf Vorschlag von Frederick hin hatte das Team der Geschäftsstelle beschlossen, erstmals am jährlichen Businesslauf teilzunehmen. Der Geschäftsstellenleiter beauftragt Frederick mit der Bestellung von 24 T-Shirts mit Aufdruck, den Frederick selbst entwerfen darf. Ihm steht ein Budget von 400,00 EUR zur Verfügung. Eine Idee für den Aufdruck hat er schon. Er benötigt aber noch einen Katalog über die Modelle, Farben und Preise. Daher verschickt er folgende Anfrage an mehrere Anbieter per E-Mail.

> Sehr geehrte Damen und Herren,
>
> für den Businesslauf unserer Hauptgeschäftsstelle der Regio-Bank AG benötigen wir 24 Sportshirts in der Farbe grün (je zwölf Damen- bzw. Herrenshirts, davon jeweils vier in den Größen S, M, L) mit folgendem Aufdruck:
>
> Vorderseite: „Regio-Bank AG läuft“
> Rückseite: „Gemeinsam als erster am Ziel mit der Regio-Bank AG“
>
> Bitte senden Sie mir einen Katalog mit den möglichen Modellen und Farbbeispielen sowie eine Preisliste zu.
>
> Mit freundlichen Grüßen
> Frederick Peters
> Auszubildender der Regio-Bank AG

Frederick erhält am 8. April folgendes Schreiben der **druckzuck** GmbH (Auszug):

> ... Wunschgemäß senden wir unseren Katalog mit der Preisliste zu. Wir würden uns über eine Bestellung freuen.

Frederick ist von dem Angebot der druckzuck GmbH begeistert und bestellt je vier Damen- und Herrenshirts in den Größe S, M, L in der Farbe Anis Nr. 515 mit dem gewünschten Drucktext. Jedes T-Shirt kostet laut Katalog und inklusive Druck auf Vorder- und Rückseite 14,95 EUR.

Der Geschäftsstellenleiter unterschreibt ihm die Bestellung und Frederick schickt diese per Fax am 9. April los. Am 12. April erhält er ein Antwortschreiben mit folgendem Hinweis:

> ... Wir bestätigen den Eingang Ihrer Bestellung und freuen uns, Ihnen die Lieferung der T-Shirts für den 28. April avisieren zu können. Da es Lieferschwierigkeiten in der von Ihnen gewünschten Farbe gibt, werden wir Ihnen die T-Shirts zu je 14,95 EUR in der Farbe Grasgrün Nr. 373 liefern.

Am gleichen Morgen erhält Frederick zwei weitere Antworten auf seine Anfrage.

Die Antwort der **PRINTSHIRT** KG:

> ... Aufgrund Ihres Auftrages freuen wir uns, Ihnen mitteilen zu können, dass wir die von Ihnen bestellten T-Shirts zum Preis von je 15,20 EUR bis zum 30. April liefern ...

Die **NACHDRUCK** GmbH schickt Frederick folgenden E-Mail:

> ... Aufgrund unserer aktuellen Aktion „Fit for run“ können Sie einmalig zu unserem Sonderpreis von 14,25 EUR je T-Shirt noch einen Rabatt von 25,00 EUR für die gesamte Bestellung erhalten, wenn Sie heute noch bei uns bestellen. Dieses Angebot gilt, solange der Vorrat reicht.

Kurz nachdem Frederick die E-Mail gelesen hat, ruft die **NACHDRUCK** GmbH bei ihm an und fragt, ob er sich schon für das Angebot entschieden hat. Frederick sagt direkt zu. Die Mitarbeiterin, Frau Busse, sichert ihm die Lieferung für den 30. April zu.

In der Mittagspause denkt Frederick noch mal über alles nach und bekommt Zweifel. War er zu voreilig und hat er möglicherweise mehrere Kaufverträge abgeschlossen?

Versetzen Sie sich in Fredericks Lage und erstellen Sie
je eine E-Mail an die Anbieter zur Klarstellung der Rechtslage beim Abschluss des Kaufvertrags.

Information

Erstellen Sie zur Strukturierung der Lernsituation getrennt für jeden Anbieter die zeitliche Abfolge der Ereignisse.

druckzuck GmbH:	**PRINTSHIRT** KG:	**NACHDRUCK** GmbH:

Planen und Entscheiden

Erstellen Sie einen Arbeits- und Zeitplan für die Bearbeitung der Lernsituation.

Durchführen

Bearbeiten Sie die Unterlagen zu den Handlungsprodukten.

E-Mails zur Klarstellung der Rechtslage beim Abschluss des Kaufvertrags

- **Vorbereitung: „Zustandekommen eines Kaufvertrages“**

Wie kommt ein Kaufvertrag zustande?	
Was kennzeichnet einen Antrag?	• • •
Was kennzeichnet eine Vertragsannahme?	• •

Durchführen

- E-Mail zur Klarstellung der Rechtslage an die ...

druckzuck GmbH:

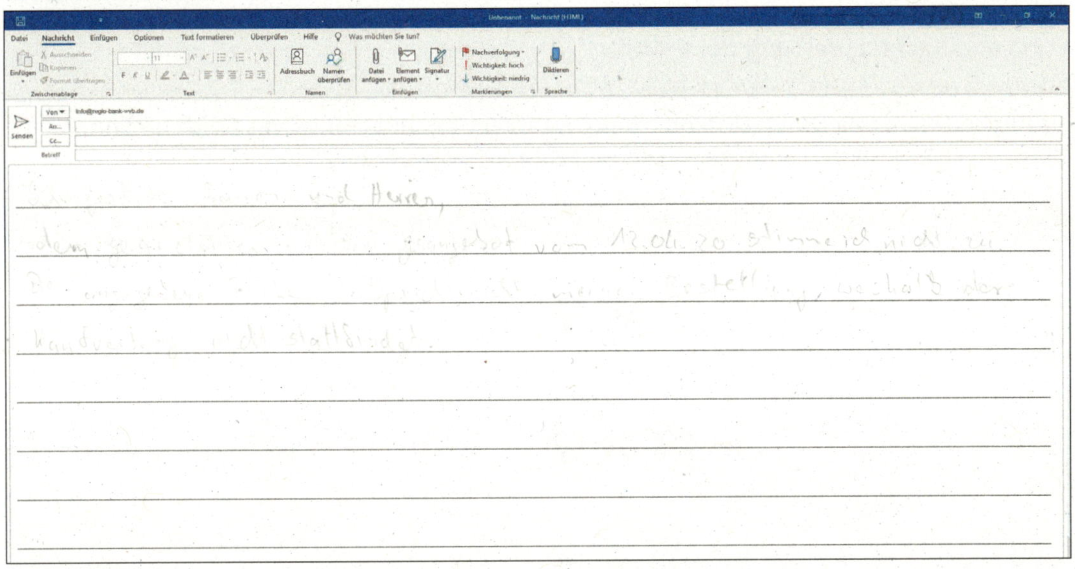

PRINTSHIRT KG:

NACHDRUCK GmbH:

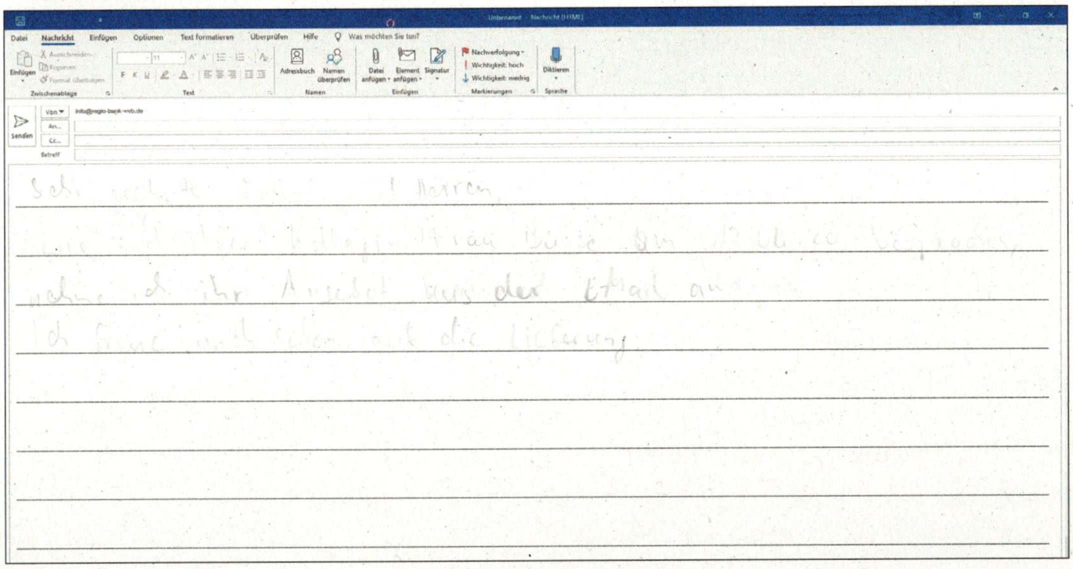

Kontrolle

Tauschen Sie die von Ihnen erstellten Unterlagen mit den anderen Gruppen aus, um die Materialien gegenseitig auf folgende Aspekte zu prüfen:

- **Richtigkeit der Inhalte**
- **Form und Rechtschreibung der E-Mails**

Bewerten

- **Hätte Frederick das Durcheinander beim Kaufvertragsabschluss vermeiden können?**
- **Bewerten Sie Ihre Arbeitsergebnisse und den Arbeitsprozess.**

Phase	Urteil	Verbesserungsvorschläge für diesen Bereich
Strukturierung der Inhalte	🙂 😐 🙁	
Information zu den Inhalten	🙂 😐 🙁	
Erstellung der E-Mails	🙂 😐 🙁	

Situationsbeschreibung (Fortführung): Lieferung der Sportshirts mit Fehlern

Etwa drei Wochen später, am 30.04.20.., werden die bestellten T-Shirts pünktlich geliefert. Der Lieferung liegt eine Rechnung bei mit dem Hinweis: „sofort zahlbar".

Frederick packt die T-Shirts sofort aus und freut sich. Die T-Shirts sehen großartig aus! Da entdeckt er bei allen Damenshirts, dass die Seitennaht teilweise offen ist. Das ist ärgerlich. Es ist schon spät und Frederick entschließt sich, eines der Herrenshirts schon am Abend zum Squashspielen anziehen und zu testen. Gedacht, getan! Ach du je, dabei stellt er fest, dass das T-Shirt fürchterlich abfärbt.

Frederick hat Sorge, etwas falsch gemacht zu haben und will die Situation schnellstmöglich klären. Noch am Abend schaut er in die AGB des Verkäufers und findet folgenden Hinweis:

Gewährleistung

[...] Soweit ein Mangel der Kaufsache bei Gefahrübergang vorliegt, ist der Verkäufer zur Nacherfüllung in Form einer Mangelbeseitigung oder zur Lieferung einer neuen, mangelfreien Sache berechtigt. Im Fall der Mangelbeseitigung ist der Verkäufer verpflichtet, alle zum Zweck der Mangelbeseitigung erforderlichen Aufwendungen, insbesondere Transport-, Wege-, Arbeits- und Materialkosten zu tragen. Im Falle der Ersatzlieferung ist der Kunde verpflichtet, die mangelhafte Sache auf Verlangen zurück zu gewähren. Kann der Mangel nicht innerhalb einer angemessenen Frist behoben werden, ist die Nacherfüllung mit unverhältnismäßigen Kosten verbunden, unzumutbar oder aus sonstigen Gründen als fehlgeschlagen anzusehen, so ist der Kunde nach seiner Wahl berechtigt, vom Vertrag zurückzutreten oder den Kaufpreis zu mindern. Bei geringfügigen Mängeln steht dem Kunden kein Rücktrittsrecht zu. [...]

Welche Rechte kann Frederick bei den Damen- und Herrenshirts gegenüber dem Verkäufer geltend machen? Er erwägt einen Anruf bei der **NACHDRUCK** GmbH. Außerdem möchte er klären, welche Auswirkungen sich durch die Mängel auf die Begleichung der Rechnung ergeben.

Versetzen Sie sich in Fredericks Situation und erstellen Sie

- einen Gesprächsleitfaden für das Telefonat mit dem Verkäufer, um die Ware zu reklamieren
- eine Übersicht zu Regelungen bei Nicht-Rechtzeitig-Zahlung

Information

Stellen Sie zur Strukturierung der Lernsituation die aufgetretenen Mängel den vier Alternativen der Gewährleistungshaftung durch die Allgemeinen Geschäftsbedingungen der Nachdruck GmbH gegenüber.

Planen und Entscheiden

- **Stellen Sie fest, welche Informationsquellen Sie für die Bearbeitung der Lernsituation benötigen.**
- **Planen Sie die weiteren Arbeitsschritte.**

Durchführen

Bearbeiten Sie die Unterlagen zu den Handlungsprodukten.

Gesprächsleitfaden für das Telefonat mit dem Verkäufer

Beispiele für Schlechtleistung gem. § 434 BGB	• • • • • •
Zeitpunkt der Anzeige des Mangels?	
Zweck der Mangelrüge	
Beispiele aus der Lernsituation	offene Mängel: versteckte Mängel:
Vorrangige Rechte	• • Wahlrecht des

Durchführen

Nachrangige Rechte	• Rücktritt vom Vertrag Minderung • Schadensersatz statt Leistung Ersatz vergeblicher Aufwendungen
Voraussetzung für die Inanspruchnahme der nachrangigen Rechte	• nach erfolglosem Ablauf einer gesetzlichen Nacherfüllungsfrist nach zwei erfolglosen Nachbesserungsversuchen Rücktritt vom Vertrag •
Anzahl der Nachbesserungsversuche § 440 BGB	2
Mögliche Lösungen für die Schlechtleistung der Nachdruck GmbH	Damen-T-Shirt:
	Herren-T-Shirt:

Übersicht zu Regelungen bei Nicht-Rechtzeitig-Zahlungen

Auswirkungen der Mängel auf die Zahlung an die Nachdruck GmbH	
Nicht-Rechtzeitig-Zahlung	(see table below)

Nicht-Rechtzeitig-Zahlung liegt vor …	
… ohne Mahnung	**… mit Mahnung**
• Zahlungstermin ist kalendermäßig bestimmt • 30 Tage nach Rechnungszugang	• Zahlungstermin ist kalendermäßig nicht bestimmt • 30 Tage nach Rechnungszugang
Beginn des Verzugszeitraums:	
am ersten Tag nach Fälligkeit	Tag des Zugangs der Mahnung

Kontrolle

- Tauschen Sie die von Ihnen erstellten Unterlagen mit den anderen Gruppen aus, um die Materialien gegenseitig auf Vollständigkeit zu überprüfen.
- Simulieren Sie das Telefonat mit einer Partnerin/einem Partner aus Ihrer Lerngruppe; bestimmen Sie Gesprächsbeobachter, die Ihnen eine Rückmeldung über die sachliche Richtigkeit der vorgetragenen Argumente und Ihr Kommunikationsverhalten gibt.

Bewerten

- **Reflektieren und bewerten Sie Ihre Vorgehensweise und Ihre Arbeitsergebnisse.**

Phase	Urteil	Verbesserungsvorschläge für diesen Bereich
Strukturierung der Situation	🙂 😐 🙁	
Erstellung eines Gesprächsleitfadens	🙂 😐 🙁	
Erstellung der Regelungen bei Nicht-Rechtzeitig-Zahlung	🙂 😐 🙁	

- **Überlegen Sie, ob die gesetzlichen Regelungen zur Schlechtleistung mit Ihren bisherigen Kauferfahrungen übereinstimmen und halten Sie mögliche Unterschiede fest.**

Aufgaben zur Lernsituation

1. Zustandekommen eines Kaufvertrages

Stellen Sie fest, in welchem der folgenden Fälle ein Kaufvertrag zustande kommt.

(1) Die Pizzeria „Da Marco“ wirbt in der Zeitung für seinen Mittagstisch und bietet das Mittagsmenü für 12,00 EUR inkl. Getränk an. Oliver bestellt daraufhin in der Mittagspause das Menü.

(2) Die Boutique „Charlotte“ bietet im Schaufenster ein Ballkleid für 150,00 EUR an. Lara stürmt in das Geschäft und ruft: „Dieses Kleid möchte ich haben.“

(3) Die Schreinerei „Baukasten“ unterbreitet Hans Meiser ein unverbindliches Angebot für einen Einbauschrank in Höhe von 800,00 EUR. Hans bestellt daraufhin.

(4) Nach einem telefonischen Angebot für eine zweiwöchige Pauschalreise nach Gran Canaria für 1 199,00 EUR pro Person geht Kira Schanz zum Reisebüro und erklärt dort, dass sie die Reise buchen möchte.

(5) Frederick legt im Supermarkt eine Tüte Milch auf das Förderband; der Kassierer zieht die Tüte über den Scanner.

2. Kauf im Internet

Selma Cengaz möchte sich für eine Party ein neues Outfit kaufen. Sie stöbert im Internet danach und wird auch fündig.
Identifizieren Sie in dem folgenden Ablaufschema die Handlungen, mit denen der Kaufvertrag zustande kommt.

Selma entdeckt im Onlineshop des Anbieters „Semikolon" ihr Traumkleid in der Farbe Nachtblau für 49,95 EUR.
→ Sie legt das Kleid in den Größe 36 in den Warenkorb und freut sich, das Kleid in Ruhe zu Hause in der richtigen Größe testen zu können.
→ Die passenden Schuhe kann Selma leider nicht mehr finden und schickt die Bestellung mit einem Klick ab.
→ 30 Minuten später erhält Selma eine weitere E-Mail des Onlinehändlers „Semikolon", in der er mitteilt, dass das Kleid zum gleichen Preis nur in Schwarz lieferbar ist.
→ Nach anfänglicher Enttäuschung antwortet Selma auf diese E-Mail, dass sie einverstanden sei, das Kleid in schwarz zu erhalten.
→ Der Onlinehändler „Semikolon" liefert nur bei Vorkasse. Daher bezahlt Selma die Rechnung, bevor sie das Kleid erhält.
→ Schon kurz danach bestätigt der Onlinehändler „Semikolon" den Eingang der Zahlung.
→ Drei Tage später erhält Selma die Ware und probiert sie aus.

3. Zusendung von Ware ohne Bestellung

Selma bekommt vom Buchhändler „Der Buchladen" den dritten Band einer Fantasyreihe zugesandt, ohne dass sie das Buch vorher bestellt hat. Der Sendung liegen eine Rechnung über 14,95 EUR und ein Rücksendeschein bei. Falls sie das Buch nicht behalten möchte, sei sie verpflichtet, so schreibt der Buchladen, das Buch auf Kosten des Buchladens innerhalb von 14 Tagen zurückzusenden.
Ist ein Kaufvertrag zustande gekommen? Kennzeichnen Sie die richtige Aussage. ☐

(1) Indem Selma mit dem Lesen des Buches beginnt, kommt ein Kaufvertrag zustande und Selma ist verpflichtet, den Rechnungsbetrag zu zahlen.
(2) Wenn Selma das Buch doch nicht behalten möchte, ist sie verpflichtet, dieses mit dem beigefügten Rücksendeschein an die Buchhandlung zurückzuschicken.
(3) Wenn Selma gar nicht reagiert, bedeutet ihr Schweigen, dass sie das Vertragsangebot der Buchhandlung annimmt.
(4) Das Zusenden des unbestellten Buches ist kein Antrag.
(5) Auch wenn das Zusenden des unbestellten Buches ein Antrag ist, ist Selma zu nichts verpflichtet. Selma kann das Buch behalten und auch lesen.

4. Rechte bei Schlechtleistung

Selma hat sich vor vier Monaten ein Dampfbügeleisen gekauft. Nachdem es die ersten Wochen ohne Probleme funktionierte, hinterlässt das Bügeleisen nun braune Flecken auf ihrer Kleidung. Sie reklamiert das Bügeleisen beim Händler. Welche Aussage beschreibt Selmas Rechte zutreffend? ☐

(1) Selma kann den Ersatz des kaputten Bügeleisens verlangen. Der Händler kann allerdings zunächst die Reparatur des Bügeleisens versuchen, wenn dies deutlich kostengünstiger ist als die Neulieferung.
(2) Selma kann entscheiden, ob sie den Kaufpreis zurückfordert und das kaputte Bügeleisen zurückgibt oder ob sie den Austausch des Bügeleisens gegen ein neues verlangt. Die Kosten für den Schaden muss der Händler übernehmen.
(3) Selma hat das Recht auf Nacherfüllung. Der Händler entscheidet, ob er dieses Recht durch Reparatur oder Neulieferung erfüllt.
(4) Selma hat ein vorrangiges Recht auf Nacherfüllung. Erst nachdem der Händler die Reparatur oder Neulieferung einmal erfolglos versucht hat, kann Selma vom Kaufvertrag zurücktreten.
(5) Selma hat in den ersten sechs Monaten das Recht auf Nacherfüllung durch Neulieferung. Tritt der Schaden später auf, hat sie nur noch die Möglichkeit der Kaufpreisminderung als Ausgleich für die bislang mangelfreie Nutzung.

5. Anzeige eines Mangels

Die Mängelrüge ist Voraussetzung für die Inanspruchnahme des Gewährleistungsrechts bei Schlechtleistung. Welche Aussage ist in diesem Zusammenhang richtig? ☐

(1) Bei einem zweiseitigen Handelskauf sind alle Mängel unverzüglich nach Lieferung und eingehender Prüfung zu rügen.
(2) Der Verbraucher ist nicht verpflichtet, die Ware unverzüglich auf Mängel zu prüfen, muss aber nachweisen, dass der Mangel bereits bei Kauf bereits vorlag, wenn er den Mangel erst nach sechs Monaten oder später anzeigt.
(3) Der Verbraucher muss offene Mängel so bald wie möglich anzeigen, wenn er die vorrangigen Rechte auf Nacherfüllung in Anspruch nehmen möchte.
(4) Kaufleute sind verpflichtet, Mängel unverzüglich anzuzeigen, spätestens jedoch innerhalb von zwölf Monaten.
(5) Verbraucher müssen offene Mängel innerhalb von sechs Monaten und versteckte Mängel vor Ablauf der Gewährleistungsfrist anzeigen.

6. Schlechtleistung

Karin Schenk kauft am 20. August diesen Jahres beim Elektrohändler „Edison" einen Kaffeevollautomaten zum Preis von 1 000,00 EUR. Am 10. Oktober des kommenden Jahres stellt Karin fest, dass das Mahlwerk plötzlich zu laute Geräusche von sich gibt.
Welche Aussage ist in diesem Zusammenhang richtig? ☐

(1) Es liegt eine Schlechtleistung vor, da der Defekt innerhalb der zweijährigen Verjährungsfrist aufgetreten ist. Der Elektrohändler ist zur Nacherfüllung verpflichtet, es sei denn, er kann beweisen, dass er das Gerät mängelfrei geliefert hat.
(2) Es liegt keine Schlechtleistung vor, da der Kaffeevollautomat zunächst funktionierte.
(3) Es liegt eine Schlechtleistung vor, jedoch besteht für Karin die Schwierigkeit, zu beweisen, dass der Kaffeevollautomat bereits bei Übergabe mangelhaft war.
(4) Karin kann keine Sachmängelhaftung geltend machen, da sie es beim Kauf versäumt hat, den Kaffeevollautomat noch im Geschäft auf Mängel zu prüfen.
(5) Der Elektrohändler „Edison" wendet zu Recht ein, dass er nicht für den Mangel haftet, da er die Ware original verpackt an Karin übereignet hat und die Kundin sich folglich an den Hersteller wenden muss.

7. Nicht-Rechzeitig-Zahlung

Die Regio-Bank AG bestellt für Werbezwecke Kugelschreiber bei der Schreibwaren KG. Die Rechnung liegt der Lieferung bei und ist auf den 15. März 20.. datiert. Die Rechnung ist am Monatsultimo fällig. Welche Aussage hinsichtlich der Nicht-Rechtzeitig-Zahlung ist richtig? ☐

(1) Der Schreibwaren KG stehen bei nicht rechtzeitiger Zahlung Verzugszinsen in Höhe von 5 % zuzüglich Basiszinssatz zu.
(2) Die Regio-Bank AG kommt erst mit einer Mahnung in Verzug.
(3) Der Rechnungsbetrag muss spätestens am 31.03.20.. auf dem Konto der Schreibwaren KG eingegangen sein.
(4) Die Regio-Bank AG kommt 30 Tage nach Lieferung und Zugang der Rechnung in Zahlungsverzug.
(5) Zur Einhaltung der Zahlungsfrist genügt es, wenn die Regio-Bank AG am 31.03.20.. einen Scheck ausstellt.

8. Mahnung bei Nicht-Rechtzeitig-Zahlung

Der Rentner Klaus Müller hat Waren bestellt. In welchem der folgenden Fälle kommt er nur in Verzug, falls er eine Mahnung erhält? ☐

(1) Die Rechnung ist sofort und ohne Abzug fällig.
(2) Auf der Rechnung ist kein Zahlungstermin und kein weiterer Hinweis angegeben.
(3) Der Betrag ist in der 31. Kalenderwoche fällig.
(4) Auf der Rechnung steht: „Zahlen Sie den Rechnungsbetrag zehn Tage nach Lieferung."
(5) Herr Müller tritt vom Vertrag zurück und verweigert die Zahlung.

9. Rechte des Gläubigers bei Nicht-Rechtzeitig-Zahlung

Die Regio-Bank AG bestellt für die Cafeteria Getränke und erhält mit der Lieferung am 02.03.20.. eine Rechnung über 420,00 EUR.
Welche Rechte hat der Zahlungsempfänger, wenn die Regio-Bank AG nicht rechtzeitig zahlt? ☐

(1) Der Getränkelieferant kann nach einmaliger Mahnung vom Vertrag zurücktreten.
(2) Der Getränkelieferant kann auf Zahlung bestehen und Verzugszinsen bis maximal zur Höhe des Basiszinssatzes verlangen.
(3) Der Getränkelieferant ist berechtigt, vom Vertrag zurückzutreten und Schadenersatz statt Leistung zu verlangen.
(4) Der Getränkelieferant hat ein Recht auf Herausgabe der Ware.
(5) Der Getränkelieferant kann auf Zahlung bestehen und Verzugszinsen in Rechnung stellen.

10. Skonto oder Kontoüberziehung?

Ein Geschäftskunde der Regio-Bank AG erhält eine Rechnung über 35 000,00 EUR mit folgender Zahlungsbedingung:

> Der Rechnungsbetrag ist innerhalb von zehn Tagen unter Abzug von 2 % Skonto zahlbar oder binnen 45 Tagen.

Berechnen Sie
a) den Überweisungsbetrag unter Inanspruchnahme des Skontos.

_________, ____ EUR

b) die Zinsen, die anfallen, wenn der Kunde die Rechnung am letzten Tag der Skontofrist bezahlt und dafür den Kontokorrentkredit zu einem Zinssatz von 11 % p. a. bis zum Ablauf des Zahlungsziels in Anspruch nimmt.

_________, ____ EUR

1.5 Frederick und Selma planen die Informationsveranstaltung zur Begrüßung der neuen Auszubildenden

Situationsbeschreibung

Selma und Frederick beginnen mit dem zweiten Ausbildungsjahr. Nun werden sie gemeinsam mit ihren Ausbildern die neuen Auszubildenden begrüßen und planen eine erste Informationsveranstaltung. Nachdem die Ausbilder die Regio-Bank AG näher vorgestellt haben, werden Selma und Frederick die Grundlagen der Ausbildung in einem Vortrag präsentieren. Die Ausbilder haben sie gebeten, sowohl auf rechtliche Hintergründe einzugehen als auch mögliche Fragen der neuen Auszubildenden zu beantworten.

Selma und Frederick möchten sich nicht nur inhaltlich gut vorbereiten. Es ist ihnen außerdem ein wichtiges Anliegen, die neuen Auszubildenden mit ihrem Vortrag für die Tätigkeit im Hause der Regio-Bank AG zu begeistern. Sie wissen, dass der Einstieg bei einer Präsentation dabei eine bedeutende Rolle spielt.

Versetzen Sie sich in Fredericks und Selmas Lage und erstellen Sie

- Informationen zu rechtlichen Hintergründen im dualen System der Berufsausbildung,
- einen Katalog mit möglichen Fragen der Auszubildenden und
- einen geeigneten Einstieg in eine Präsentation zur Begrüßung der neuen Auszubildenden.

Notieren Sie

- **Informationsquellen für die Klärung von Fragen zu den rechtlichen Hintergründen im dualen System der Berufsausbildung,**
- **mögliche Fragen der neuen Auszubildenden und**
- **Ideen, wie Sie möglichst motivierend mit der Präsentation beginnen können.**

Information

Planen und Entscheiden

- Gleichen Sie inhaltlich die von Ihnen vermuteten Fragen der Auszubildenden ab, ordnen Sie diese thematisch und identifizieren Sie mögliche Quellen, die Sie bei der Beantwortung zu Rate ziehen können.

Durchführen

Bearbeiten Sie die Unterlagen zu den Handlungsprodukten.

Informationen zu rechtlichen Hintergründen im dualen System der Berufsausbildung

Berufliche Bildung im Dualen System			
Lernort Schule		Lernort Betrieb	

vermittelt Allgemeinbildung und Fachtheorie		vermittelt Fachpraxis und Fachtheorie	
rechtliche Grundlagen		rechtliche Grundlagen	

Grundlagen der Ausbildung (§§ 11, 13–22 und 37 BBiG sowie §§ 8, 11 und 19 JArbSchG)	
Inhalte des Ausbildungsvertrags	
Rechte des Auszubildenden	

Durchführen

Pflichten des Auszubildenden	
Kündigung während der Probezeit	
Kündigung nach der Probezeit	durch den Ausbilder
	durch den Auszubildenden
Ende der Ausbildung	
Nichtbestehen der Abschlussprüfung	
Besonderheiten bei jugendlichen Auszubildenden	

Katalog mit möglichen Fragen der Auszubildenden

Fragen	Quellen für eine Antwort

Durchführen

Fragen	Quellen für eine Antwort

Ihr Einstieg in die Präsentation

Ideen zum Einstieg:

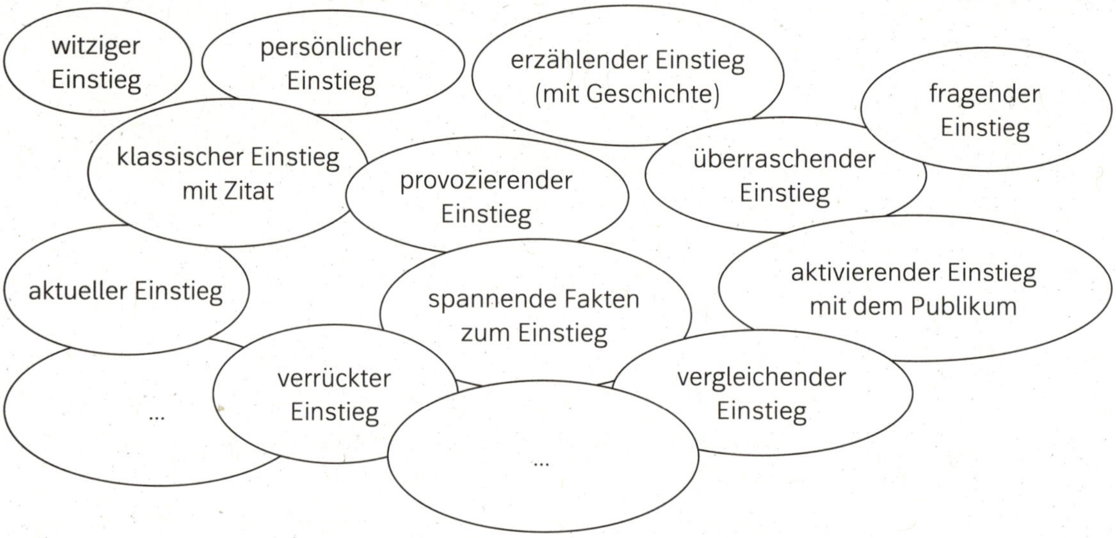

Kontrolle

- **Gleichen Sie Ihre Arbeitsergebnisse mit den Ergebnissen anderer Arbeitsgruppen ab und prüfen Sie die Inhalte auf sachliche Richtigkeit.**
- **Stellen Sie Ihren Präsentationseinstieg den Mitgliedern der anderen Arbeitsgruppen vor und schätzen Sie für sich persönlich ein, ob Sie den von Ihnen beabsichtigten Effekt erzielen.**

Bewerten

- **Geben Sie sich gegenseitig ein Feedback. Gleichen Sie bei den Rückmeldungen Ihre Eigenwahrnehmung (siehe Kontrollphase) mit der Fremdwahrnehmung der anderen Arbeitsgruppen ab.**
- **Notieren Sie drei Einstiegsideen, die Sie besonders ansprechen.**

Aufgaben zur Lernsituation

1. Rechtsgrundlagen der Berufsausbildung

Die folgenden Sätze sind durcheinander gekommen. Ordnen Sie Anfang und Ende der Sätze zu.

Das Berufsbildungsgesetz	... wird vom ausbildenden Betrieb unter Zugrundelegung des Ausbildungsrahmenplans für die Ausbildung erstellt.
Der Ausbildungsrahmenplan	... ist als Bestandteil der Ausbildungsordnung eine sachlich und zeitlich gegliederte Übersicht über die betrieblichen Ausbildungsinhalte.
Die Ausbildungsordnung	... ist nach Lernfeldern strukturiert und legt die angestrebten Kompetenzen für den berufsbezogenen Bereich des Unterrichts an der Berufsschule fest.
Der Ausbildungsplan	... ist die rechtsverbindliche Grundlage der betrieblichen Ausbildung als bundeseinheitlicher Standard.
Der Rahmenlehrplan	... schafft die Rahmenbedingung für die berufliche Bildung im dualen System.

2. Probezeit

Die Auszubildenden im ersten Ausbildungsjahr sind unsicher bezüglich der Probezeit. Welche Aussage können Sie geben? ☐

(1) Die Probezeit bei Ausbildungsverhältnissen beträgt mindestens einen und höchstens sechs Monate.
(2) Während der Probezeit soll der Ausbildende überprüfen, ob er den richtigen Ausbildungsberuf und auch den geeigneten Ausbildungsbetrieb gewählt hat.
(3) Für die Kündigung während der Probezeit muss ein besonderer, mit der Ausbildung zusammenhängender Grund geltend gemacht werden.
(4) Die Vereinbarung einer Probezeit ist für Ausbildungsverhältnisse im Berufsbildungsgesetz vorgeschrieben.
(5) Die Probezeit von Ausbildungsverhältnissen muss mindestens vier Monate betragen.

3. Pflichten von Auszubildenden

Eike Schubert ist Auszubildender der Regio-Bank AG. In letzter Zeit hat Eike häufiger Unstimmigkeiten mit der Ausbildungsleiterin, die ihm vorwirft, dass er nur notwendige Tätigkeiten ausübt und manche Arbeiten verweigert. Welche der folgenden Aussagen bezüglich Eikes Pflichten ist zutreffend? ☐

(1) Sofern Eike sich den Weisungen der Ausbildungsleiterin widersetzt, kann diese sofort eine verhaltensbedingte Kündigung aussprechen.
(2) Eike hat den Weisungen der Ausbildungsleiterin zu folgen, sofern diese Anweisungen mit der Berufsausbildung zu tun haben.
(3) Eike hat im Falle eines Personalengpasses auch ausbildungsfremde Arbeiten zu verrichten.
(4) Eike hat eine aktive Lernpflicht. Allerdings müssen ihm die Unterlagen vollständig vom Ausbildungsbetrieb zur Verfügung gestellt werden.
(5) Eike hat eine Fürsorgepflicht gegenüber dem Ausbildungsbetrieb, insofern muss er die Weisungen der Ausbildungsleiterin sorgfältig ausführen.

4. Abschlussprüfung zum Bankkaufmann/zur Bankkauffrau

Der Ausbildungserfolg im Berufsbild „Bankkaufmann/Bankkauffrau“ wird mit der gestreckten Abschlussprüfung überprüft. Welche der folgenden Aussagen trifft auf die gestreckte Abschlussprüfung zu? ☐

(1) Der Ausbildungserfolg wird mit der gestreckten Abschlussprüfung geprüft. Teil 1 der Abschlussprüfung muss zur Teilnahme an Teil 2 mit der Note „ausreichend“ bestanden werden.

(2) Die Prüfung gliedert sich in Teil 1 und Teil 2. Bei Nichtbestehen von Teil 1 kann dieser vor Absolvierung des Teils 2 wiederholt werden.

(3) Die Abschlussprüfung Teil 2 wird mit 80 % am Gesamterfolg der Prüfung gewichtet.

(4) Der erste Teil der gestreckten Abschlussprüfung muss spätestens zum Ende des zweiten Ausbildungsjahrs durchgeführt werden.

(5) Der Prüfling erhält die Ergebnisse vom Teil 1 der gestreckten Abschlussprüfung erst nach Absolvierung von Teil 2.

5. Inhalte des Ausbildungsvertrages

Bei der Prüfung der Ausbildungsverträge haben sich Fehler eingeschlichen. Welche der Formulierungen 1 bis 5 ist rechtlich nicht korrekt? Begründen Sie Ihre Auffassung. ☐

<table>
<tr><td>1</td><td colspan="4">Die Ausbildungszeit beträgt nach der Ausbildungsordnung
[36] Monate.
[x] Es wird eine Verkürzung der Ausbildungszeit
um [6] Monate beantragt.
Verkürzungsgrund: [schulische Vorbildung: Fachhochschulreife]
Das Berufsausbildungsverhältnis beginnt
am [01.08.2020] und endet am [31.01.2023].</td></tr>
<tr><td>2</td><td colspan="4">Die Probezeit beträgt [3] Monate.</td></tr>
<tr><td>3</td><td colspan="4">Die Ausbildung findet in der folgenden Ausbildungsstätte statt:
Regio-Bank AG
Musterstraße 1, 23552 Lübeck</td></tr>
<tr><td>4</td><td colspan="4">Der/Die Ausbildende zahlt dem/der Auszubildenden eine angemessene Vergütung.
Diese beträgt derzeit monatlich brutto:</td></tr>
<tr><td></td><td>EUR</td><td>**1 036,00**</td><td>**1 098,00**</td><td>**1 160,00**</td></tr>
<tr><td></td><td>im</td><td>ersten</td><td>zweiten</td><td>dritten</td></tr>
<tr><td></td><td>Ausbildungsjahr.</td><td></td><td></td><td></td></tr>
<tr><td>5</td><td colspan="4">Die Kündigung muss schriftlich und nach Beendigung der Probezeit unter Angabe der Kündigungsgründe erfolgen. Bei einer Kündigung durch den Auszubildenden nach Beendigung der Probezeit ist eine vertragliche Entschädigung für die Ausbildungsaufwendungen in Höhe von 500,00 EUR zu zahlen.</td></tr>
</table>

1.6 Die Regio-Bank AG schließt eine Filiale und muss Kündigungen aussprechen

Situationsbeschreibung

Frederick und Selma sind inzwischen auch Mitglieder der Jugend- und Auszubildendenvertretung (JAV) geworden. Selma ist Vorsitzende der JAV und darf als solche an den Betriebsratssitzungen teilnehmen. Heute berichtet sie den anderen JAV-Mitgliedern von der letzten Betriebsratssitzung, auf der über eine Filialschließung und mögliche Kündigungen diskutiert wurde. Eine Filiale in Köln mit insgesamt sechs Mitarbeitern soll geschlossen werden. Im Gegenzug dazu soll die Abteilung „Digital Banking" ins Leben gerufen werden. Hierfür sind zunächst drei Mitarbeiterinnen und Mitarbeiter vorgesehen. Die Abteilung wird allerdings in der Zentrale in Düsseldorf eingerichtet.

Leider kann die Regio-Bank AG betriebsbedingte Kündigungen nicht vermeiden. In der Betriebsratssitzung wurde schon lebhaft diskutiert. Die Ansichten, wer schutzwürdig ist, waren sehr unterschiedlich. Die Geschäftsleitung dürfte dies aus betriebswirtschaftlicher Sicht noch ganz anders sehen. Wer kann bleiben? Junge oder ältere Mitarbeiterinnen und Mitarbeiter? Was ist in zwei Jahren, wenn Selma und Frederick die Ausbildung abschließen? Müssen sie um ihre Weiterbeschäftigung fürchten?

Der Betriebsrat (BR) ist bei Personalfragen maßgeblich beteiligt. Daher möchte Selma für die nächste BR-Sitzung vorbereitet sein und wissen, welche rechtlichen Regelungen im Zusammenhang mit einer Kündigung zu berücksichtigen sind. Zusammen mit Frederick versucht sie zu klären, wer vor einer Kündigung geschützt ist und welche Kündigungsfristen zu beachten sind. Dafür möchte sie eine Kriterienliste erstellen. Nächste Woche will der BR der Geschäftsleitung einen Vorschlag unterbreiten.

Name	Funktion	Alter/Familienstand/ Kinder	Betriebszugehörigkeit	Ausbildung	Besonderheiten
Lana Breuer	Leitung WP-Beratung	40/verheiratet/ keine Kinder	10 Jahre	Bankkauffrau, Bachelor of Arts	
Markus Labcinski	stellvertretende Leitung, Baufinanzierung	40/alleinerziehend/1 Kind (10 Jahre)	7 Jahre	Bankkaufmann, staatlich geprüfter Betriebswirt	
Tabea Reinders	Beratung Finanzierung	25/verheiratet/ keine Kinder	6 Jahre	Bankkauffrau	seit der Ausbildung bei der Regio-Bank AG
Theresa Linke	Service	53/geschieden/ 2 Kinder (23 und 25 Jahre)	20 Jahre	Einzelhandelskauffrau	Teilzeit 30 Stunden
Sercan Gündogan	Beratung Anlage und Altersvorsorge	34/geschieden/ Unterhaltspflichten für 1 Kind (8 Jahre)	4 Monate	Versicherungskaufmann	Probezeit 6 Monate
Serena Navarro	Service	28/ledig	1 Jahr	Versicherungskauffrau	befristet, noch 4 Monate, schwanger im 4. Monat

Erstellen Sie

- eine Liste mit Kriterien, die bei einer betriebsbedingten Kündigung zu berücksichtigen sind,
- eine Informationsschrift zur Kündigung und
- eine begründete Entscheidungsvorlage zur Kündigung von drei Mitarbeitern.

Information

- Informieren Sie sich über die Situation in Ihrem Ausbildungsbetrieb. Welche strukturellen Veränderungen (Filialschließung, Fusion, Kündigung) hat es in jüngster Zeit gegeben?
- Haben Sie Erfahrungen mit Kündigungen? (Wenn ja, welche?)
- Notieren Sie spontan, welche Mitarbeiterinnen bzw. Mitarbeiter Ihrer Meinung aus Sicht der Regio-Bank AG von der Kündigung betroffen sein könnten.

Planen und Entscheiden

- Planen Sie in Gruppen Ihr Vorgehen inhaltlich und zeitlich und teilen Sie die Aufgaben zwischen den Gruppenmitgliedern auf.
- Sie müssen Ihre Entscheidung zur Kündigung gegenüber den drei Mitarbeitern vertreten können. Überlegen Sie sich wichtige Verhaltensweisen in der Kommunikation.

Durchführen

Bearbeiten Sie die Unterlagen zu den Handlungsprodukten.

Kriterienkatalog zur Kündigung

Soziale Kriterien	Betriebswirtschaftliche Kriterien

Markieren Sie die aus Ihrer Sicht bedeutendsten drei Kriterien!

Informationsschrift zur Kündigung

Kündigung		
Art des Rechtsgeschäftes	empfangsbedürftige Willenserklärung	
Formvorschrift	Schriftform (§ 623 BGB)	
Arten der Kündigung ordentliche Kündigung } mit Kündigungsfrist außerordentliche Kündigung – fristlos	Bezeichnung	Beispiele

Durchführen

Fristen gem. § 622 BGB	Kündigung durch Arbeitnehmer: mit einer Frist von 4 Wochen zum 15. oder zum Ende des Kalendermonats
	Kündigung durch Arbeitgeber: (2) [illegible] bestanden hat -> Kündigungsfrist 1 Monat (3) Probezeit [illegible] -> Kündigungsfrist 2 Wochen (4) Tarifverträge regeln abweichende Regelungen
Personen mit besonderem Kündigungsschutz	• Schwerbehinderte [illegible]
	• Betriebsratsmitglieder / Vertreter in der JAV
	• werdende Mütter
	• Väter und Mütter [illegible] Elternzeit
	•

§ 1 Kündigungsschutzgesetz (KSchG)		
anzuwenden, wenn …	• sozial ungerechtfertigte Kündigungen	
	•	
sozial gerechtfertigt gem. § 1 KSchG heißt …	**Grund**	**Beispiel**
	•	
	•	
	•	

Durchführen

Entscheidungsvorlage

Person 1:
Begründung:

____
____
____
____

Person 2:
Begründung:

____
____
____
____

Person 3:
Begründung:

____
____
____
____

Kontrolle

- **Diskutieren Sie Ihre Entscheidung mit den anderen Gruppen, indem Sie einen Gruppensprecher auswählen, der in einer Plenumsdiskussion ihre Entscheidung zur Kündigung vertritt.**
- **Gleichen Sie Ihre Vorschläge zum Verhalten in einem eventuellen Konfliktfall gegenseitig ab. Welche Verhaltensweisen halten Sie für besonders zielführend?**

Bewerten

- **Geben Sie den Diskussionsteilnehmern jeweils ein Feedback.**
- **Reflektieren Sie den Entscheidungsprozess.**

	Mögliche Impulse für die Reflexion	**trifft zu**	**keine Einschätzung**	**trifft nicht zu**
1	Wir waren uns innerhalb der Gruppe schnell einig.			
2	Unser Ergebnis stimmte mit unserer anfänglichen Einschätzung überein.			
3	Ich habe ein großes Unbehagen empfunden.			
4	Betriebswirtschaftliche Belange haben Vorrang.			
5	Ältere Mitarbeiter sind oft zu teuer.			
6	Junge Frauen stellen für das Unternehmen ein Risiko dar, weil sie schwanger werden könnten.			
7	Die Situation habe ich als belastend empfunden.			

	Mögliche Impulse für die Reflexion	trifft zu	keine Einschätzung	trifft nicht zu
8	Die Situation halte ich für realistisch.			
9	Eine gute Ausbildung schützt vor Kündigung.			
10	Es gab respektlose Äußerung, wie z. B.: „Der ist zu alt, der muss raus!“ oder „Der hat halt Pech gehabt!“.			
11	Ich mache mir Sorgen über meine berufliche Zukunft.			
12	Ich konnte mich gut in die Situation hineinversetzen.			
13	Die Entscheidung ist unserer Gruppe sehr schwer gefallen.			
14	Ich bin mit dem Ergebnis zufrieden.			
15	Wenn die Banken in Zukunft überleben wollen, sind Kündigungen unvermeidlich!			
16	Ich konnte mich mit meiner Meinung gut einbringen			
17	...			

Aufgaben zur Lernsituation

1. Kündigungsfristen

Gehen Sie davon aus, dass den nachstehenden Mitarbeitern am 31.03. gekündigt wird. Geben Sie jeweils an, wann das Arbeitsverhältnis unter Einhaltung der gesetzlichen Kündigungsfristen gem. § 622 BGB endet.

Mitarbeiter/in	Betriebszugehörigkeit	Kündigungsfrist	Kündigungsdatum
Sven Keller	6 Jahre		
Jan Mohren	4 Monate (Probezeit)		
Marc Sielmann	2 Jahre		
Erich Rutz	20 Jahre		

2. Kündigung bei Umstrukturierungsmaßnahmen

Die Regio-Bank AG muss aufgrund von Umstrukturierungsmaßnahmen ordentliche Kündigungen aussprechen. Bei welcher Person steht kein rechtlich zwingendes Hindernis einer Kündigung entgegen? ☐

(1) Elisabeth Keller ist seit fünf Monaten Mutter einer kleinen Tochter und seit kurzem wieder als Kundenberaterin bei der Regio-Bank AG teilzeitbeschäftigt.
(2) Jana Schneider ist Auszubildende der Regio-Bank AG; ihre Probezeit ist kürzlich abgelaufen.
(3) Mario Faust ist junger Vater und wird in einem Monat seine Elternzeit für ein Jahr beginnen.
(4) Martin Krüger ist vor sechs Monaten aus dem Betriebsrat ausgeschieden.
(5) Philip Schneider hat nach langer Krankheit einen anerkannten Grad der Behinderung von 50 %.

3. Wirksamkeit von Kündigungen

Entscheiden Sie, in welchem Fall die Kündigung zu Unrecht ausgesprochen wurde und deshalb wieder rückgängig gemacht werden muss. ☐

(1) Herr Nowak ist Mitglied des Betriebsrates. Er ist wiederholt unpünktlich und wird nach einer Abmahnung nach erneutem Fehlverhalten fristlos gekündigt.
(2) Frau Kleffmann wurde fristlos entlassen, weil durch eine Nachlässigkeit ihrerseits ein Kundenauftrag nicht zustande kam.
(3) Herr Eike wurde fristgerecht gekündigt, weil Teile der Produktion ins Ausland verlegt wurden.
(4) Herr Rudolf wurde mit sofortiger Wirkung entlassen, weil er während seines Urlaubes einer nicht genehmigten und versteuerten Erwerbstätigkeit nachging.
(5) Frau Lang, Auszubildende der Regio-Bank AG hat ihrer Freundin erzählt, dass ihr in den Kontoauszügen eine beachtliche Erbschaft ihres alten Lateinlehrers aufgefallen ist.

4. Kündigungsschutzgesetz

Arbeitnehmer sollen vor willkürlichen Kündigungen durch den Arbeitgeber geschützt werden. Gesetzliche Grundlage hierfür ist u. a. das Kündigungsschutzgesetz. Welche der folgenden Aussagen ist in diesem Zusammenhang richtig? ☐

(1) Im Unternehmen des gekündigten Mitarbeiters müssen mehr als 20 Arbeitnehmer beschäftigt sein.
(2) Bei der Berechnung der Arbeitnehmerzahl werden Teilzeitbeschäftigte wie Vollzeitarbeitnehmer berücksichtigt.
(3) Im Falle einer betriebsbedingten Kündigung, bei der es mehr betroffene Arbeitnehmer als geplante Kündigungen gibt und eine Weiterbeschäftigung jeweils nicht möglich ist, muss eine Sozialauswahl getroffen werden, die die persönlichen Lebensumstände der Mitarbeiter berücksichtigt.
(4) Eine sozial gerechtfertigte Kündigung setzt stets eine Abmahnung durch den Arbeitgeber voraus.
(5) Vollzeitbeschäftigte alleinerziehende Eltern minderjähriger Kinder genießen aufgrund der Sorgepflichten einen besonderen Kündigungsschutz.

5. Rechtsgrundlagen zur Kündigung

Welche der nachfolgenden Aussagen ist im Zusammenhang mit der Kündigung richtig? ☐

(1) Die Kündigung ist ein zweiseitiges Rechtsgeschäft und muss durch Unterschrift angenommen werden.
(2) Kündigt der Arbeitnehmer das Arbeitsverhältnis, so sieht der Gesetzgeber eine Kündigungsfrist von vier Wochen zum 15. oder Ende des Monats vor, unabhängig von der Betriebszugehörigkeit.
(3) Der Betriebsrat ist über eine bevorstehende Kündigung zu informieren. Widerspricht der Betriebsrat innerhalb einer Woche, so ist die Kündigung nicht wirksam.
(4) Das Kündigungsschutzgesetz schützt den Arbeitnehmer vor übereilten Kündigungen seitens des Arbeitgebers und schreibt für langjährige Beschäftigte verlängerte Kündigungsfristen vor.
(5) Bei einer außerordentlichen Kündigung gibt es je nach Dauer der Betriebszugehörigkeit gestaffelte Kündigungsfristen.

1.7 Selma hilft Moritz Kählig durch den Dschungel von Gehalt und Steuern

Situationsbeschreibung

Im Zuge der Begrüßung der neuen Auszubildenden am 1. August wurden viele Fragen zum Gehalt gestellt. Kein Wunder, das erste Gehalt für die „Neuen" wird bald überwiesen. Einzelheiten zum Unterschied zwischen Brutto- und Nettogehalt und zu den Abzügen vom Gehalt wurden den neuen Auszubildenden nicht klar.

Auch fragte einer der Auszubildenden, Moritz Kählig, nach der Besteuerung. Er ist ledig, evangelisch und hat vor Antritt seiner Ausbildung für einige Monate im Schichtdienst gearbeitet. Dabei kam er auf einen Bruttoverdienst von 9 000,00 EUR und musste über 400,00 EUR Steuern zahlen. Auf der Informationsveranstaltung hat er gehört, dass er diese 400,00 EUR Anfang des nächsten Jahres in einer Einkommensteuererklärung angeben kann und ggfs. erstattet bekommt. Bei seiner eigenen Recherche fand er auf den Seiten des Bundesfinanzministeriums einen Einkommensteuerrechner. Dort sollte er das zu versteuernde Einkommen eintragen. Leider hat er das nicht hinbekommen.

Selma hat zugesagt, allen neuen Auszubildenden eine Grundlage für die Gehaltsberechnung vorzustellen. Zudem will sie sich mit der Einkommensteuererklärung auseinandersetzen und klären, inwieweit Moritz eine Erstattung erhalten könnte. Selma wird bei der Gehaltsabrechnung das zweite Ausbildungsjahr zugrunde legen, da Moritz aufgrund der Verkürzung seiner Ausbildungszeit auf zwei Jahre mit diesem Gehalt starten wird.

Die Regio-Bank AG zahlt laut Tarifvertrag. Daher hat sich Selma den Tarifvertrag aus dem Tarifregister im Internet heruntergeladen.

Höhe der monatlichen Ausbildungsvergütung	
	seit 01.09.2019
1. Ausbildungsjahr	1 036,00 EUR
2. Ausbildungsjahr	1 098,00 EUR
3. Ausbildungsjahr	1 160,00 EUR
vermögenswirksame Leistung	
40,00 EUR Arbeitgeberanteil je Monat	

Versetzen Sie sich in Selmas Lage und erstellen Sie

- eine Vorlage zur Berechnung des monatlichen Gehalts im zweiten Ausbildungsjahr mithilfe eines Tabellenkalkulationsprogrammes sowie
- Notizen zum Gespräch über die Einkommensteuererklärung

- **Recherchieren Sie, was Sie bei der Berechnung vom Bruttogehalt zum Nettogehalt berücksichtigen müssen.**
- **Prüfen Sie Ihre bisherigen Kenntnisse zu Tabellenkalkulationsprogrammen.**
- **Notieren Sie, welche Informationen Ihnen bezüglich der Einkommensteuer von Moritz vorliegen.**

Brutto + VL
Lohnsteuer – davon [illegible]
von Brutto + VL die Versicherungen [illegible]

Information

Information

Planen und Entscheiden

- **Planen Sie inhaltlich, zeitlich und technisch die Erstellung der Gehaltsabrechnung mithilfe eines Tabellenkalkulationsprogramms.**
- **Stellen Sie fest, welche Informationen Sie zur Erstellung der Einkommensteuererklärung benötigen.**

Durchführen

Bearbeiten Sie die Unterlagen zu den Handlungsprodukten.

Erstellung einer Vorlage zur Berechnung des monatlichen Gehalts (z. B. Excel-Tabelle) im 1. Ausbildungsjahr

Erstellen Sie eine Tabelle gemäß folgender Vorlage. Die grau unterlegten Felder müssen ausfüllbar sein.

Monatliche Gehaltsabrechnung				
Bruttogehalt				EUR
+ vermögenswirksame Leistungen				EUR
= gesamte Bruttobezüge				EUR
– Lohnsteuer			1,58	EUR
– Solidaritätszuschlag	5,5 % der Lohnsteuer			EUR
– Kirchensteuer	9 % der Lohnsteuer			EUR
= Zwischensumme				EUR
– Rentenversicherung		%		EUR
– Arbeitslosenversicherung		%		EUR
– Krankenversicherung		%		EUR
– Pflegeversicherung		%		EUR
= Nettogehalt				EUR
– Überweisung Anlage VL				EUR
= Überweisung auf das Gehaltskonto des Arbeitnehmers				**EUR**

Durchführen

Notizen zum Gespräch über die Einkommensteuererklärung

- **Zur besseren Erklärung unterstellen Sie für Moritz mögliche Werbungskosten und Sonderausgaben.**

Werbungskosten (Aufwendungen, die für den Beruf notwendig sind)	jährliche Fahrtkosten	800,00 EUR
	Bücherkosten	160,00 EUR
	Kosten für Bewerbungsmaterial	70,00 EUR

Sonderausgaben	Altersvorsorgeaufwand	310,00 EUR
	Basiskranken- und -pflegeversicherung	720,00 EUR
	Versicherungsbeiträge, z. B. Kfz-Haftpflichtversicherung	300,00 EUR
	Spenden	50,00 EUR

- **Vereinfachtes Schema zur Berechnung der Einkommensteuer für Moritz**

	Beispiele für Moritz	in EUR
Einnahmen aus nicht-selbstständiger Arbeit	Schichtarbeit in der 1. Jahreshälfte	8000
	Gehalt im 1. Ausbildungsjahr seit August	1036 x 5
	gesamt	14 180
– tatsächliche Werbungskosten, mindestens aber 1 000,00 EUR (Pauschbetrag)	jährliche Fahrtkosten	800
	Bücherkosten	160
	Kosten für Bewerbungsmaterial	70
	gesamt	1.030
= Einkünfte		13.150
– Sonderausgaben **– Vorsorgeaufwendungen** **– …**	Altersvorsorgeaufwand	310
	Basiskranken- und -pflegeversicherung	720
	Versicherungsbeiträge, z. B. Kfz-Haftpflichtversicherung	300
	Spenden	50
	gesamt	[illegible]
= Einkommen		11 770
= zu versteuerndes Einkommen (um Kinderfreibeträge reduziertes Einkommen)	**Berechnungsgrundlage für die Ermittlung der Steuern**	
ermittelte Steuern	**Einkommensteuerrechner:** https://www.bmf-steuerrechner.de/ekst/eingabeformekst.xhtml	

- **Information für Moritz:**

geleistete Vorauszahlungen (z. B. Lohnsteuer)	**< oder >**	**Steuerschuld laut Einkommensteuerrechner**

Durchführen

- **Fachbegriffe zur Einkommensteuer**

Steuerpflichtige Personen		
Unterschied zwischen Einkommen- und Lohnsteuer	Einkommensteuer wird auf Einkünfte gezahlt Lohnsteuer zahlen Arbeitnehmer auf ihren Arbeitslohn	
Lohnsteuerklassen	I	ledig, geschieden / getrennt lebend, kinderlos
	II	ausschließlich Alleinerziehende
	III	verheiratete sofern der andere Ehepartner in V ist
	IV	Eheleute [illegible] Antrag auf III und V
	V	Verheiratete sofern der andere Ehepartner in III ist
	VI	höchste Steuerlast bei Ausübung mehrerer Nebenbeschäftigungen
Einnahmen		
Einkunftsarten (§ 2 Abs. 1 EstG)	**Gewinneinkunftsarten** **Betriebseinnahmen** **– Betriebsausgaben** **= Einkünfte (Gewinn)**	1. Forst u. Landwirtschaft 2. Gewerbebetrieb 3. selbstst. Tätigkeit
	Überschusseinkunftsarten **Einnahmen** **– Werbungskosten** **= Einkünfte (Überschuss)**	4. nichtselbstst. Tätigkeit 5. Kapitalvermögen 6. Vermietung und Verpachtung 7. sonstigen Bezügen
Gesamtbetrag der Einkünfte	Summe der Einkünfte, minus Altersentlastungsbetrag	
Einkommen	gesamtbetrag der Einkünfte minus außergewöhnl. Belastungen, Sonderausgaben	
zu versteuerndes Einkommen	Einkommen minus [illegible] Kinderfreibeträge	
Werbungskosten	Kosten die bei der Berufsausübung anfallen und vom steuerpflichtigen Einkommen abgezogen werden können	
Sonderausgaben	Ausgaben neben Betriebsausgaben und Werbungskosten die abzugsfähig sind	
Freibeträge	Beträge die vor der Berechnung der Steuer vom Einkommen abgezogen werden können	
Grundfreibetrag	Teil des Einkommens der nicht der Steuer unterliegt	

Einkommensteuer-progression	Ansteigen des Steuersatzes in Abhängigkeit vom z.v.E
Grenzsteuersatz	So viel wird vom nächsten Euro der dazu verdient wird abgezogen für die Steuer
Durchschnitts-steuersatz	gibt an wie viel % von jedem einzelnen Euro meines Einkommens [illegible] wird

Durchführen

Kontrolle

- Überprüfen Sie Ihre Gehaltsabrechnung mit einem Gehaltsrechner aus dem Internet. Klären Sie eventuelle Unterschiede.
- Erläutern Sie sich gegenseitig, inwiefern Sie von einer Steuererstattung für Moritz ausgehen.

Bewerten

- Welche Schwierigkeiten hatten Sie bei der Erstellung der Gehaltsabrechnung mithilfe des Tabellenkalkulationsprogrammes?
- Trauen Sie sich nun die Anfertigung Ihrer Einkommensteuererklärung selbstständig zu?

Aufgaben zur Lernsituation

1. Gehaltsabrechnung

Ricarda Groß, 18 Jahre, evangelisch, ist Auszubildende bei der Regio-Bank AG in Frankfurt. Sie möchte wissen, wie viel sie als Bankkauffrau nach der Ausbildung wohl verdienen wird. Nach Auskunft ihres Ausbilders erhalten junge Banker ein Bruttogehalt von monatlich 2 865,00 EUR.
Spannender für sie ist aber die Höhe des Nettogehaltes.

Im Internet hat sie folgende Daten recherchiert:

Sozialversicherung 2020	Gesamtbeitragssätze
Krankenversicherung	14,6 % + 1,0 % Zusatzbeitrag
Pflegeversicherung	3,05 % + 0,25 % Zuschlag für Kinderlose ab dem 23. Lebensjahr
Arbeitslosenversicherung	2,4 %
Rentenversicherung	18,6 %

Steuern 2020	
Lohnsteuer bei einem Bruttogehalt von 2 865,00 EUR	374,25 EUR
Solidaritätszuschlag	5,5 % von der Lohnsteuer
Kirchensteuer Hessen	9,0 % von der Lohnsteuer

Ermitteln Sie das Nettogehalt von Ricarda Groß.

Bruttogehalt	2 865,00 EUR
– Krankenversicherung	
– Pflegeversicherung	
– Arbeitslosenversicherung	
– Rentenversicherung	
– Lohnsteuer	
– Solidaritätszuschlag	
– Kirchensteuer	
= **Nettogehalt**	

2. Werbungskosten

In der Einkommensteuererklärung müssen die Ausgaben richtig sortiert werden. Welche der folgenden Ausgaben ist den Werbungskosten zuzuordnen? ☐

(1) Spende an den Sportverein TUS Eintracht e. V.
(2) Steuerberatungskosten
(3) Schulgeld für ein Gymnasium in privater Trägerschaft
(4) Versicherungsbeiträge, z. B. Kfz-Haftpflicht
(5) Mitgliedsbeitrag zur Gewerkschaft ver.di

3. Nichtanerkennung von Werbungskosten

Werbungskosten sind alle Aufwendungen zur Erwerbung, Sicherung und Erhaltung der Einnahmen. Welche der folgenden Aufwendungen werden in der Ausbildung nicht zu den Werbungskosten gehören? ☐

(1) Fahrtkosten zur Berufsschule
(2) Bewerbungskosten auf eine ausgeschriebene Stelle bei der Regio-Bank AG
(3) Kosten für die Anschaffung eines Lehrbuchs zur Bankbetriebslehre
(4) Kontoführungsgebühren
(5) Kosten für die Anschaffung und Reinigung eines Anzugs

4. Wiederholungsmatrix zu Steuern und Gehalt

- Überprüfen Sie, ob Sie die folgenden Begriffe kennen und einordnen können.
- Markieren Sie die bekannten Begriffe mit einem Häkchen.
- Klären Sie die unbekannten Begriffe, indem Sie sich mit Ihrer Sitznachbarin/Ihrem Sitznachbarn austauschen.

Werbungskosten	Grundfreibetrag	Nettogehalt	Grenzsteuersatz
Überschusseinkunfts-arten	Vorsorgeaufwendungen	Bruttogehalt	Einnahmen aus nicht-selbstständiger Arbeit
Einkommensteuerjahres-ausgleich	Gewinneinkunftsarten	Lohnsteuerklassen	zu versteuerndes Einkommen
ELSTER	Altersentlastungsbetrag	Einkommensteuer-progression	Durchschnittssteuersatz

1.8 Die fünf Säulen der Sozialversicherung – soziale Sicherung von Anfang an

Situationsbeschreibung

Im Zuge der Begrüßung der neuen Auszubildenden wurden auch die Sozialversicherungen angesprochen. Dabei war zwar allen Auszubildenden klar, dass Sozialversicherungen aus Renten-, Arbeitslosen-, Kranken-, Pflege- und Unfallversicherung bestehen und auf eine lange Geschichte zurückblicken können. Auch die Beitragsberechnungen konnten mit der Gehaltsabrechnung nachvollzogen werden. Aber weitere Inhalte, Leistungen, Vorteile und Probleme waren keinem Auszubildenden bekannt. Selma und Frederick haben versprochen, kurze Präsentationen zu den jeweiligen Sozialversicherungszweigen zusammenzustellen, die sie auf dem nächsten Treffen mit den neuen Auszubildenden zeigen können. Sie haben sich überlegt, dass jede Präsentation nicht mehr als drei bis fünf Folien beinhalten soll, damit keine inhaltliche Überfrachtung eintritt, die für die Zuhörer zu langatmig wäre. Außerdem haben die Ausbilder den beiden nur ein relativ enges Zeitfenster für die Präsentation zugestanden.

Versetzen Sie sich in Selmas und Fredericks Lage und erstellen Sie

Präsentationen zu den Grundzügen der einzelnen Sozialversicherungszweige unter Berücksichtigung von Tipps zur gelungenen Foliengestaltung.

Information

- **Überlegen Sie, welche grundlegenden Informationen über die einzelnen Sozialversicherungen für die neuen Auszubildenden wichtig sind.**
- **Überlegen Sie Aspekte, die Sie persönlich bei der Foliengestaltung in Vorträgen aufgrund Ihrer bisherigen Erfahrungen besonders überzeugten.**

Planen und Entscheiden

- **Entscheiden Sie sich für einen Sozialversicherungszweig, der für Sie besonders interessant ist, und arbeiten Sie zusammen mit anderen Mitgliedern Ihrer Lerngruppe, die ebenfalls diesen Zweig gewählt haben. Erstellen Sie gemeinsam einen Arbeits- und Zeitplan für das Anfertigen einer Präsentation zu diesem Sozialversicherungszweig.**
- **Entscheiden Sie, welche Gesichtspunkte aus der jeweiligen Sozialversicherung Sie den neuen Auszubildenden präsentieren würden.**

Planen und Entscheiden

Durchführen

Bearbeiten Sie die Unterlagen zu den Handlungsprodukten.

Präsentationen zu den Grundzügen der einzelnen Sozialversicherungszweige

- Vergleichen Sie die nachstehenden Merkmale für die Basisinformationen zu den Sozialversicherungszweigen mit den von Ihnen gewählten Gesichtspunkten „Ihres" Sozialversicherungszweiges; nehmen Sie ggfs. Ergänzungen bzw. Streichungen vor.

Merkmale für die Basisinformationen zu den Sozialversicherungszweigen	
Versicherungsträger	
versicherte Personen	
Beiträge, Beitragsbemessungsgrenze	
Beispiele für Leistungen	
aktuelle Diskussionspunkte	
...	
...	

- Wahl der Gliederungspunkte der Präsentation

Durchführen

- **Foliengestaltung: Bewerten Sie die Gestaltung der folgenden Titelfolie hinsichtlich Rand, Schrift, Überschrift, Hintergrund und Gesamteindruck**

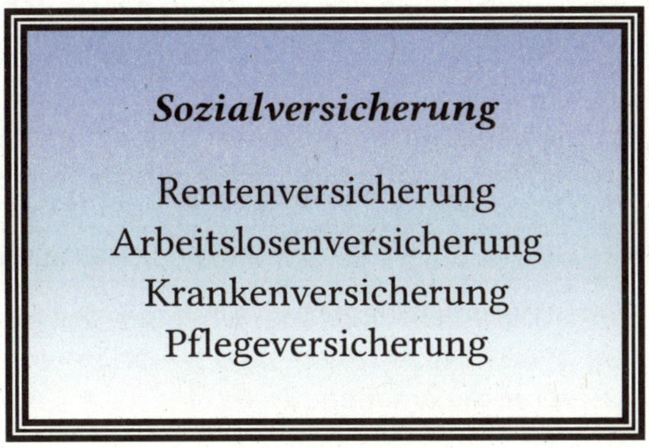

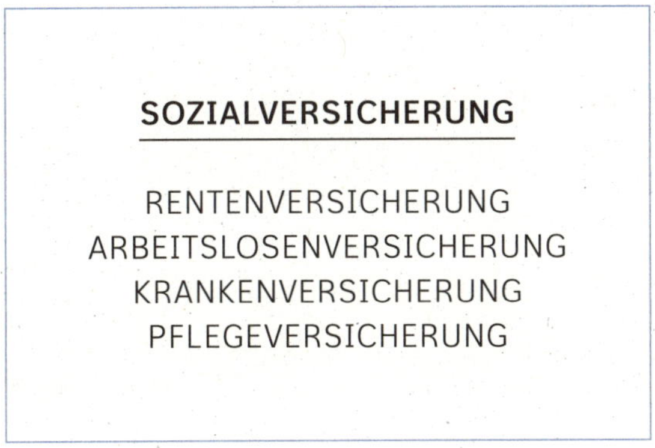

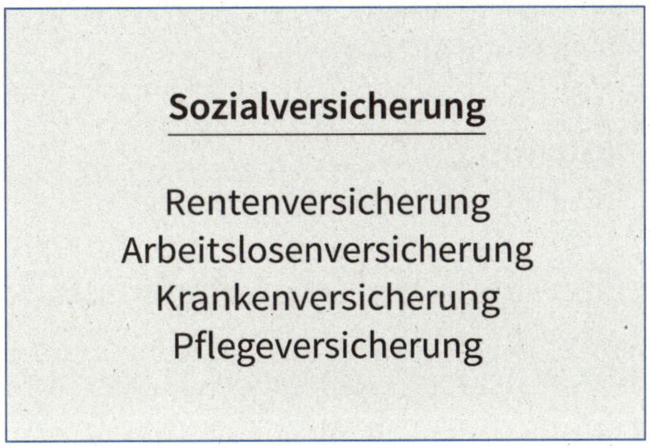

- **Diskutieren Sie mögliche Tipps zur Foliengestaltung und halten Sie diese fest.**

Schrift	
Farbe	
Menge der Folien	
Inhaltlicher Umfang der Folien	
Design	
Inhaltliche Struktur	
Visualisierung	
Animation und Effekte	

Durchführen

- Erstellen Sie die Präsentationen zu den Grundzügen der einzelnen Sozialversicherungszweige.
- Präsentieren Sie den von Ihnen gewählten Sozialversicherungszweig im Plenum.

Kontrolle

Kontrollieren Sie inhaltlich die Grundzüge der Sozialversicherung anhand der folgenden Zusammenfassung und unter Einbeziehung Ihrer weiteren Gesichtspunkte.

Rentenversicherung	
Versicherungsträger	
versicherte Personen	
Beiträge, Beitragsbemessungsgrenze	
Beispiele für Leistungen	
...	
...	

Arbeitslosenversicherung	
Versicherungsträger	
versicherte Personen	
Beiträge, Beitragsbemessungsgrenze	
Beispiele für Leistungen	
...	
...	

Kontrolle

Krankenversicherung	
Versicherungsträger	
versicherte Personen	
Beiträge, Beitragsbemessungsgrenze, Versicherungspflichtgrenze	
Beispiele für Leistungen	
...	
...	

Pflegeversicherung	
Versicherungsträger	
versicherte Personen	
Beiträge, Beitragsbemessungsgrenze, Versicherungspflichtgrenze	
Beispiele für Leistungen	
...	
...	

Unfallversicherung	
Versicherungsträger	
versicherte Personen	
Beiträge	
Beispiele für Leistungen	
...	
...	

Bewerten

- Geben Sie Feedback zu den Sozialversicherungspräsentationen.
- Überlegen Sie, wann Sie die Gestaltung einer Folie überzeugt hat.

Aufgaben zur Lernsituation

1. Gesetzliche Rentenversicherung

Einige der neuen Auszubildenden sind unsicher, ob sie auf jeden Fall in die gesetzliche Rentenversicherung einzahlen müssen. Sie meinen, dass die Rente doch erst in ferner Zukunft liegt und das eigentliche Arbeitsleben erst nach der Ausbildung beginnt. Welche Auskunft geben Sie? ☐

(1) Die Rentenversicherung basiert auf dem Generationenvertrag, die heutige Generation von Arbeitnehmern und Auszubildenden zahlt die Renten der gegenwärtigen Rentner.
(2) Sofern die Auszubildenden im Anschluss an die Ausbildung nicht weiter arbeiten, werden ihnen die eingezahlten Beträge zurückgezahlt.
(3) Die Auszubildenden können sich entscheiden, ob sie in die gesetzliche Rentenversicherung einzahlen oder privat vorsorgen möchten.
(4) Die Rentenversicherung basiert auf dem Kapitaldeckungsverfahren. Die heute eingezahlten Beträge werden für die künftige Rente angespart.
(5) Minderjährige Auszubildende müssen nicht in das Rentenversicherungssystem einzahlen.

2. Gesetzliche Unfallversicherung

Auf dem Weg zur Arbeit hat sich die Auszubildende Katja Weiß das Bein gebrochen, als sie unglücklich vom Fahrrad gestürzt ist. Welche Aussage können Sie ihr in ihrer Situation geben? ☐

(1) Da Katja Weiß in den nächsten Wochen ihrer Ausbildung nicht nachgehen kann, wird die weitere Zahlung der Ausbildungsvergütung vom Arbeitsamt übernommen.
(2) Da der Unfall auf dem Weg zur Arbeit passierte, wird die gesetzliche Unfallversicherung die Behandlungskosten und Rehabilitationsmaßnahmen übernehmen.
(3) Bis Katja Weiß ihrer Ausbildung wieder nachgehen kann, wird die gesetzliche Unfallversicherung die Zahlung der Ausbildungsvergütung übernehmen.
(4) Die Behandlungskosten übernimmt immer die Krankenversicherung von Katja Weiß, die Rehabilitationskosten die gesetzliche Unfallversicherung.
(5) Falls Katja Weiß in die gesetzliche Unfallversicherung eingezahlt hat, übernimmt diese auch die Kosten.

3. Mitgliedschaft in der gesetzlichen Krankenversicherung

Nicht alle Mitarbeiter und Mitarbeiterinnen der Regio-Bank AG sind 2020 gesetzlich krankenversichert.

a) Welche der nachstehenden Personen ist nicht zwingend gesetzlich krankenversichert? ☐

(1) Robert Helrig, Auszubildender, ledig, 1. Ausbildungsjahr
(2) Karl-Heinz Schmitz, verheiratet, 3 Kinder, Bruttogehalt: 6 000,00 EUR
(3) Leon Fabrig, ledig, Bruttogehalt: 2 193,00 EUR
(4) Deniz Yaser, verheiratet, Bruttogehalt: 4 537,50 EUR
(5) Tom Kleuer, geschieden, 2 Kinder, Bruttogehalt: 3 100,00 EUR

b) Führen Sie je einen Vor- und Nachteil auf, wenn sich die in a) gekennzeichnete Person für eine private Krankenversicherung entscheidet.

____

____

____

____

____

1.9 Frederick nimmt an einer Betriebsratssitzung teil

Situationsbeschreibung

Selma und Frederick wurden in die Jugend- und Auszubildendenvertretung gewählt. Nun steht eine Betriebsratssitzung an, zu der erstmalig Frederick die Jugend- und Auszubildendenvertretung vertreten wird. Die Tagesordnung hat er schon erhalten:

19. Januar 20..

Einladung zur Betriebsratssitzung

Liebe Kollegin, lieber Kollege,

zu unserer Betriebsratssitzung lade ich Sie herzlich ein:

Ort: Regio-Bank AG, Raum G 314
Zeit: 17. Februar 20.. 16.00 Uhr bis circa 18.00 Uhr

Folgende Tagesordnung ist geplant

TOP 1 Genehmigung des Protokolls vom 13.11.20..

TOP 2 Geplante Betriebsvereinbarung „Überstunden Digitalcenter“

TOP 3 Erörterung der Sonderregelung: Verkaufsziele für Auszubildende

TOP 4 Beschwerden der Kolleginnen und Kollegen aus der Geschäftsstelle Süd

TOP 5 Verschiedenes

Bitte teilen Sie mir Ihre Einschätzungs- und Änderungswünsche mit.

Mit freundlichen Grüßen

Ariane Welter

Die Betriebsratsvorsitzende Ariane Welter hat Frederick erklärt, dass er sich zu TOP 3 aus Sicht der Auszubildenden äußern soll; eine Abstimmung hierzu wird jedoch nicht stattfinden. Zudem soll in TOP 5 die in einem Jahr anstehende Wahl des Betriebsrats und der Jugend- und Auszubildendenvertretung angesprochen werden. Frederick erschrickt; sehr ungern hat er bisher vor größeren Gruppen gesprochen. Er weiß, dass der Betriebsrat der Regio-Bank AG aus elf Personen besteht. Frederick möchte sich auf die Betriebsratssitzung gut vorbereiten.

Versetzen Sie sich in Fredericks Lage und erstellen Sie zur Vorbereitung auf die Betriebsratssitzung

- Notizen zu der Betriebsratssitzung und
- Hilfestellungen für einen souveränen Vortrag.

- **Versetzen Sie sich in Fredericks Lage. Welche Stichpunkte würden Sie sich für diese Betriebsratsteilnahme notieren? Wo sehen Sie im Vorfeld Klärungsbedarf?**

Information

Information

- Brainstorming: Erinnern Sie sich an Situationen, in denen Sie nervös waren vor anderen zu sprechen! Was hat Ihnen geholfen?

Planen und Entscheiden

Gleichen Sie die Stichpunkte inhaltlich ab und clustern Sie diese.

Durchführen

Bearbeiten Sie die Unterlagen zu den Handlungsprodukten.

Notizen zu der Betriebsratssitzung

- Klären Sie inhaltlich Ihre Stichpunkte.

Stichpunkte	Erläuterung

- Um auf unerwartete Situationen in der Betriebsratssitzung besser reagieren zu können, halten Sie nachstehende Informationen fest.

Definition Betriebsrat Rechtsgrundlage: Betriebsverfassungsgesetz		
Aufgaben	**Mitbestimmung**	
	Mitwirkung	Widerspruchsrecht
		Zustimmungsverweigerungsrecht

Aufgaben	**Mitwirkung**	Informationsrecht
Wahlberechtigt in den BR (aktives Wahlrecht)		
Wählbar für den BR (passives Wahlrecht)		
Zeitpunkt der Betriebsratswahlen		
Regelungen zur Zahl der Betriebsratsmitglieder		
Errichtung und Aufgaben der Jugend- und Auszubildendenvertretung		
Wahlberechtigt in den BR (aktives Wahlrecht)		
Wählbar für die JAV (passives Wahlrecht)		
Zeitpunkt der JAV-Wahlen und Amtszeit		
Weitere Betriebsgremien (§§ 42 ff., 76 ff. und 106 BetrVG)	**Betriebsversammlung**	
	Einigungsstelle	
	Wirtschaftsausschuss	

Durchführen

Durchführen

Hilfestellungen für einen souveränen Vortrag

- **Wie sinnvoll sehen Sie die folgenden Tipps zur Verbesserung der Souveränität bei Vorträgen?**

Tipps	Einschätzung
Bereite dich gründlich vor!	
Nutze Notizkarten!	
Achte auf den festen Stand!	
Atme ruhig durch!	
Halte Blickkontakt!	
Übe das Gespräch und die Präsentation im Vorfeld!	
Nimm eine selbstbewusste Körperhaltung ein!	
Verstärke das Gesagte durch Pausen!	
...	
...	

Kontrolle

- **Stellen Sie Ihre Notizen Ihren Mitschülern vor.**
- **Probieren Sie in kleinen Gruppen unterschiedliche Tipps zur Verbesserung der Souveränität bei Verträgen aus.**

Bewerten

- **Erinnern Sie sich an Situationen, in denen Sie bei Vorträgen gerne souveräner gewesen wären? Was hätte Ihnen geholfen?**
- **Nehmen Sie Stellung zu den folgenden Meinungen über Betriebsräte:**
  - Eine demokratische Gesellschaftsform sollte auch demokratische Betriebsstrukturen haben!
  - Der Betrieb gehört dem Inhaber und nur dieser sollte auch bestimmen!
  - Der Betriebsrat ist als Sprachrohr der Arbeitnehmer wichtig für den Arbeitgeber!
  - Betriebe mit Betriebsrat sind innovativer und produktiver!
  - Der Betriebsrat erschreckt ausländische Unternehmen!
  - Der Betriebsrat verzögert nur notwendige Entscheidungen!
  - Die Mitbestimmung durch die Betriebsräte ist nur eine Scheindemokratie. Die Unternehmer machen, was sie wollen!

Aufgaben zur Lernsituation

1. Betriebsrat und Betriebsgröße

In Deutschland kann der Interessensausgleich zwischen Arbeitgebern und Arbeitnehmern auf Betriebsebene durch einen Betriebsrat geregelt werden.

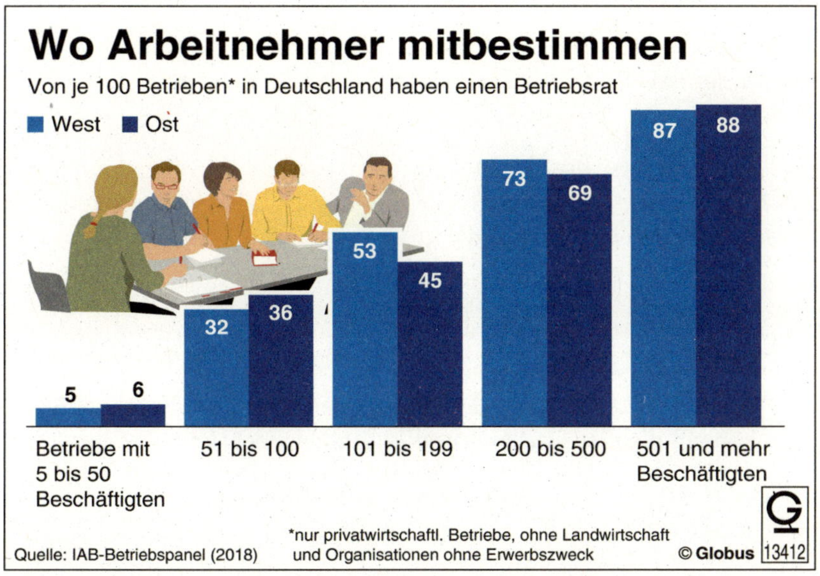

Überlegen Sie Gründe, warum mit steigender Betriebsgröße die Interessensvertretung der Arbeitnehmer mehrheitlich über einen Betriebsrat geregelt wird.

____

____

____

2. Rechte des Betriebsrates

Der Betriebsrat der Regio-Bank AG hat verschiedene Rechte bei wirtschaftlichen, personellen und sozialen Angelegenheiten. Ordnen Sie die nachstehenden Rechte den jeweiligen Situationen mit Pfeilen zu.

Rechte
Mitwirkung (Recht auf Zustimmungs-verweigerung)
Mitbestimmung (uneingeschränktes Zustimmungsrecht)
Information und Beratung

Situationen
Die Regio-Bank AG möchte die Geschäftsstelle Grefrath schließen.
Der Geschäftsstellenleiter der Geschäftsstelle Süd soll in die Abteilung „Social Media“ versetzt werden.
Alle Mitarbeiterinnen und Mitarbeiter sollen an einer Schulung zum Umgang mit dem Defibrillator teilnehmen.
Das Arbeitsmodell „Homeoffice“ soll aufgrund der Anregungen der Mitarbeiterinnen und Mitarbeiter überarbeitet werden.
Die Öffnungszeiten sollen auf eine Abendöffnungszeit ausgedehnt werden, um den sich ändernden Bedürfnissen der Kunden Rechnung zu tragen.
Geplante Neuinvestitionen in die EDV-Anlage sollen aufgrund zu erwartender Gewinneinbrüche verschoben werden.

3. Aktives und passives Wahlrecht bei der Jugend- und Auszubildendenvertretung

In der Regio-Bank AG wird die Jugend- und Auszubildendenvertretung neu gewählt. Zu dieser Zeit sind dort beschäftigt:

- **8 Auszubildende zwischen 18 und 24 Jahren**
- **1 Auszubildender, 27 Jahre**
- **2 Angestellte unter 18 Jahren**
- **214 Angestellte älter als 18 Jahre bis einschließlich 24 Jahre**

Auszug aus dem Betriebsverfassungsgesetz

Betriebliche Jugend- und Auszubildendenvertretung

§ 60 Errichtung und Aufgaben
(1) In Betrieben mit in der Regel mindestens 5 Arbeitnehmern, die das 18. Lebensjahr noch nicht vollendet haben (jugendliche Arbeitnehmer) oder die zu ihrer Berufsausbildung beschäftigt sind und das 25. Lebensjahr noch nicht vollendet haben, werden Jugend- und Auszubildendenvertretungen gewählt.

[...]

§ 61 Wahlberechtigung und Wählbarkeit
(1) Wahlberechtigt sind alle in § 60 Abs. 1 genannten Arbeitnehmer des Betriebs.
(2) Wählbar sind alle Arbeitnehmer des Betriebs, die das 25. Lebensjahr noch nicht vollendet haben; § 8 Abs. 1 Satz 3 findet Anwendung. Mitglieder des Betriebsrats können nicht zur Jugend- und Auszubildendenvertretern gewählt werden.

Stellen Sie fest, wie viele Personen

a) das aktive ☐ Personen

b) das passive Wahlrecht ☐ Personen

bei der Wahl der Jugend- und Auszubildendenvertretung haben.

4. Rechte des Betriebsrates bei Kündigungen

Die Regio-Bank AG plant eine ordentliche Kündigung. Tragen Sie die folgenden Begriffe in die jeweiligen Lücken ein.

unwirksam ***wirksam*** ***schweigt*** ***schriftlich*** ***drei Wochen*** ***einer Woche***

Vorgehen bei einer ordentlichen Kündigung gemäß § 102 BetrVG:

Vorgehen bei einer ordentlichen Kündigung gemäß § 102 BetrVG

Vor der Kündigung muss der Betriebsrat angehört werden. Wird dies versäumt, ist die Kündigung ____________________.

↓

Der Betriebsrat hört ggfs. den betroffenen Arbeitnehmer/die betroffene Arbeitnehmerin an und muss sich innerhalb ____________________ äußern.

Der Betriebsrat stimmt zu oder ____________________.	Der Betriebsrat widerspricht ____________________.	Der Betriebsrat äußert seine Bedenken schriftlich.
↓	↓	↓
Die Kündigung ist ____________________.	Der Kündigung muss die Stellungnahme des Betriebsrats beigelegt werden. Die Kündigung ist zunächst wirksam.	Der Kündigung muss die Stellungnahme des Betriebsrats beigelegt werden. Die Kündigung ist zunächst wirksam.

Der Arbeitnehmer kann sich zur Klage beim Arbeitsgericht innerhalb von ____________________ nach Erhalt der Kündigung entscheiden.

1.10 Tarifvertrag – Zukunfts- oder Auslaufmodell?

Situationsbeschreibung

Im Rahmen der Woche der beruflichen Bildung, die vom Bundespräsidenten ins Leben gerufen wurde, sind unterschiedliche Veranstaltungen geplant. Da verschiedene Themengebiete präsentiert werden sollen, stehen auch die unterschiedlichen Akteure der beruflichen Bildung im Fokus. Sie erhalten die Anfrage über Ihre Ausbildungsabteilung, im Rahmen einer Podiumsdiskussion der Industrie- und Handelskammer für das Thema **„Tarifverträge im Wandel der Zeit“** Ihre Eindrücke aus der Sicht einer/eines Auszubildenden und jungen Arbeitnehmerin/jungen Arbeitnehmers zu schildern.

Bei Ihrer Vorbereitung lesen und hören Sie viele widersprüchliche Standpunkte:

„Tarifverträge sind veraltet. In der modernen Arbeitswelt können Arbeitnehmerinnen und Arbeitnehmer ihre Arbeits- und Einkommensbedingungen selbst aushandeln.“

„Tarifverträge sind sehr starr und unflexibel. Im Internet- und Globalisierungszeitalter werden flexible und individuelle Regelungen benötigt.“

„Tarifverträge bieten allen Unternehmen eine große Zeit- und Kostenersparnis.“

„Tariflöhne sollten nur noch für gewerkschaftlich organisierte Arbeitnehmer gelten.“

„Tarifverträge gehen nur noch wenige an! Nur noch knapp jeder siebte Arbeitnehmer ist gewerkschaftlich organisiert, im Westen ist nur noch gut die Hälfte der Unternehmen und im Osten sogar deutlich weniger als die Hälfte der Unternehmen tarifgebunden.“

„Tarifverträge bieten Schutz vor ständigen Streiks und stärken nachhaltig den Betriebsfrieden.“

„Tarifverträge verhelfen Arbeitgebern und Arbeitnehmern gleichermaßen zu mehr Verlässlichkeit und Planbarkeit.“

Sie wissen, dass bei der Diskussion Ihr Arbeitgeber, ein Gewerkschaftsmitglied und ein staatlicher Repräsentant diskutieren werden. Sie werden dabei auch zum Thema Ausbildung und Tarifverträge befragt.

Im Vorfeld machen Sie sich Gedanken über den Verlauf der Diskussion. Gerne möchten Sie ein gutes Diskussionsverhalten zeigen und auf den Fragesteller und die Statements der anderen Akteure eingehen. Daher stellen Sie Argumente zum Tarifvertrag zusammen und üben sich im Vorfeld im konstruktiven Diskutieren.

- Erstellen Sie eine Argumentationsliste aus der Sicht der Arbeitgeber, der Arbeitnehmer sowie des Staates.
- Führen Sie einen kontrollierten Dialog zur konstruktiven Diskussionsvorbereitung.

- **Suchen Sie im Internet nach aktuellen Informationsquellen, die Ihnen Argumente für die unterschiedlichen Positionen liefern. Beachten Sie dabei die Regeln für sicheres Surfen im Internet.**
- **Informieren Sie sich über Argumentationstechniken, die Sie in einer Diskussion anwenden können.**

Information

Planen und Entscheiden

Strukturieren Sie Ihre Informationsquellen und halten Sie Ihre Argumente stichpunktartig fest.

Durchführen

Bearbeiten Sie die Unterlagen zu den Handlungsprodukten.

Argumentationsliste für die Diskussion

Zur Vorbereitung halten Sie die wichtigsten Definitionen schriftlich fest:

Begriff	Definition
Tarifautonomie (Art. 9 GG)	
Tarifvertragspartner	
Inhalte	Manteltarifvertrag: Beispiele:
	Lohn- und Gehaltstarifvertrag: Beispiele:
Tarifvertragsfunktionen	Ordnungsfunktion:
	Schutzfunktion:
	Friedensfunktion:

Durchführen

Begriff	Definition
Geltungsbereich	persönlich:
	räumlich:
	fachlich:
	zeitlich:
Öffnungsklauseln	
Allgemeinverbindlichkeit	
Phasen der Tarifauseinandersetzung	Phase 1:
	Phase 2:
	Phase 3:
	Phase 4:
	Phase 5:
	Phase 6:
	Phase 7:

Durchführen

Begriff	Definition
Streikarten	Warnstreiks: Generalstreiks: Wilde Streiks:
Auswirkungen von Streik und Aussperrung	

Argumente Arbeitgeber	Argumente Arbeitnehmer

Position des Staates

Beispiel für den kontrollierten Dialog zwischen Arbeitgeber und Arbeitnehmer

Durchführen

Ablauf eines kontrollierten Dialogs
1. A äußert ein Argument. (ein Satz)
2. B wiederholt diese Äußerung in eigenen Worten („Du meinst also...“, „Ich habe Dich so verstanden ...“).
3. Wenn A mit der Wiederholung einverstanden ist (Kopfnicken), trägt B einen weiterführenden Gedanken oder ein Argument vor. (ein Satz!)
4. Diese Vorgehensweise wird so lange wiederholt, bis die vorgegebene Zeit abgelaufen ist oder die Argumente ausgetauscht sind.

Der Beginn eines kontrollierten Dialogs:

Satz 1: ______________________________

Satz 2: ______________________________

Satz 3: ______________________________

...

Kontrolle

Führen Sie zu dritt einen kontrollierten Dialog aus Arbeitnehmer- und Arbeitgebersicht sowie der Rolle des Staates durch.

Bewerten

- **Wie ist es Ihnen gelungen, die Regeln des kontrollierten Dialogs einzuhalten?**
- **Welche Wirkung hatten die Regeln des kontrollierten Dialogs auf Ihr Diskussionsverhalten?**
- **Was können Sie für Ihr eigenes Konfliktverhalten übernehmen?**

Aufgaben zur Lernsituation

1. Grundbegriffe zum Tarifvertragsrecht

Verbinden Sie die jeweils richtigen Satzteile mit einem Pfeil.

Tarifautonomie ...	... verpflichtet die beteiligten Tarifpartner zur Unterlassung von Streik und Aussperrung während der Gültigkeit des Tarifvertrages.
Allgemeinverbindlichkeit ...	... ermöglichen von bestimmten tariflichen Regelungen abweichende Vereinbarungen.
Friedenspflicht ...	... umfasst das Recht der eigenständigen Regelung der Arbeitsbedingungen durch Tarifverträge ohne staatliche Einmischung.
Tarifeinheit ...	... heißt, beim Einsatz der Arbeitskampfmittel verantwortungsvoll und maßvoll vorzugehen um keine der Tarifvertragsparteien zu sehr zu schädigen.
Verhältnismäßigkeit ...	... besagt, dass in einem Arbeitsverhältnis oder in einem Betrieb nur ein Tarifvertrag anzuwenden ist.
Öffnungsklausel ...	... führt dazu, dass Tarifverträge auch für Arbeitgeber und Arbeitnehmer bindend sind, die nicht Mitglied der Tarifvertrag abschließenden Parteien sind.

2. Zustimmung zu einem Streik

Ein Streik ist das Arbeitskampfmittel der Gewerkschaft. Zu seiner Ausrufung ist es notwendig, dass in einer Urabstimmung mindestens ... ☐

(1) 25 % der Arbeitnehmer zustimmen.
(2) 3/4 aller stimmberechtigten Gewerkschaftsmitglieder zustimmen.
(3) 75 % aller Arbeitnehmer der zu bestreikenden Betriebe zustimmen.
(4) 2/3 der stimmberechtigten Gewerkschaftsmitglieder zustimmen.
(5) 25 % der stimmberechtigten Gewerkschaftsmitglieder zustimmen.

3. Wirkung eines Streiks

Welche rechtliche Wirkung hat ein Streik auf die Arbeitsverhältnisse? ☐

(1) Sofortige Beendigung des Arbeitsverhältnisses, da die Arbeitspflicht nicht eingehalten wird.
(2) Der Arbeitgeber hat ein außerordentliches Kündigungsrecht zum Ende des Monats, sofern der Streik nicht beigelegt wird.
(3) Der Arbeitgeber muss die Arbeitsniederlegung akzeptieren, kann aber Schadenersatz gegenüber der Gewerkschaft geltend machen.
(4) Der Arbeitgeber reagiert automatisch mit Aussperrung, um seine Position in den Tarifverhandlungen zu stärken.
(5) Das Arbeitsverhältnis bleibt bestehen. Allerdings ruhen dessen Rechte und Pflichten.

4. Manteltarifvertrag

Welcher der folgenden Vertragsinhalte ist im Manteltarifvertrag geregelt? ☐

(1) Höhe der Vergütung für die jeweiligen Vergütungsgruppen
(2) Bestimmung der Akkordlöhne
(3) Höhe der Sonderzahlungen wie Weihnachts- und Urlaubsgeld
(4) Bestimmungen zur Entgeltfortzahlung
(5) Höhe der Zahlungen zur betrieblichen Altersversorgung

5. Ablauf eines Arbeitskampfes

Bringen Sie die folgenden Schritte einer Tarifverhandlung mit Schlichtungsverfahren in die richtige Reihenfolge, indem Sie die Ziffern 1 bis 7 in die linken Kästchen eintragen.

	Die Friedenspflicht ist nach dem Scheitern der Schlichtung vorüber. Die Gewerkschaft ruft zum Arbeitskampf auf.
	Verhandlungen während der Arbeitskampfmaßnahmen führen zu einem neuen Kompromissvorschlag.
	Die Gewerkschaft kündigt den laufenden Tarifvertrag und stellt Lohnforderungen auf.
	Beide Parteien streben ein Schlichtungsverfahren an, um doch noch eine Einigung durch Verhandlung zu erzielen.
	Die Tarifkommissionen der Tarifvertragsparteien treffen zu ersten Tarifverhandlungen zusammen. Es kommt zu keiner Einigung.
	In der Urabstimmung über die Streikmaßnahme stimmt die erforderliche Mehrheit der Gewerkschaftsmitglieder für die kollektive Niederlegung der Arbeit.
	Die erforderliche Mehrheit der Gewerkschaftsmitglieder spricht sich für das neue Verhandlungsergebnis aus.

2 Aufgaben zum Lernfeld

2.1 Rechtliche Rahmenbedingungen des Wirtschaftens

1. Aufgabe

Kennzeichnen Sie die folgenden Rechtsobjekte.

1 Bewegliche vertretbare Sache
2 Bewegliche nicht vertretbare Sache
3 Immobilie
4 Recht

Rechtsobjekte

a) Das mit diversen Anmerkungen versehene Lehrbuch „Kompaktwissen" des Auszubildenden Erich Flaatz ☐

b) Geldeinlage des Kommanditisten Rasche bei der Firma Klein und Co. KG ☐

c) Festgeld Nr. 87684 bei der Sparkasse Lauburg ☐

d) Werbegeschenk der Stadtsparkasse Eifeltor (Drehstift-Filzmarker) ☐

e) Eigentumswohnung im Block 5 an der Säbelner Straße, München ☐

f) Sparbuch zum Sparkonto Nr. 5467878 beim Bankhaus Kallrath KG ☐

2. Aufgabe

Das BGB regelt u. a. den Erwerb und den Verlust des Eigentums an beweglichen Sachen. Stellen Sie in den unten stehenden Fällen fest, ob
1 Eigentumserwerb vom Berechtigten,
2 gutgläubiger Eigentumserwerb vom Nichtberechtigten,
3 kein Eigentumserwerb vorliegt.

a) Ein 20-jähriger Auszubildender kauft drei Inhaberaktien von einem Nachbarn. Ihm ist bei der Übergabe nicht bekannt, dass der Verkäufer die Wertpapiere dem Eigentümer gestohlen hat. ☐

b) Ein Goldhändler erwirbt mehrere Goldmünzen (keine gesetzlichen Zahlungsmittel). Ihm ist nicht bekannt, dass die Münzen gestohlen sind. ☐

c) Ein 20-jähriger Auszubildender verkauft und übergibt einem anderen Auszubildenden eine CD, die er sich selbst ausgeliehen hatte. Der Käufer hält den Verkäufer für den Eigentümer. ☐

d) Der achtjährige Stephan verkauft und übergibt seiner siebenjährigen Freundin Clara seinen Teddybären, Kaufpreis 1,50 EUR. ☐

e) Ein 20-jähriger Auszubildender verkauft sein Fahrrad einem Freund. Er einigt sich mit dem Käufer über den Eigentumsübergang und tritt den Herausgabeanspruch an den Freund ab, da das Fahrrad an einen Dritten verliehen ist. ☐

3. Aufgabe

Der 18-jährige Jens Schweiger, Auszubildender bei der Sparkasse Neustadt, bestellt auf einer Postkarte des Berufsbildungsverlags Meierhoff das Buch „Prüfungsvorbereitungskurs für Banker" (Nummer 1234). Aus Versehen trägt er die Bestellnummer 2134 (Abschlussprüfung für Mechatroniker) ein. Den Irrtum bemerkt Jens Schweiger erst, als er das Postpaket öffnet.

Welche der folgenden Aussagen zu diesem Sachverhalt ist zutreffend? ☐

Aussagen
(1) Die Falschlieferung ist als nichtiges Scheingeschäft anzusehen.
(2) Die Zusendung des Katalogs ist als Angebot im Sinne des BGB zu bezeichnen.
(3) Durch die Öffnung des Paketes ist ein Kaufvertrag über das Buch mit der Bestellnummer 2134 zustande gekommen.
(4) Jens Schweiger kann das Buch mit der Bestellnummer 2134 zurückschicken (sogenannte Täuschungsanfechtung).
(5) Jens Schweiger kann durch Rücksendung des Buches den Vertrag wegen Irrtums anfechten.

4. Aufgabe

Prüfen Sie in den folgenden Fällen, ob es sich bei Geschäften zwischen einem Unternehmer und einem Verbraucher
1 um einen Vertragsantrag,
2 um eine Vertragsannahme,
3 weder um einen Antrag noch um die Annahme eines Vertrages handelt.

aa) Der Käufer bestellt. ☐

ab) Der Verkäufer lehnt die Lieferung ab. ☐

ba) Der Verkäufer sendet unbestellte Ware. ☐

bb) Der Käufer nimmt sie in Besitz. ☐

ca) Der Verkäufer macht ein bindendes Angebot. ☐

cb) Der Käufer bestellt nach einem halben Jahr. ☐

5. Aufgabe

Der 15-jährige Marc erhält von seinen Eltern zum Geburtstag 500,00 EUR zur freien Verfügung. Er bestellt mündlich in einer Boutique einige hochwertige Markenhosen. Als er die Hosen einige Tage später abholen möchte, stellt er fest, dass er sein Geld verloren hat. Der Händler besteht auf Abnahme der Ware.

Welche der folgenden Aussagen ist zutreffend? ☐

Aussagen

Der Kaufvertrag ist
(1) nicht wirksam, da die Bestellung nur mündlich erfolgte;
(2) nicht wirksam, da die Einwilligung der Eltern für dieses außergewöhnliche Geschäft fehlt;
(3) schwebend unwirksam, da Marc als beschränkt Geschäftsfähiger seine Verpflichtung nicht mehr erfüllen kann;
(4) rechtswirksam, da der Kauf unter die Regelungen des „Taschengeldparagrafen" fällt;
(5) rechtswirksam aufgrund des „Taschengeldparagrafen", jedoch durch Marcs Eltern anfechtbar.

6. Aufgabe

Das BGB enthält umfangreiche Regelungen zum Widerrufsrecht bei Verbraucherverträgen. Welche der nachstehenden Aussagen zum Widerrufsrecht eines Verbrauchers gemäß § 312 g BGB ist zutreffend? ☐

(1) Das Widerrufsrecht gilt nur bei Kaufverträgen, die über das Internet oder über andere telekommunikative Medien geschlossen werden.
(2) Die Widerrufserklärung ist in Schriftform abzugeben.
(3) Ein Widerruf kann auch durch Rücksendung der Ware erfolgen.
(4) Das Widerrufsrecht gilt nicht für Geschäfte im Wert von bis zu 100,00 EUR.
(5) Die Widerrufsfrist beträgt 14 Tage, soweit nichts anders bestimmt ist.

7. Aufgabe

Stellen Sie fest, in welchen beiden der folgenden Fälle es zu einer Eigentumsübertragung gemäß den Bestimmungen des BGB kommt.

Fälle

(1) A schließt mit B einen Kaufvertrag über einen Computer. A leistet eine Anzahlung von 100,00 EUR. Beide vereinbaren, dass die Übereignung der Ware zwei Tage später gegen Zahlung des restlichen Kaufpreises stattfinden soll.
(2) C schließt mit D einen Kaufvertrag über eine CD. D zahlt den gesamten Kaufpreis. C teilt dem D mit, dass sich die CD bei einer Freundin befindet. Diese Freundin sei bereits darüber informiert worden, dass D sich die CD dort abholt.
(3) E möchte seiner 19-jährigen Nichte ein Buch schenken. Als die Eltern der Nichte E besuchen, händigt er das Buch diesen aus und bittet sie, es ihrer Tochter zu übergeben.
(4) F händigt dem G ein Paket Puderzucker aus, das G für einen Kuchen benötigt. G verspricht dem F, ein anderes Paket Puderzucker der entsprechenden Sorte am nächsten Tag zurückzugeben.
(5) H und I schließen einen notariell beurkundeten Kaufvertrag über ein Grundstück.
(6) J gibt dem K ein Fahrrad in Verwahrung. K stellt das Fahrrad seinem Bruder für ein Wochenende unentgeltlich zur Verfügung.

8. Aufgabe

Der Gesetzgeber hat Verbraucherschutzbestimmungen bei Allgemeinen Geschäftsbedingungen (AGB) von Unternehmen festgelegt.
Welche der folgenden Aussagen zu den AGB ist zutreffend?

(1) AGB sind zwingende Rechtsgrundlagen, die nicht durch einzelvertragliche Regelungen ersetzt werden können.
(2) Eine unwesentliche Benachteiligung eines Kunden durch eine AGB-Regelung führt automatisch zur Unwirksamkeit des Vertrages.
(3) Vorschriften zu den AGB sind im BGB geregelt.
(4) Zur Wirksamkeit der AGB genügt es, wenn das Unternehmen dafür sorgt, dass die AGB über die Internetseite des Unternehmens abgerufen werden können.
(5) Teilt ein Unternehmen den Kunden eine Änderung seiner AGB mit, müssen diese der Änderung ausdrücklich zustimmen.

2.2 Rechtliche und soziale Rahmenbedingungen menschlicher Arbeit im Betrieb

1. Aufgabe

Die 19-jährige Ricarda Dreyer legt im Winter 2020/2021 ihre Prüfung als Bankkauffrau ab.
Sie ist daran interessiert, das Ausbildungsverhältnis so schnell wie möglich zu beenden.
Welche der nachstehenden Aussagen zur Beendigung des Berufsausbildungsverhältnisses trifft auf Ricarda Dreyer zu?

Aussagen

(1) Besteht Ricarda Dreyer die Abschlussprüfung vor dem 31.01.2021, so endet ihr Berufsausbildungsverhältnis am Tag der Aushändigung des Zeugnisses.
(2) Das Berufsausbildungsverhältnis von Ricarda Dreyer endet am 20.01.2021, wenn sie an diesem Tag die Abschlussprüfung besteht und der Prüfungsausschuss das Prüfungsergebnis bekannt gibt.
(3) Das Berufsausbildungsverhältnis von Ricarda Dreyer endet in jedem Fall zum 31.01.2021.
(4) Besteht Ricarda Dreyer die Abschlussprüfung bis zum 31.01.2021 nicht, verlängert sich das Berufsausbildungsverhältnis automatisch um ein halbes Jahr.
(5) Das Berufsausbildungsverhältnis von Ricarda Dreyer endet am 20.01.2021, sofern sie an diesem Tag die Abschlussprüfung besteht und das Bestehen durch die zuständige IHK schriftlich bestätigt wird.

2. Aufgabe

Im dualen Ausbildungssystem ist vorgesehen, dass die praktische Ausbildung im Betrieb und – parallel dazu – die Vermittlung theoretischer Kenntnisse in der Berufsschule durchgeführt werden. Für Berufsschule und Ausbildungsbetriebe existieren in diesem Zusammenhang verschiedene Gesetze/Rechtsvorschriften. Stellen Sie bei den folgenden Gesetzen/Rechtsvorschriften jeweils fest, ob sie

1 nur dem schulischen Teil der Berufsausbildung,
2 nur dem betrieblichen Teil der Berufsausbildung,
3 keinem Bereich der Berufsausbildung

zuzuordnen sind.

Gesetze/Rechtsvorschriften

a) Ausbildungsrahmenplan ☐

b) Rahmenlehrplan ☐

c) Ausbildungsordnung ☐

d) Berufsbildungsgesetz ☐

e) Tarifvertragsgesetz ☐

3. Aufgabe

Stellen Sie jeweils fest, in welcher Rechtsgrundlage folgende Sachverhalte geregelt sind.

Rechtsgrundlagen

1 Tarifvertrag
2 Berufsbildungsgesetz
3 Betriebsverfassungsgesetz
4 Betriebsvereinbarung
5 Jugendarbeitsschutzgesetz

Tragen Sie eine **6** ein, wenn eine Zuordnung nicht möglich ist.

Sachverhalte

a) Eine Beschäftigung vor einem vor 09:00 Uhr beginnenden Berufsschulunterricht ist nicht möglich. ☐

b) Die Vergütung für Auszubildende beträgt im ersten Ausbildungsjahr ... EUR ☐

c) Der Arbeitszeitbeginn liegt zwischen 07:30 Uhr und 09:00 Uhr. ☐

d) Für die Feststellung der Mindestgehälter gelten folgende Gruppen: ... ☐

e) Die Jugend- und Auszubildendenvertretung kann zu allen Betriebsratssitzungen einen Vertreter entsenden. ☐

f) Die Abschlussprüfung kann zweimal wiederholt werden. ☐

4. Aufgabe

Beurteilen Sie die folgenden Aussagen zur Kündigung von Arbeits- bzw. Berufsausbildungsverhältnissen vor dem Hintergrund der gesetzlichen Bestimmungen zum Arbeitsrecht.

Tragen Sie ein eine
1, wenn sich die Aussage nur auf Arbeitsverhältnisse,
2, wenn sich die Aussage nur auf Berufsausbildungsverhältnisse,
3, wenn sich die Aussage sowohl auf Arbeits- als auch auf Berufsausbildungsverhältnisse,
4, wenn sich die Aussage weder auf Arbeits- noch auf Berufsausbildungsverhältnisse bezieht.

Aussagen

a) Bei Kündigungen durch den Arbeitgeber existieren verlängerte Kündigungsfristen. ☐

b) Bei Vorliegen eines wichtigen Grundes ist eine fristlose Kündigung möglich. ☐

c) Unter bestimmten Voraussetzungen können Gekündigte sich darauf berufen, dass die Kündigung sozial ungerechtfertigt ist. ☐

d) Es existiert eine vierwöchige Kündigungsfrist; diese Frist bezieht sich jedoch nicht auf Kündigungen durch den Arbeitgeber. ☐

5. Aufgabe

Welche der folgenden Aussagen zur Wahlberechtigung und Wählbarkeit für die Jugend- und Auszubildendenvertretung (JAV) der Regio-Bank AG ist zutreffend?

a) Wahlberechtigung ☐

Aussagen

Für die JAV der Regio-Bank AG sind wahlberechtigt

(1) alle Arbeitnehmer bis zur Vollendung des 21. Lebensjahres;
(2) alle Arbeitnehmer bis zur Vollendung des 25. Lebensjahres;
(3) alle Arbeitnehmer und alle Auszubildenden bis zur Vollendung des 25. Lebensjahres;
(4) alle minderjährigen Arbeitnehmer und alle Auszubildenden bis zur Vollendung des 25. Lebensjahres;
(5) alle Arbeitnehmer bis zur Vollendung des 21. und alle Auszubildenden bis zur Vollendung des 25. Lebensjahres.

b) Wählbarkeit ☐

Aussagen

Für die JAV der Regio-Bank AG sind wählbar

(1) nur die wahlberechtigten Personen;
(2) außer den wahlberechtigten Personen noch diejenigen Arbeitnehmer, die das 25. Lebensjahr noch nicht vollendet haben;
(3) außer den wahlberechtigten Personen noch diejenigen Arbeitnehmer, die das 28. Lebensjahr noch nicht vollendet haben;
(4) alle in der Regio-Bank AG beschäftigten Arbeitnehmer (ausgenommen Teilzeitkräfte);
(5) alle in der Regio-Bank AG beschäftigten Arbeitnehmer (ausgenommen nicht gewerkschaftlich organisierte Arbeitnehmer).

6. Aufgabe

Welche der folgenden Aussagen zum Mitwirkungsrecht des Betriebsrats bei Einstellungen ist gemäß § 99 BetrVG zutreffend? ☐

Aussagen

(1) Der Betriebsrat kann die Zustimmung zu einer Einstellung verweigern. Die Verweigerung ist in Schriftform innerhalb von zwei Wochen ab Unterrichtung zu erklären.
(2) Ist die Zustimmung des Betriebsrats verweigert worden, so ist die Einstellung des Bewerbers in keinem Fall möglich.
(3) Die Regelungen des § 99 BetrVG gelten für alle Betriebe, in denen ein Betriebsrat existiert.
(4) Die Zustimmungsverweigerung des Betriebsrats führt automatisch zur Einschaltung des Arbeitsgerichts zwecks Ersetzung der Zustimmung.
(5) Unterlässt der Arbeitgeber die Unterrichtung des Betriebsrats, so ist der Arbeitsvertrag trotzdem wirksam.

7. Aufgabe

Stellen Sie bei den folgenden Aussagen jeweils fest, ob sie sich

1 auf den Manteltarifvertrag,
2 auf den Gehaltstarifvertrag,
3 auf keinen der genannten Tarifverträge

beziehen.

Aussagen

Diese Vereinbarung ...

a) legt einzelne Vergütungsgruppen fest. ☐

b) regelt die Eingruppierung von Tätigkeiten. ☐

c) regelt die zu leistende Arbeitszeit. ☐

d) hat in der Regel nur eine Laufzeit von zwölf bis 24 Monaten. ☐

e) legt Arbeitsbeginn und Arbeitsende fest. ☐

f) legt die Höhe der Entgelte in den verschiedenen Gruppen fest. ☐

8. Aufgabe

Entscheiden Sie in den folgenden Fällen, ob den einzelnen Arbeitnehmern bei der monatlichen Gehaltsabrechnung ein geänderter Betrag ausgezahlt wird oder nicht. (Die Fälle sind unabhängig voneinander zu lösen. Nicht genannte Einflussgrößen bleiben unberücksichtigt.)

Der durch den Arbeitgeber ausgezahlte Betrag
1 erhöht sich in jedem Fall.
2 erhöht sich unter bestimmten Voraussetzungen/bestimmter Voraussetzung.
3 vermindert sich in jedem Fall.
4 vermindert sich unter bestimmten Voraussetzungen/bestimmter Voraussetzung.
5 bleibt in jedem Fall unverändert.

Fälle

a) Bund, Länder und Gemeinden vereinbaren einen anderen Verteilungsschlüssel für die Einkommensteuer. ☐

b) Der Zuschlag für Kinderlose in der Pflegeversicherung steigt. ☐

c) Die steuerfreie Kilometerpauschale für Fahrten zur Arbeitsstelle wird erhöht. ☐

d) Die Beitragsbemessungsgrenze für die Renten- und Arbeitslosenversicherung wird erhöht. ☐

e) Der Beitragssatz für die Rentenversicherung wird erhöht. ☐

9. Aufgabe

Entscheiden Sie bei den folgenden Aussagen, auf welchen der nachstehend aufgeführten gesetzlichen Sozialversicherungszweige sich die Aussage jeweils bezieht.

1 Krankenversicherung
2 Rentenversicherung
3 Arbeitslosenversicherung
4 Unfallversicherung
5 Pflegeversicherung

Tragen Sie eine 6 ein, wenn eine Zuordnung sich auf mehrere der genannten Versicherungen bezieht.

Aussagen

a) Der Arbeitgeber hat den Betrag allein aufzubringen. ☐

b) Der Träger ist die Deutsche Rentenversicherung. ☐

c) Der Gesamtbeitragssatz beträgt 2,4 % im Jahr 2020. ☐

d) Es gilt dieselbe Beitragsbemessungsgrenze wie bei der Rentenversicherung. ☐

e) Der Beitragssatz wird auf etwa 68 % der Beitragsbemessungsgrenze in der Rentenversicherung (alte Bundesländer) berechnet. ☐

f) Bei dieser Versicherung fällt der höchste Beitragssatz an. ☐

g) Die Beitragspflicht gilt nicht für alle Angestellten. ☐

h) Der Beitrag wird von Arbeitgeber und Arbeitnehmer je zur Hälfte bezahlt. ☐

10. Aufgabe

Jana Meurers ist 30 Jahre alt und kinderlos. Sie verdient als Angestellte der Regio-Bank AG im Juli 2020 2 600,00 EUR brutto, hinzu kommen 40,00 EUR vermögenswirksame Leistung ihres Arbeitgebers.

Welchen Beitrag zur gesetzlichen

a) Krankenversicherung ______,___ EUR

b) Pflegeversicherung ______,___ EUR

muss Jana Meurers bei folgenden Beitragssätzen aufbringen?

Beitragssätze:

Gesetzliche Krankenversicherung:	14,6 %
Zusatzbeitrag:	0,9 %
Gesetzliche Pflegeversicherung:	3,05 %
Zuschlag für kinderlose Arbeitnehmer:	0,25 %

11. Aufgabe

Heinz Kellermann, Kundenberater bei der Regio-Bank AG, macht im Rahmen seiner Einkommensteuererklärung verschiedene Ausgaben steuermindernd geltend. Kennzeichnen Sie die nachstehend aufgeführten Ausgaben jeweils mit dem zutreffenden Begriff.

1 Werbungskosten **2 Sonderausgaben** **3 außergewöhnliche Belastungen**

Ausgaben

a) Fahrtkosten für den Weg zur Arbeitsstelle ☐

b) Spende an einen gemeinnützigen Verein ☐

c) Beiträge zur gesetzlichen Rentenversicherung ☐

d) von der Krankenkasse nicht erstattete Arztkosten ☐

Lernfeld 2:

Konten für Privatkunden führen und den Zahlungsverkehr abwickeln

2

Zielbeschreibung:

Sie verfügen über die Kompetenz, Privatkunden über Konten und Zahlungsinstrumente zu beraten, Konten zu eröffnen und Zahlungen abzuwickeln.

1 Lernsituationen

1.1 Kontoeröffnung für die Eheleute Anna und Paul Gehring

Situationsbeschreibung

Die Eheleute Anna und Paul Gehring sind aus beruflichen Gründen an Ihren Ausbildungsort gezogen und erwägen bei Ihrem Ausbildungsinstitut ein Girokonto zu eröffnen.

Anna Gehring hat Ihnen über die E-Mail-Funktion auf Ihrer Homepage folgende Nachricht gesandt:

Betreff: Gehaltskonto

Sehr geehrte Damen und Herren,

mein Mann Paul Gehring hat vor sechs Monaten in Lübeck eine neue Arbeitsstelle als Techniker bei der Argus AG angenommen. Nun habe ich auch eine neue Stelle als Laborantin bei der Syntec GmbH in Lübeck gefunden. Die anstrengende Pendelei nach Lübeck hat bald ein Ende. Zum ersten des nächsten Monats haben wir ein Reihenhaus in Lübeck angemietet und wollen unsere Zelte in Hannover abbrechen.

Am vergangenen Wochenende habe ich gesehen, dass sich eine Filiale Ihrer Bank ganz der Nähe unserer neuen Wohnung befindet. Nun besteht die Überlegung, ob wir nicht unsere Kontoverbindung zu Ihnen verlegen sollten.

Unsere bisherige Bankverbindung ist die Leinebank eG in Hannover. Wir haben dort unsere Girokonten, Sparkonten und auch ein Depot.

Über eine Rückmeldung von Ihnen würde ich mich freuen.

Freundliche Grüße
Anna Gehring

Ihre Ausbilderin bittet Sie um Beantwortung der E-Mail von Frau Gehring und um eine Teilnahme an dem Beratungsgespräch.

Bereiten Sie folgende Unterlagen vor:

- Entwurf einer Antwort-E-Mail an Frau Gehring
- Informationsschrift über Ziele und Inhalte der einzelnen Phasen eines Beratungsgespräches nach der AIDA-Formel
- Fragenkatalog, um die Bedürfnisse der Kunden einschätzen zu können
- Leitfaden für das Beratungsgespräch
- Liste mit den für das Beratungsgespräch benötigten Materialien

Information

Nennen Sie Bankprodukte, die Sie den Eheleuten aufgrund der im Fall genannten Informationen anbieten könnten.

Planen und Entscheiden

Erstellen Sie einen Arbeits- und Zeitplan für die Bearbeitung der Lernsituation.

Durchführen

Bearbeiten Sie die Unterlagen zu den Handlungsprodukten.

Entwurf einer Antwort-E-Mail an Frau Gehring

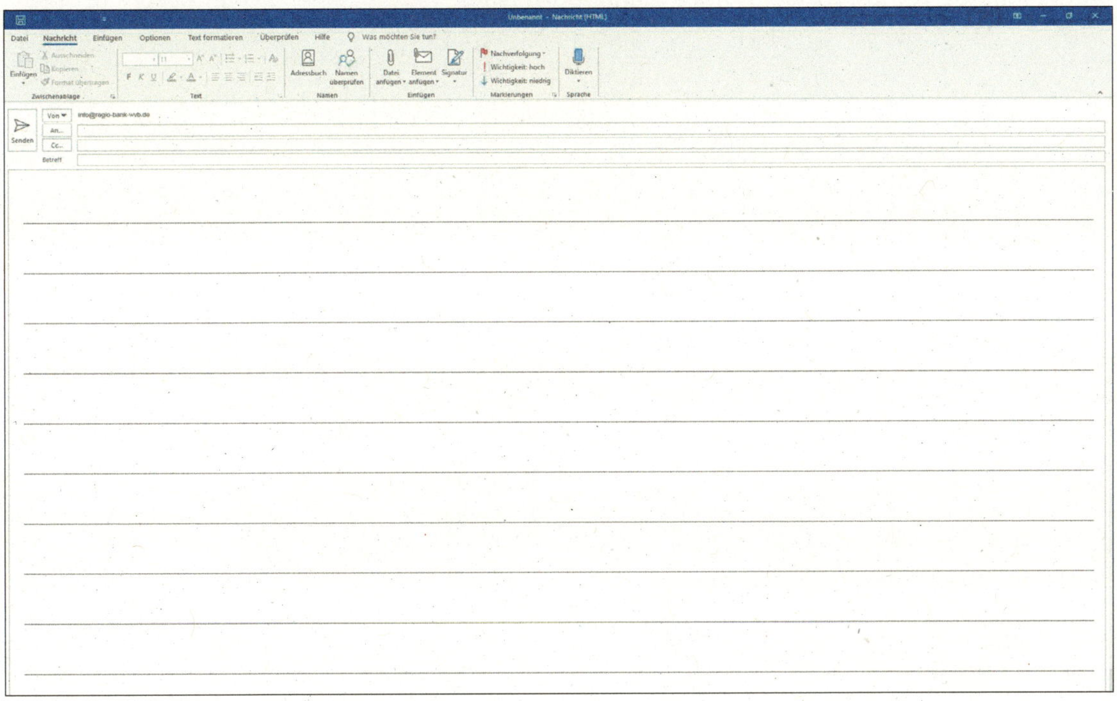

Informationsschrift über Ziele und Inhalte der einzelnen Phasen eines Beratungsgespräches nach der AIDA-Formel

Phasen	Beschreibung der Ziele und Inhalte
Attention	
Interest	

Durchführen

Phasen	Beschreibung der Ziele und Inhalte
Desire	
Action	

Fragenkatalog zur Ermittlung der Kundenbedürfnisse

Leitfaden für das Beratungsgespräch

Beratung bzw. Information über ...	Erläuterungen
Kontoart	Vorteile von zwei Einzelkonten für die Eheleute
	Vorteile eines Gemeinschaftskontos für die Eheleute

Beratung bzw. Information über ...	Erläuterungen
	Verfügungen über Gemeinschaftskonten (Und-/Oderkonto)
Kontomodell	Leistungen
	Kosten
Identitäts-feststellung	Begründung
	Durchführung
Feststellung des wirtschaftlich Berechtigten	Erläuterung
AGB	Bedeutung

Durchführen

Durchführen

Beratung bzw. Information über ...	Erläuterungen
	Inhalte
SCHUFA	**Aufgaben**
	Positivmerkmale
	Negativmerkmale
Kontovollmachten	**Arten**
	Umfang
Einlagensicherung	

Durchführen

Beratung bzw. Information über ...	Erläuterungen
Einlagensicherung (Fortsetzung)	
Datenschutz	
Kontowechselhilfe	**Erklärung**
	Ablauf

Liste mit den für das Beratungsgespräch benötigten Materialien

Benötigte Materialien

Kontrolle

Tauschen Sie die von Ihnen erstellten Unterlagen mit Mitschülern aus, um die Materialien gegenseitig hinsichtlich folgender Aspekte zu prüfen:

- **Inhalt, Form und Rechtschreibung der E-Mail**
- **inhaltliche Richtigkeit des Leitfadens**
- **Vollständigkeit der Beratungsunterlagen**

Bewerten

Reflektieren und bewerten Sie Ihre Vorgehensweise und Ihre Arbeitsergebnisse.

	Urteil	Verbesserungsvorschläge für diesen Bereich
Vorgehensweise	🙂 😐 🙁	
Arbeitsergebnisse	🙂 😐 🙁	

Aufgaben zur Lernsituation

1. Die Eheleute Porsch eröffnen ein Privatkonto

Die Eheleute Olaf und Marita Porsch möchten bei der Regio-Bank AG ein Privatgirokonto eröffnen. Sie empfehlen den Eheleuten die Errichtung eines Gemeinschaftskontos mit Einzelverfügungsberechtigung.

a) Mit welcher der folgenden Aussagen informieren Sie die Kunden richtig? ☐

(1) „Jeder von Ihnen kann allein einen Dispositionskredit beantragen."
(2) „Bei einer Kreditinanspruchnahme haftet jeder von Ihnen für den halben Darlehensbetrag."
(3) „Jeder von Ihnen kann allein das Konto auflösen."
(4) „Jeder von Ihnen kann allein eine Kontovollmacht widerrufen."
(5) „Im Todesfall eines Kontoinhabers sind wir verpflichtet, dem Finanzamt die Hälfte des Kontoguthabens zu melden, sofern Ihr Gesamtguthaben bei unserer Bank 10 000,00 EUR übersteigt."

Sie möchten die Identität der Kunden feststellen.

b) Welche Aussage über die Legitimationsprüfung ist zutreffend? ☐

(1) Von einer Identifizierung der Kunden kann abgesehen werden, wenn sie sich bereits bei früherer Gelegenheit identifiziert haben.
(2) Von einer Identifizierung der Kunden kann abgesehen werden, wenn die Kunden dem Bankmitarbeiter persönlich bekannt sind.
(3) Identifizieren müssen sich alle Kontoinhaber, nicht aber die Bevollmächtigten.
(4) Nach der Abgabenordnung sind Sie verpflichtet zu fragen, ob die Kunden für eigene oder für fremde Rechnung handeln.
(5) Die Kunden können sich durch Vorlage ihres Personalausweises, Führerscheines oder Reisepasses legitimieren.

Sie bitten die Eheleute Porsch, die Allgemeinen Geschäftsbedingungen (AGB) der Regio-Bank AG zu akzeptieren.

c) Mit welcher Aussage informieren Sie die Kunden richtig? ☐

(1) „Die AGB sind Rahmenbedingungen für alle Bankgeschäfte, die von der BaFin (Bundesanstalt für Finanzdienstleistungsaufsicht) festgelegt werden."

(2) „Individuelle Vereinbarungen haben stets Vorrang gegenüber den AGB."
(3) „Wenn Sie die AGB nicht akzeptieren, dürfen wir leider für Sie kein Konto eröffnen."
(4) „Spätere Änderungen der AGB werden nur rechtswirksam, wenn Sie die Änderungen durch Ihre Unterschrift akzeptieren."
(5) „Die AGB gelten nur dann, wenn Sie die AGB vollständig gelesen haben und dies durch Ihre Unterschrift bestätigen."

Sie stellen den Eheleuten Porsch die SCHUFA-Klausel im Kontoeröffnungsantrag vor.

d) Mit welcher Aussage informieren Sie die Kunden richtig? ☐

(1) „Sie erhalten jederzeit von der SCHUFA kostenlos Auskunft über Ihre gespeicherten Daten."
(2) „Die SCHUFA erteilt allen Darlehensgebern Auskunft, wenn sie ein berechtigtes Interesse glaubhaft nachweisen."
(3) „Wenn Sie die SCHUFA-Klausel nicht unterschreiben, dürfen wir das Konto nur auf Guthabenbasis führen."
(4) „Die SCHUFA speichert auch Informationen über Ihr Einkommen und über Ihre Kontoguthaben."
(5) „Kreditinstitute erhalten von der SCHUFA nur Auskunft, wenn sie der SCHUFA auch selbst Informationen übermitteln."

2. Gemeinschaftskonto für Sabrina und Helge Rühs

Die Eheleute Helge und Sabrina Rühs möchten bei der Regio-Bank AG ein Gemeinschaftskonto eröffnen und zudem Anna Jagner, der Schwester von Frau Rühs, Kontovollmacht erteilen. Sie sind noch unsicher, welche Form des Kontos nach der Verfügungsberechtigung für ihre Bedürfnisse geeignet ist. Stellen Sie fest, welche Verfügungsberechtigung auf die unten stehenden Aussagen jeweils zutrifft.

Verfügungsberechtigung
(1) Gemeinschaftskonto als „Und-Konto"
(3) beide Formen des Gemeinschaftskontos
(2) Gemeinschaftskonto als „Oder-Konto"
(4) keine der beiden Formen des Gemeinschaftskontos

Aussagen

a) Frau Rühs kann kurzfristige Kontoüberziehungen im banküblichen Rahmen allein tätigen. ☐

b) Herr Rühs kann die Vollmacht für Frau Jagner allein widerrufen. ☐

c) Im Fall des Todes von Herrn Rühs kann Frau Rühs nur gemeinsam mit den Erben über das Girokonto verfügen. ☐

d) Frau Rühs kann allein einen Überziehungskredit für das Girokonto beantragen. ☐

e) Die Ausgabe von Girocards an die Eheleute ist bei dieser Kontoform nicht möglich. ☐

f) Eine Kontoauflösung des Gemeinschaftsgirokontos ist nur durch Sabrina und Helge Rühs gemeinsam möglich. ☐

3. Kontovollmacht für Jasmin Richter

Markus Dötsch hat seiner Freundin Jasmin Richter eine Kontovollmacht erteilt.
Stellen Sie fest, welche der folgenden Aussagen zur Kontovollmacht zutreffend ist. ☐

(1) Frau Richter kann für ihre beste Freundin Beate Weber eine Untervollmacht zum Konto von Herrn Dötsch erteilen.
(2) Frau Richter kann einen Dauerauftrag zur Zahlung von Versicherungsbeiträgen einrichten.
(3) Herr Dötsch kann die Vollmacht jederzeit widerrufen, der Widerruf wird mit einer Frist von einem Monat wirksam.
(4) Frau Richter kann für das Girokonto einen Überziehungskredit beantragen.
(5) Frau Richter kann das Konto von Herrn Dötsch auflösen und das Restguthaben in bar mitnehmen.

1.2 Beratung der Eheleute Anna und Paul Gehring zu Zahlungsinstrumenten

Situationsbeschreibung

Die Kontoeröffnung für die Eheleute Gehring haben Sie erfolgreich zum Abschluss gebracht. Leider hatten Herr und Frau Gehring keine Zeit mehr, um sich in Ruhe mit der Auswahl der geeigneten Zahlungskarten und der Entscheidung für ein online geführtes Konto zu beschäftigen. Daher haben Sie einen Folgetermin mit den beiden vereinbart.

Folgende Notizen hatten Sie sich am Ende des letzten Beratungstermins zu dem Thema gemacht:

Notizen für das zweite Gespräch:

Herr und Frau Gehring hatten bisher nur eine girocard zu ihrem Konto. Frau Gehring hatte in der Vergangenheit bereits eine für sie unangenehme Diskussion mit der bisherigen Bank aufgrund einer verlorengegangenen Karte.

Die Eheleute haben grundsätzlich Interesse an einer Kreditkarte, allerdings ist Ihnen der Mehrwert einer zusätzlichen Karte nicht klar, die zudem auch noch zusätzliche Kosten verursachen wird.

Für Urlaubsreisen und Onlineeinkäufe im Internet suchen die beiden noch passende Zahlungsmittel.

Zur Vorbereitung auf das Kundengespräch erstellen Sie

- einen Fragenkatalog, um sich über die konkreten Kundenbedürfnisse zu informieren,
- Unterlagen, die die Beratung zur Kartenauswahl unterstützen und
- eine Informationsschrift zum Verhalten und zu Regelungen bei verlorengegangenen Karten.

Information

Sammeln Sie erste Ideen zu möglichen Themen bzw. Produkten, die Sie mit den Kunden in diesem Gespräch behandeln könnten.

Themen/Produkte	Mögliche Inhalte
Girocard	Einsatzmöglichkeiten, Verhalten im Verlustfall, Haftungsregelungen im Schadenfall
Kreditkarten	Vorteile Kreditkarteneinsatz (z.B. ~~monatliche~~ Abrechnung), 3D-Secure-Verfahren, Reiseversicherungen in Vorteil mit Kreditkarte,
Auslandszahlungsmittel	Möglichkeiten: Sorten, Kreditkarte, girocard Kosten und Risiken mögliche Vorteile der einzelnen Varianten

Planen und Entscheiden

Halten Sie in einem Arbeits- und Zeitplan fest, welche Informationen und Materialien Sie für die Bearbeitung der Lernsituation benötigen.

Gehen Sie dabei wie folgt vor:

Schritt 1: Informieren Sie sich in Einzelarbeit über die möglichen Themen und Produkte.

Schritt 2: Finden Sie sich in einer Gruppe zusammen und bearbeiten Sie die einzelnen Themen.

Gruppenmitglieder:

____

Schritt 3: Bilden Sie neue Gruppen, indem sich Gruppenmitglieder aus jeweils zwei Gruppen miteinander zusammensetzen und tauschen Sie sich über Ihre Ergebnisse aus.

Gruppenmitglieder der neuen Gruppe:

____

Durchführen

Bearbeiten Sie die Unterlagen zu den Handlungsprodukten.

Fragen an die Kunden

Thema	Fragen
girocard	Möchten Sie beide eine eigene girocard haben? Wie haben Sie bisher Ihre „alte" girocard genutzt? Wollen Sie ihre Karte für Online einkäufe nutzen? Möchten Sie kontaktlos bezahlen?
Kreditkarte	Welches Modell haben Sie sich vorgestellt? Wie hoch wünschen Sie sich das Limit? legen Sie auf zusätzliche Versicherungen wert? Wie hoch ist ihr monatliches Einkommen?
Bezahlen im Ausland	Zahlen Sie lieber Bar oder mit Karte? Wie häufig reisen Sie und wohin? Worüber buchen Sie ihre Reisen? Was haben Sie bisher an Gebühren für Auslandszahlungen gezahlt?

Unterlagen für die Beratung zur Kartenauswahl

Bankkarte (Debitkarte)				
Zahlungsverfahren	Authorisierung der Zahlung	Einsatzmöglichkeiten	Risiko des Karteninhabers	Besonderheiten
girocard/ Maestro/V-Pay girocard				

Durchführen

Bankkarte (Debitkarte)				
Zahlungsverfahren	**Authorisierung der Zahlung**	**Einsatzmöglichkeiten**	**Risiko des Karteninhabers**	**Besonderheiten**
SEPA-Lastschrift				
Geldkarte / girogo				

Kreditkarten			
Kreditkartenart	**Basis-Kreditkarte** (Debitkarte, Prepaid-Karte)	**Classic-Kreditkarte**	**Goldene Kreditkarte**
Abrechnung			
Bonitätsprüfung			
Kosten (Jahresgebühr)			
Kosten im Auslandseinsatz			
Versicherungen			
Weitere Zusatzleistungen			

Durchführen

Zahlungen im Ausland			
Zahlungsmittel	girocard	Kreditkarte	Sorten
Einsatzmöglichkeiten im Ausland	• Bargeldauszahlung • bargeldlose Zahlung beim Händler • Kontaktloszahlung	wie bei girocard + Stellung von Sicherheiten (Hotel, Autovermietung)	• einfache Barzahlung
Kosten	• Gebühren bei GAA-Verfügungen • Gebühren des ausländischen KIs	• Gebühren bei GAA-Verfügungen • Fremdwährungsgebühr	• Wechselkurs (An- und Verkaufskurs) • Wechselgebühr
Vorteile des Zahlungsinstrumentes im Auslandseinsatz	• keine weitere Karte nötig • kein Bargeldbedarf • direkte Abrechnung • hohe Akzeptanz • beschränkte Haftung bei Verlust		

Verhalten und Regelungen bei verlorengegangenen Karten

FAQ bei Verlust einer Zahlungskarte	
Situation	Was ist zu tun?
Die Karte ist verlorengegangen.	
Die Karte wurde mir gestohlen.	
Welchen Unterschied macht es, ob es sich um eine girocard oder um eine Kreditkarte gehandelt hat?	
Was ändert sich an den Regelungen, wenn ich mich grob fahrlässig verhalte?	

Durchführen

FAQ bei Verlust einer Zahlungskarte	
Situation	**Wer haftet in welchem Umfang für den Schaden?**
Bevor ich meine Bank informieren konnte, wurde Geld abgehoben.	
Obwohl ich meine Bank informiert habe, ist Geld abgebucht worden.	
FAQ zu den Sorgfalts- und Mitwirkungspflichten	
Was muss ich als Kunde beachten, um einen Missbrauch zu verhindern?	

Kontrolle

Bilden Sie neue Gruppen, indem sich Gruppenmitglieder aus jeweils zwei Gruppen miteinander zusammensetzen.

- Stellen Sie sich Ihre Arbeitsergebnisse gegenseitig vor
- Ergänzen Sie bei Bedarf Ihre Listen aus der Durchführungsphase

Bewerten

Reflektieren und bewerten Sie Ihre Vorgehensweise und Ihre Arbeitsergebnisse.

Wie bewerten Sie...	Bewertung
Ihre Vorbereitung in Einzelarbeit	
die Gruppenarbeit zur Bearbeitung des Themas	
die Gruppenarbeit zum Austausch der Arbeitsergebnisse	

Aufgaben zur Lernsituation

1. Zeichen-Wirrwar auf Zahlungskarten

Ordnen Sie die folgenden Symbole den passenden Erläuterungen zu, indem Sie die Nummer des jeweiligen Symbols bei der passenden Erläuterung in die rechte Tabellenspalte eintragen.

(1) girocard	(2) GeldKarte	(3) EUFISERV
(4) girogo	(5) Cash Group	(6)
(7) SEPA Lastschrift	(8) V PAY	(9) maestro

Nr.	Erläuterungen	Symbol
a)	Neben den Bankautomaten der Privatbanken können die Bankkunden auch bei teilnehmenden Shell-Tankstellen kostenlos Bargeld beziehen.	
b)	Dieses Logo ist die deutschlandweit einheitliche Kennzeichnung für electronic-cash-Zahlungen und das deutsche Geldautomaten-System.	
c)	Es handelt sich um das Logo eines weltweit verbreiteten Zahlungssystems, das von Mastercard® zur Verfügung gestellt wird.	
d)	Es handelt sich um das Logo eines weltweit verbreiteten Zahlungssystems, das vom Zahlungskartenanbieter *VISA* zur Verfügung gestellt und von den meisten Volksbanken und den Postbanken verwendet wird.	
e)	Dies ist das Akzeptanzzeichen für den Geldautomatenverbund der europäischen Sparkassen.	
f)	Dieses Logo steht für die kontaktlose Prepaid-Lösung der Deutschen Kreditwirtschaft.	
g)	Dieses Zeichen symbolisiert die Nutzungsmöglichkeit als Prepaid-Zahlungsmittel, um Kleinbeträge bargeldlos über den goldenen Chip auf der Karte zahlen zu können.	
h)	Zahlungskarten mit diesem Symbol lassen SEPA-Lastschriftzahlungen bei allen teilnehmenden Unternehmen zu.	
i)	Dieses Symbol steht für kontaktloses Bezahlen mittels NFC-Technologie (Near Field Communication).	

2. Einsatz von Zahlungskarten

Ein Einzelhändler akzeptiert Girocardzahlungen, ELV-Zahlungen, Geldkartenzahlungen und Kreditkartenzahlungen.

Stellen Sie fest, ob die folgenden Aussagen nur auf
1 Girocardzahlungen,
2 Kreditkartenzahlungen,
3 Geldkartenzahlungen,
4 ELV-Zahlungen,
5 Girocardzahlungen, Kreditkartenzahlungen und Geldkartenzahlungen,
6 Girocardzahlungen und Kreditkartenzahlungen
zutreffen.

a) Der Händler erhält eine Zahlungsgarantie durch das Kreditinstitut. ☐

b) Der Karteninhaber erteilt bei der Zahlung ein SEPA-Basis-Lastschriftmandat. ☐

c) Bei jeder Zahlung erfolgt die Prüfung eines Verfügungsrahmens. ☐

d) Der Karteninhaber kann einer erfolgten Kontobelastung ohne Angabe von Gründen widersprechen. ☐

e) Das Risiko des Karteninhabers ist gesetzlich auf maximal 50,00 EUR begrenzt, sofern er nicht grob fahrlässig oder vorsätzlich gehandelt hat. ☐

f) Bei einem Verlust der Karte trägt der Karteninhaber immer das vollständige Risiko. ☐

g) Der Vorleger legitimiert sich durch die Eingabe der PIN. ☐

3. Simone Seidl zahlt mit der Bankcard

Simone Seidl kauft bei der Phonomedia GmbH eine Stereoanlage zum Preis von 890,00 EUR. An der Kasse zahlt sie mit der Bankcard. Sie bestätigt an einem Terminal den Rechnungsbetrag und gibt die PIN ein.

a) Welches Verfahren wird bei der Zahlung angewandt? ☐
(1) Girocardzahlung (ec-cash-Zahlung)
(2) Elektronisches Lastschriftverfahren (ELV)
(3) Geldkartenzahlung
(4) Kreditkartenzahlung

b) Welche der folgenden Aussagen zu der Zahlung ist zutreffend? ☐
(1) Simone hat der Phonomedia GmbH ein SEPA-Basis-Lastschriftmandat erteilt.
(2) Bei der Zahlung werden online nur die Gültigkeit der Karte und die Richtigkeit der PIN geprüft.
(3) Der Händler erhält auf seinem Konto eine Gutschrift in Höhe des Rechnungsbetrages mit dem Vermerk „Eingang vorbehalten".
(4) Simone kann die Zahlung binnen acht Wochen nach der Kontobelastung wieder rückgängig machen.
(5) Auch wenn Simone später Mängel an der Ware feststellt, kann sie die Kontobelastung nicht rückgängig machen.

4. Haftung bei Kartenmissbrauch

Beim Verlust von Zahlungskarten gelten besondere Haftungsregelungen.
Stellen Sie fest, welche Haftungsregelungen in den unten stehenden Fällen jeweils gelten.

Haftungsregelungen
1 Die Bank trägt den gesamten Schaden.
2 Die Haftung des Kunden ist gesetzlich auf maximal 50,00 EUR beschränkt.
3 Der Kunde trägt den gesamten Schaden.
4 Der Händler trägt den gesamten Schaden.

Fälle:

a) *Vera Braun wurde von einem Taschendieb die Girocard gestohlen. Sie meldet den Diebstahl nach einer Woche der Polizei. Schon kurz nach der Tat tätigt der Dieb im elektronischen Lastschriftverfahren (ELV) Einkäufe im Wert von 720,00 EUR.* ☐

b) *Heiner Becker hat versehentlich seine Kreditkarte nach dem Bezahlen in einem Restaurant auf dem Tisch liegen lassen. Als er am nächsten Tag den Verlust der Karte bemerkt, informiert er sofort sein Kreditinstitut.*
   - *ba) Bis zum Zeitpunkt der Verlustanzeige gab es unberechtigte Verfügungen von 2 500,00 EUR.* ☐
   - *bb) Auch nach Eingang der Verlustanzeige gab es weitere unberechtigte Verfügungen im Ausland in Höhe von 4 720,00 EUR.* ☐

c) *An einer Autobahnraststätte wurde der Pkw von Daniel Köhler aufgebrochen und die Brieftasche mit seiner Girocard gestohlen. Auf einem Zettel in einem anderen Fach der Brieftasche hatte er die PIN notiert.*
   - *ca) Noch bevor Daniel Köhler den Verlust der Karte seinem Kreditinstitut gemeldet hat, hebt der Dieb an einem Geldautomaten 1 000,00 EUR ab.* ☐

   Daniel Köhler hat den Verlust der Karte seinem Kreditinstitut gemeldet und Anzeige bei der Polizei erstattet.
   - *cb) Trotz der Verlustanzeige gelingt es dem Dieb unter Einsatz der Karte im Girocardverfahren Einkäufe im Wert von 1 200,00 EUR zu tätigen.* ☐
   - *cc) Der Dieb hat unter Nutzung der Geldkartenfunktion der Karte weitere Einkäufe über 150,00 EUR getätigt.* ☐

d) *Kriminelle haben einen Geldautomaten so manipuliert, dass bei Verfügungen von Kunden die Daten der Karten und die PIN auf einem Speichergerät erfasst wurden. Anschließend kopierten die Täter die Daten auf Blankokarten und hoben unter Eingabe der PIN vom Konto von Sven Röber 1 500,00 EUR ab.* ☐

e) *Janine Rolfes wurde in einer Diskothek die Kreditkarte gestohlen. Da es schon sehr spät und sie auch müde war, meldet sie den Verlust der Karte erst am Nachmittag des folgenden Tages dem Kreditinstitut. Es kam zu unberechtigten Verfügungen von 1 720,00 EUR.* ☐

5. Bezahlung mit der Kreditkarte im Ausland

André Becker hat für ein verlängertes Wochenende eine Städtetour durch London gemacht. Bezahlt hat er vorwiegend mit Kreditkarte. Die Kreditkarte wurde insgesamt mit 1 400,00 GBP belastet. Es fällt eine Provision in Höhe von 1,00 % an. Es gelten folgende Kurse:

Devisenmarktkurse EUR/GBP	
Geldkurs	**Briefkurs**
1,00 EUR = 0,86385 GBP	1,00 EUR = 0,86785 GBP

Ermitteln Sie den Belastungsbetrag auf dem Girokonto von Herrn Becker nach der Abrechnung der Kreditkarte.

__________,____ EUR

6. Wiederholungsmatrix zu Zahlungskarten

1. **Überprüfen Sie gedanklich, ob Sie die folgenden Begriffe kennen und einordnen können.**
2. **Markieren Sie die bekannten Begriffe mit einem Häkchen.**
3. **Klären Sie die unbekannten Begriffe, indem Sie sich mit Ihrem Sitznachbarn austauschen.**

50,00-EUR-Grenze	Geldkarte	Maestro	girocard-Logo
girogo	VISA	Zahlungsgarantie für den Händler	Cash Group
Charge-Card	V-Pay	Kosten bei Akzeptanz von Kartenzahlungen	Master Card
KUNO-Sperrdatei	SEPA Lastschrift	EUFISERV	Debit-Card/Prepaid Card
Sperranzeige	Credit-Card	Einsatzmöglichkeiten girocard	Sicherheitsabfragen bei PIN-Zahlungen

1.3 Kontoführung für Minderjährige und Betreute

Situationsbeschreibung

Die Eheleute Anna und Paul Gehring sind vor einiger Zeit von Hannover an Ihren Ausbildungsort gezogen und haben ein Girokonto bei Ihrem Ausbildungsinstitut eröffnet.

Bei der Kontoeröffnung haben Sie erfahren, dass die Familie zwei Kinder hat:

- Alina, 6 Jahre
- Ben, 12 Jahre

Die Kinder haben bisher noch zwei Sparkonten bei der Leinebank eG in Hannover. Das Guthaben auf dem Konto von Alina beträgt 240,00 EUR, das Guthaben von Ben 890,00 EUR.

Frau Gehring hat Ihnen mitgeteilt, dass in Zukunft auch die Sparkonten bei Ihnen geführt werden sollen. Zudem möchte sie ihren Kindern in Zukunft das Taschengeld per Dauerauftrag zukommen lassen.

Im Haushalt der Familie Gehring wohnt auch Theresa Schumacher, die Mutter von Anna Gehring. Theresa Schumacher, 84 Jahre, leidet an Altersdemenz und kann viele Dinge nicht mehr alleine regeln. Deshalb hat das Betreuungsgericht Anna Gehring als Betreuerin bestellt.

Eine Kopie des folgenden Betreuerausweises haben Sie schon zu den Unterlagen genommen.

Vorderseite

Amtsgericht Hannover
Geschäfts-Nr. 16 M XVII 5680

Betreuerausweis

Frau
Anna Gehring,
geboren am 24.05.19..

ist zur Betreuerin

für Theresa Schumacher,
geboren am 11.08.19..

bestellt.

Hannover, 09.02.20..

Dienstsiegel

Der Ausweis ist nach Beendigung der Betreuung an das Gericht zurückzugeben.

Rückseite

Der Aufgabenkreis umfasst

- Vermögenssorge
- Aufenthaltsbestimmung
- Gesundheitsfürsorge
- Wohnungsangelegenheiten
- Vertretung gegenüber Behörden, Versicherungen und sonstigen Institutionen

Folgende Willenserklärungen der Betroffenen bedürfen der Einwilligung der Betreuerin:
- Vermögensangelegenheiten

Die Betreuerin vertritt den Betroffenen im Rahmen seines Aufgabenkreises gerichtlich und außergerichtlich.

Auch das Sparkonto von Theresa Schumacher mit einem Guthaben von 35 640,00 EUR, das sich zurzeit ebenfalls noch bei der Leinebank eG in Hannover befindet, möchte Anna Gehring auf Ihr Institut übertragen lassen.

Ihre Ausbilderin hat mit Frau Gehring für die nächste Woche einen Beratungstermin vereinbart. Sie sollen auch an dem Gespräch teilnehmen.

Ihre Ausbilderin bittet Sie, zur Vorbereitung auf das Gespräch folgende Unterlagen zu erstellen:

- Leitfaden zur Kontoführung für Minderjährige,
- Leitfaden zur Kontoführung für Betreute sowie
- Ablaufschema für den Kontowechsel von der Leinebank eG in Hannover zu Ihrem Ausbildungsinstitut.

Beschaffen Sie sich zudem alle benötigten Formulare und füllen Sie sie soweit wie möglich aus.

Information

Formulieren Sie Fragen, die für Frau Gehring in dem Beratungsgespräch hinsichtlich
- **der Abwicklung der Taschengeldzahlung an ihre Kinder und**
- **der Betreuung ihrer Mutter im Aufgabenkreis der Vermögenssorge**

besonders wichtig sein dürften.

Planen und Entscheiden

Erstellen Sie einen Arbeits- und Zeitplan für die Bearbeitung der Lernsituation.

Durchführen

Bearbeiten Sie die Unterlagen zu den Handlungsprodukten.

Leitfaden zur Kontoführung für Minderjährige

Merkmale	Beschränkt Geschäftsfähige	Geschäftsunfähige
Personenkreis		
Willenserklärungen		
Kontoeröffnung		
Legitimationsprüfung		

Durchführen

Merkmale	Beschränkt Geschäftsfähige	Geschäftsunfähige
Kontovollmachten		
Zahlungskarten		
SCHUFA		
Kontoverfügungen		
Kündigung des Kontos		

Leitfaden zur Kontoführung für Betreute

Merkmale	Erläuterungen
Betreuung nach BGB	

Merkmale	Erläuterungen
Einwilligungs-vorbehalt	
Befreite und nicht befreite Betreuer	
Legitimation	
Geldanlage	
Verfügungen	

Durchführen

Durchführen

Ablaufschema für den Kontowechsel von der Leinebank eG in Hannover zu Ihrem Ausbildungsinstitut

Kontrolle

Tauschen Sie die von Ihnen erstellten Unterlagen mit Mitschülern aus, um die Materialien gegenseitig auf Richtigkeit und Vollständigkeit zu prüfen.

Bewerten

Reflektieren und bewerten Sie Ihre Vorgehensweise und Ihre Arbeitsergebnisse.

Phase	Urteil	Verbesserungsvorschläge für diesen Bereich
Erstellung der Leitfäden		
Erstellung des Ablaufschemas		

Aufgaben zur Lernsituation

1. Kontoeröffnung für Minderjährige

Nina Schlöndorf, 16 Jahre, möchte bei der Regio-Bank AG ein Girokonto eröffnen, auf das ihre Ausbildungsvergütung überwiesen werden soll. Ihre Eltern haben dem Ausbildungsvertrag zur Einzelhandelskauffrau zugestimmt.

a) **Beurteilen Sie, unter welchen Voraussetzungen Sie das Konto eröffnen können.** ☐

(1) Aufgrund der Zustimmung der Eltern zum Ausbildungsverhältnis kann Nina das Konto ohne Mitwirkung ihrer Eltern eröffnen.

(2) Nina ist allein zur Kontoeröffnung berechtigt, wenn das Konto ausschließlich auf Guthabenbasis geführt wird.

(3) Die Willenserklärung von Nina ist schwebend wirksam, solange die Eltern nicht der Kontoeröffnung widersprechen.

(4) Die Willenserklärung von Nina ist schwebend unwirksam und wird erst nach Zustimmung beider Elternteile wirksam.

(5) Die Willenserklärung von Nina ist nichtig. Das Konto kann nur von beiden Elternteilen für Nina eröffnet werden.

**b) Sie beraten Nina über Dispositionskredite und Verfügungsmöglichkeiten.
Mit welcher Aussage informieren Sie die Kundin richtig?**

(1) „Da Ihre Eltern der Kontoeröffnung zugestimmt haben, können wir Ihnen auf Wunsch auch einen Dispositionskredit einräumen."
(2) „Wir können Ihnen einen Dispositionskredit einräumen, wenn Ihre Eltern damit einverstanden sind und eine Bürgschaft für Sie übernehmen."
(3) „Auf Wunsch erhalten Sie eine Girocard und eine Kreditkarte zu Ihrem Konto."
(4) „Mit Ihrer Girocard können Sie zwar Bargeld an unseren Geldautomaten abholen, nicht aber in Geschäften bargeldlos zahlen, da Sie noch minderjährig sind."
(5) „Ihre Eltern können auch mit uns vereinbaren, dass Sie nicht allein über das Guthaben verfügen dürfen."

**c) Nina möchte ihrem Freund Claudio Markowski, 17 Jahre, eine Kontovollmacht einräumen.
Mit welcher Aussage informieren Sie die Kundin richtig?**

(1) „Da Claudio noch minderjährig ist, kann er keine Kontovollmacht erhalten."
(2) „Claudio kann nur eine Kontovollmacht erhalten, wenn seine Eltern damit einverstanden sind."
(3) „Nur Ihre Eltern können Claudio eine Kontovollmacht über Ihr Konto einrichten."
(4) „Wenn Sie eine Kontovollmacht erteilen, ist diese zunächst schwebend unwirksam, bis Ihre Eltern zustimmen."
(5) „Bei Konten Minderjähriger sind Kontovollmachten nicht zulässig."

2. Für Franz Neukirchner ist eine Betreuerin bestellt

**Der Pensionär Franz Neukirchner, Oberst a. D., ist Kunde der Regio-Bank AG.
Der aktuelle Kontostand beträgt 7 280,66 EUR Haben.
Den Kontounterlagen ist eine Kopie folgender Urkunde beigefügt:**

Aktenzeichen: *323700Z/97*
Amtsgericht Bremen
BETREUERAUSWEIS

Name: *Martha Hönig*
Anschrift: *Werther Straße 23*
28359 Bremen
Alter: *50 Jahre*

ist zur Betreuerin/~~zum Betreuer~~ bestellt für:
Name: *Franz Neukirchner*
Anschrift: *Drosselweg 15*
28359 Bremen
Alter: *80 Jahre*

Der Aufgabenkreis umfasst:
( ) ~~Wohnungsangelegenheiten~~
(X) Vermögensangelegenheiten
(X) Rentenangelegenheiten
( ) ~~Sozialhilfeangelegenheiten~~
( ) ~~Bestimmung des Aufenthalts~~
( ) ~~Gesundheitsfürsorge~~
( ) ____________

Folgende Willenserklärungen ~~der~~/des Betroffenen bedürfen der Einwilligung der Betreuerin/~~des Betreuers:~~
____

Die Betreuerin Martha Hönig bittet Sie um Auskunft darüber, in welcher Weise Verfügungen über das Konto möglich sind.

Stellen Sie fest, welche der folgenden Aussagen zutreffend ist.

(1) Da für Franz Neukirchner eine Betreuung angeordnet wurde, kann nur noch Martha Hönig über das Konto verfügen.
(2) Da die Betreuung auch Vermögensangelegenheiten umfasst, kann Franz Neukirchner nur noch gemeinsam mit Martha Hönig verfügen.
(3) Da die Betreuung auch Vermögensangelegenheiten umfasst, können sowohl Franz Neukirchner als auch Martha Hönig jeweils allein über das Kontoguthaben verfügen.
(4) Da bei der Betreuung kein Einwilligungsvorbehalt angeordnet wurde, kann nur Franz Neukirchner allein über das Kontoguthaben verfügen.
(5) Bei Verfügungen über Girokonten von Betreuten ist immer eine vorherige Genehmigung des Betreuungsgerichtes notwendig.

1.4 Einsatz moderner Zahlungsmittel

Situationsbeschreibung

Sie sind Mitarbeiterin bzw. Mitarbeiter der Regio-Bank AG. Für die Eheleute Anna und Paul Gehring haben Sie vor einiger Zeit ein Girokonto mit Einzelverfügungsbefugnis eröffnet.

Nun haben Sie von Frau Gehring einen Telefonanruf erhalten.

Auszug aus dem Telefongespräch

Sie: *„Hallo Frau Gehring! Schön, dass Sie anrufen. Was kann ich für Sie tun?"*

Frau Gehring: *„Ich würde gerne mit Ihnen noch einmal über das Onlinebanking sprechen. Mein Mann und auch ich waren ja damals bei der Kontoeröffnung sehr skeptisch. Aber so ist es doch etwas umständlich. Wir tätigen regelmäßig Onlineeinkäufe im Internet und die ständigen Überweisungen nehmen viel Zeit in Anspruch."*

Sie: *„Das kann ich verstehen. Onlinebanking macht für unsere Kunden vieles einfacher. Es gibt mittlerweile auch viele Möglichkeiten, einfacher und schneller und dabei zugleich sicher in Geschäften und im Internet die Einkäufe zu bezahlen."*

Frau Gehring: *„Das klingt gut. Ich habe gehört, dass man auch mit dem Smartphone überall bezahlen kann. Stimmt das?"*

Sie: *„Überall noch nicht, aber in vielen Geschäften ist das möglich."*

Frau Gehring: *„Dazu würde ich gern mehr erfahren. Auch das Thema Bezahlen im Internet ist mir nicht ganz geheuer. Praktisch ist das sicherlich, aber das Thema Sicherheit macht mir immer noch Bauchschmerzen."*

Sie: *„Ja, im Internet muss man vorsichtig sein. Am besten kommen Sie in den nächsten Tagen bei mir vorbei. Ich zeige Ihnen Möglichkeiten zum Bezahlen mit dem Smartphone und im Internet auf und werde versuchen, Ihnen die Angst vor den Gefahren im Internet zu nehmen."*

Frau Gehring: *„Einverstanden, wenn es bei Ihnen passt, komme ich gleich morgen um 16:00 Uhr bei Ihnen vorbei."*

Sie: *„Prima, passt sogar sehr gut. Ich erwarte Sie dann morgen um 16:00 Uhr."*

Sie bereiten das Gespräch mit den Eheleuten Gehring vor.

Zur Vorbereitung auf das Kundengespräch erstellen Sie

- eine Liste mit Frequently Asked Questions (FAQ) zum sicheren Surfen im Internet
- Übersichten zum Onlinebanking und zu modernen Bezahlverfahren
- eine Präsentation zu modernen Bezahlverfahren

Information

Nennen Sie die vier Themenbereiche, über die Frau Gehring mit Ihnen sprechen möchte.

Planen und Entscheiden

Erstellen Sie einen Arbeits- und Zeitplan für die Bearbeitung der Lernsituation.

Durchführen

Bearbeiten Sie die Unterlagen zu den Handlungsprodukten.

Liste mit Frequently Asked Questions (FAQ) zum sicheren Surfen im Internet

Risiken/Gefahren	Sicherungsmaßnahmen
Woher weiß ich, ob ich auf der „echten" Seite meiner Bank gelandet bin?	
Was mache ich, wenn mir der Absender einer E-Mail mit Anhang nicht bekannt ist?	
Wie verhindere ich Spyware auf meinem Rechner oder Smartphone?	
Wie gestalte ich meine Passwörter sicher?	
Wo ist die Gefahr des Phishings über mein Onlinebanking am größten?	
Was ist beim Herunterladen von Apps oder Programmen zu beachten?	

Durchführen

Übersichten zum Onlinebanking und zu modernen Bezahlverfahren

Thema	Wichtige Informationen zum Onlinebanking für die Kunden
Autorisierung und Abmeldung	
Nutzungsmöglichkeiten	
Ausführungsfristen bei Zahlungen	Eurozahlungen innerhalb des europäischen Wirtschaftsraums: Eingang des Zahlungsbetrages spätestens am Ende des auf den Zugangstags folgenden Geschäftstages beim Zahlungsdienstleister des Zahlungsempfängers
Geheimhaltung	
Schutzmaßnahmen am eigenen PC	
Haftung im Schadenfall	
Varianten der Bereitstellung der Authentifizierungsinstrumente (PIN und TAN)	
2-Faktor-Authentifizierung	

Durchführen

Moderne Bezahlverfahren unter Berücksichtigung von Sicherheitsmerkmalen		
Zahlungs-instrumente	Beschreibung des Verfahrens	Sicherheitsmerkmale
Mobile Payment	Digitale girocard	
	Digitale Kreditkarte	
	KWITT	
Internet-bezahl-verfahren	Paydirekt	
	giropay	

Durchführen

Moderne Bezahlverfahren unter Berücksichtigung von Sicherheitsmerkmalen		
Zahlungsinstrumente	Beschreibung des Verfahrens	Sicherheitsmerkmale
	PayPal	
	Sofortüberweisung	
	Apple Pay	
	Kreditkarte	

Kontrolle

Präsentation zu modernen Bezahlverfahren

- Erstellen Sie für die Präsentation eine Masterfolie.
- Achten Sie bei der Präsentation auf Ihr verbales und nonverbales Verhalten.
- Setzen Sie sich in Partnerarbeit zusammen und diskutieren Sie über Ihre Listen zum sicheren Surfen im Internet und Ihre Merkblätter zum Onlinebanking.

Bewerten

Bewerten Sie die Präsentationen der anderen Arbeitsgruppen anhand Ihrer Beobachtungen unter Beachtung der Feedbackregeln.

Aufgaben zur Lernsituation

1. Philipp Ammareller erteilt einen Überweisungsauftrag

Ihr Kunde Philipp Ammareller reicht am Freitag, 20.08.20.., um 16:00 Uhr bei der Regio-Bank AG einen beleghaften Überweisungsauftrag ein, der u. a. folgende Daten enthält:

Fr
Mo 23.08
Di 24.08
Mi 25.08

- **Zahlungsempfänger: Argus GmbH**
- **Bank des Zahlungsempfängers: Südbank AG**
- **Betrag: 168,50 EUR**

In den Überweisungsbedingungen hat die Regio-Bank AG eine Cut-off-Zeit von 15:00 Uhr festgelegt. Bei beleghaft erteilten Aufträgen gelten die gesetzlich maximal zulässigen Ausführungsfristen.

Stellen Sie fest, welche zwei der folgenden Aussagen zutreffend sind. ☐ ☐

(1) Die Regio-Bank AG kann die Haftung einer fehlerhaft ausgeführten, aber autorisierten Zahlung auf 10 000,00 EUR begrenzen.
X *(2) Die Südbank AG muss den Geldbetrag dem Konto des Zahlungsempfängers mit der Wertstellung des Geldeingangstages gutschreiben.*
(3) Die Südbank AG muss vor der Gutschrift prüfen, ob der Name des Kontoinhabers mit dem auf der Überweisung genannten Zahlungsempfänger übereinstimmt.
(4) Bis zur Gutschrift auf dem Empfängerkonto kann Herr Ammareller den Überweisungsauftrag widerrufen.
(5) Der Überweisungsbetrag muss bei der Südbank AG spätestens am 24.08.20.. eingehen.
X *(6) Der Zahlungsempfänger muss eine Gutschrift auf seinem Konto mit der spätesten Wertstellung 25.08.20.. erhalten.*

2. Beratung zum Onlinebanking

Ihr Kunde Dennis Yildiz interessiert sich für das Onlinebanking. Die Regio-Bank AG bietet ihren Kunden das „Chip-TAN-Verfahren" („Smart-TAN-Verfahren") oder alternativ das „Mobile-TAN-Verfahren" („mTAN-Verfahren") an.

a) Stellen Sie fest, welche der folgenden Aussage zum Onlinebanking zutreffend ist. ☐
(1) „Um online Ihre Kontoauszüge abzurufen, müssen Sie Ihre PIN und eine TAN eingeben."
(2) „Beim ‚Mobile-TAN-Verfahren' fordern Sie bei einer Überweisung per SMS eine einmal verwendbare TAN an."
(3) „Beim ‚Mobile-TAN-Verfahren' senden wir Ihnen eine einmal verwendbare TAN an Ihre E-Mail-Adresse."
(4) „Beim ‚Chip-TAN-Verfahren' müssen Sie zur Anforderung einer TAN die PIN Ihrer Girocard eingeben."
X *(5) „Zur Anforderung einer TAN benötigen Sie beim ‚Chip-TAN-Verfahren' einen TAN-Generator und Ihre Girocard."*

Dennis Yildiz entscheidet sich für das „Mobile-TAN-Verfahren". Sie informieren ihren Kunden über Risiken und über seine Sorgfaltspflichten bei einer Onlineüberweisung.

b) Stellen Sie fest, welche der folgenden Aussagen zutreffend ist. ☐
(1) „Speichern Sie Ihre PIN bzw. Benutzerkennung nur verschlüsselt auf Ihrem Computer."
X *(2) „Klicken Sie niemals auf einen Link, den Sie per E-Mail erhalten haben, um auf die Internetseiten der Bank zu gelangen."*
(3) „Achten Sie auf eine sichere Verbindung (SSL-Verbindung) zum Server der Bank. Die erkennen Sie an den Buchstaben „SC" („safeconnection") im Browser Ihres PC." – https nicht ssl
(4) „Sie dürfen Ihr Smartphone, auf dem Sie die TAN per SMS (smsTAN-Verfahren) empfangen, nur für Überweisungen verwenden, wenn das Gerät durch eine aktuelle Antivirensoftware geschützt ist."
(5) „Nachdem Sie alle Daten der Überweisung eingegeben haben, erhalten Sie auf Ihrem Smartphone eine TAN, die Sie dann in das entsprechende Feld eingeben. Sie haben keine weiteren Prüfungspflichten."

Sie informieren den Kunden über die Haftungsregelungen bei einem Missbrauch von Zahlungsauthentifizierungsinstrumenten.

c) *Stellen Sie fest, welche der folgenden Aussagen zur Haftung des Kunden zutreffend ist.* ☐
(1) *Bei grober Fahrlässigkeit haftet der Kunde immer unbeschränkt.*
(2) *Unabhängig von seinen Sorgfaltspflichten haftet der Kunde maximal bis zu 50,00 EUR.*
(3) *Bei grober Fahrlässigkeit haftet der Kunde vor der Sperranzeige unbeschränkt; danach bis max. 50,00 EUR.*
(4) *Bei grober Fahrlässigkeit haftet der Kunde vor der Sperranzeige unbeschränkt und danach nicht mehr.*
(5) *Bei leichter und mittlerer Fahrlässigkeit haftet der Kunde nicht für den Schaden.*

3. Ablauf einer Onlineüberweisung

Bringen Sie die folgenden Schritte einer Onlineüberweisung mittels Mobile-TAN-Verfahren in die richtige Reihenfolge, indem Sie die Ziffern „1" bis „5" in die Kästchen eintragen.

a) *Überprüfung der Daten und Eingabe der TAN-Nummer* ☐
b) *Anmeldung im Onlinebanking-System der Bank mittels Benutzerkennung und PIN-Nummer* ☐
c) *Bestätigung des Überweisungsauftrages im Onlinebankingsystem der Bank* ☐
d) *Anforderung der TAN-Nummer zur Auftragsausführung* ☐
e) *Eingabe der Überweisungsdaten* ☐

4. Onlineeinkauf mit Kreditkarte

Was ist zu beachten, wenn man beim Onlineeinkauf zur Bezahlung seine Kreditkartendaten eingibt? ☐

(1) *Der Einkauf sollte nicht per WLAN erfolgen, sondern nur dann, wenn der PC per LAN-Kabel mit dem Router verbunden ist.*
(2) *Das Kreditkartenunternehmen gewährleistet eine sichere Übertragung, wenn der Nutzer ein spezielles Onlinekonto verwendet.*
(3) *Da öffentlich zugängliche Computer meistens auf dem neuesten Stand der Technik sind, ist ein Onlineeinkauf dort am sichersten.*
(4) *Eine verschlüsselte Datenübertragung mithilfe des https-Protokolls ist zwingend notwendig.*
(5) *Optimal ist es, wenn man nicht seinen eigenen Namen, sondern einen Fantasienamen eingibt, der auch Zahlen beinhaltet.*

5. Mobile Payment

Ihre Kundin Laura Bierstein hat im Radio einen Bericht über moderne Bezahlverfahren im Internet und über das Smartphone gehört. Sie kommt zu Ihnen in die Filiale der Regio-Bank AG und bittet Sie um nähere Erläuterungen zu diesem Thema.
Stellen Sie fest, welche der folgenden Aussagen zum Mobile Payment zutreffend ist. ☐

(1) *Modernes Bezahlen in Form von Handy-an-Handy-Zahlungen ist auch ohne Teilnahme am Onlinebanking möglich.*
(2) *Über die Banking-App der Regio-Bank AG kann eine digitale Giro- oder Kreditkarte installiert werden, mittels Bluetooth können die Daten an einem Bezahlterminal eingelesen werden.*
(3) *Mit dem Onlinebezahlverfahren Giropay werden Zahlungen im Internet über die Internetseite des jeweiligen Händlers abgewickelt, der über seine Seite Zugriff auf die Kontodaten des Käufers erhält.*
(4) *Das Onlinebezahlverfahren Paydirekt ermöglicht sichere Zahlungen im Internet, da für Käufer und Verkäufer Schutzmechanismen bestehen.*
(5) *Größtes Risiko bei Paydirekt-Zahlungen ist, dass die an den Händler weitergeleiteten Kundendaten missbräuchlich verwendet werden können.*

1.5 Paul Gehring möchte Lastschriften zurückgeben

Situationsbeschreibung

Sie haben heute morgen mit Paul Gehring per Telefon einen Gesprächstermin für den Nachmittag vereinbart. Herr Gehring war während des Telefonats sehr aufgeregt. Trotz schriftlicher Kündigung bucht ein Fitnessstudio weiterhin die monatlichen Mitgliedsbeträge von seinem Konto ab, und das bereits seit drei Monaten. Herrn Gehring sind die Abbuchungen aufgrund des kleinen Betrages von 25,00 EUR wochenlang nicht aufgefallen. Er ist wütend und ratlos und bittet Sie daher um Hilfe. In seiner Aufregung hat er am Telefon kundgetan, dass er sämtliche Lastschriften zulasten des Gemeinschaftskontos stoppen möchte, da er keine Lust mehr auf weiteren fremden Zugriff auf das Konto hat. Er ärgert sich nicht nur über das Verhalten des Fitnessstudios; er macht auch Ihrer Bank Vorhaltungen. Wie Beraterinnen und Berater Ihres Hauses so etwas überhaupt hätten empfehlen können, das sei ja wohl eine Zumutung!

Das folgende Lastschriftmandat und das Kündigungsschreiben hat Ihnen Herr Gehring bereits per E-Mail zukommen lassen:

Herr
Paul Gehring
Musterstr. 1
30159 Hannover

Firma
Fit Inn GmbH
Musterstr. 100
80331 München

Gläubiger-Identifikationsnummer: DE99ZZZ05678901234

Köln, 13.04.2019

Sehr geehrter Herr Gehring,

vielen Dank, dass Sie sich für eine Mitgliedschaft bei Fit Inn GmbH entschieden haben. Damit wir Ihren Mitgliedsbeitrag von Ihrem Konto belasten können, bitten wir Sie, das Lastschriftmandat auszufüllen und unterschrieben an uns zurückzusenden.

SEPA-Lastschriftmandat
Ich ermächtige die Fit Inn GmbH, Zahlungen von meinem Konto mittels Lastschrift einzuziehen. Zugleich weise ich mein Kreditinstitut an, die von der Fit Inn GmbH auf mein Konto gezogenen Lastschriften einzulösen.

Hinweis: Ich kann innerhalb von acht Wochen, beginnend mit dem Belastungsdatum, die Erstattung des belasteten Betrages verlangen. Es gelten dabei die mit meinem Kreditinstitut vereinbarten Bedingungen.

Paul Gehring
Vorname und Name (Kontoinhaber)

Musterstr. 1
Straße und Hausnummer

30159 Hannover
Postleitzahl und Ort

Regio-Bank AG
Kreditinstitut (Name)

IBAN: DE42 5005 0099 2569 0452 15

Hannover, 15.04.2019 — *P. Gehring*
Datum, Ort — Unterschrift

Wichtig! Mandat nur gültig mit Datum und Unterschrift.
Rechtzeitig vor dem ersten Einzug einer SEPA-Basislastschrift wird Sie die Fit Inn GmbH über den Einzug in dieser Verfahrensart unterrichten und Ihnen Ihre Mandatsreferenz mitteilen.

Auszug aus dem Kündigungsschreiben:

> Köln, 02.03.2020
>
> Sehr geehrte Damen und Herren,
>
> hiermit möchte ich meine Mitgliedschaft bei der Fit Inn GmbH mit sofortiger Wirkung kündigen. Nach Ihren Vertragsbedingungen muss die Kündigung sechs Wochen vor Vertragsende (jährliche Vertragslaufzeit) erfolgen. Vertragsbeginn war der 15.04.2017, die Frist habe ich somit eingehalten.
>
> Bitte lassen Sie mir ein Bestätigungsschreiben zukommen.
>
> Freundliche Grüße
>
> *P. Gehring*

Sie bereiten sich auf das Gespräch mit Herrn Gehring vor.

Zur Vorbereitung auf das Kundengespräch erstellen Sie

- eine Informationsschrift zu Strategien für Konfliktgespräche und Reaktionsmöglichkeiten zum Umgang mit sogenannten „Killerphrasen" (z. B.: „Das ist ja wohl eine Zumutung!")
- eine Übersicht zu den wesentlichen Bestandteilen der SEPA-Basis-Lastschrift
- eine Übersicht mit Handlungsalternativen und Fristen bei Rücklastschriften
- Argumente zur Verdeutlichung der Vorteile des Lastschriftverfahrens für den Zahlungspflichtigen

Information

Beschreiben Sie die Probleme, die sich für Herrn Gehring im Zusammenhang mit dem Lastschrifteinzug ergeben haben.

- Sind die Abbuchungen überhaupt unrechtmäßig? Besteht vielleicht noch eine Restvertragslaufzeit?
- Können die letzten drei Abbuchungen grundsätzlich noch zurückgeholt werden?
- Wie lassen sich weitere Abbuchungen verhindern?
- Ist es sinnvoll, die Teilnahme am Lastschriftverkehr einzustellen? Was sind Vorteile der Teilnahme am Lastschriftverkehr?

Planen und Entscheiden

- **Stellen Sie fest, welche Informationsquellen Sie für die Bearbeitung der Lernsituation benötigen.**
- **Sie werden zu Beginn des Gespräches einen schlecht gelaunten Kunden vor sich haben, Sie sollten darauf eingestellt sein.**

Durchführen

Bearbeiten Sie die Unterlagen zu den Handlungsprodukten.

Informationsschrift zum Umgang mit Konfliktsituationen

Aspekte	Lösungsansätze/mögliche Strategien
Welche Strategien kann ich bei Konfliktgesprächen verfolgen?	• Frühwarnsignale erkennen • Selbstachtung wahren • In die Lage des anderen versetzen • Kompromissbereitschaft zeigen – Win-win-Situation – Nachgeben

– Kompromisslösung
– Durchsetzung eigener Interessen

Durchführen

entwickeln Sie konstruktive Vorschläge

Aspekte	Lösungsansätze/mögliche Strategien
Was ist grundsätzlich wichtig, wenn ich mit einem streitbaren/unsachlichen Kunden konfrontiert werde?	Wahren Sie Ihre Selbstachtung und die von ihrem Gegenüber Analysieren Sie den Konflikt, indem Sie auf Distanz zu Ihren eigenen Gefühlen gehen Zeigen Sie berechenbare Reaktionen
Was sind Killerphrasen (Totschlagargumente)?	Killerphrasen sind meist bloße Behauptungen und Vorurteile Sie zielen meist auf die Person und nicht auf die Sache ab Sie „killen" neue Ideen und sind mit einer Menge negativer Adjektive belegbar
Wie kann ich auf Killerphrasen reagieren?	Gegenfrage stellen darauf hinweisen, dass Sie diese Aussage als pauschale Bewertung und persönlichen Angriff verstehen humorvoll reagieren absichtlich falsch verstehen ignorieren

Übersicht zu den wesentlichen Bestandteilen der SEPA-Basis-Lastschrift

Merkmal	Beschreibung
Kundenkennung	IBAN, BIC, Mandatsreferenz nummer
Gültigkeit des Mandats	
Inhalte des Mandats	
Zahlungsavis Prenotification	
Vorlegungsfristen bei der Zahlstelle	Lastschriften müssen spätestens einen Geschäftstag vor Fälligkeit vorliegen
Fälligkeitsdatum	Die Angabe eines Fälligkeitsdatums ist zwingend erforderlich
Widerruf des Mandats	schriftlich, gegenüber dem Empfänger und der Bank des ZP Wirksamkeit erst 1 Geschäftstag nach Zugang
Einlösung der Lastschrift	LS sind eingelöst wenn die Belastungsbuchung nicht spätestens am 2ten Geschäftstag nach dem Tag der Belastung wieder rückgängig gemacht wird
Rückgabefristen des Zahlungspflichtigen	8 Wochen bei autorisierten Zahlungen 13 Monate bei nicht autorisierten Zahlungen oder fehlerhaften Zahlungen

Durchführen

Übersicht mit Handlungsalternativen und Fristen bei Rücklastschriften

Grund	Beschreibung	Wichtige Fristen
Mangelnde Kontodeckung		
Widerruf des Mandats		
Widerspruch gegen eine Belastungsbuchung		
Nicht autorisierte Lastschrift		
Fehlerhaft ausgeführte Lastschrift		

Argumente zur Verdeutlichung der Vorteile des Lastschriftverfahrens für den Zahlungspflichtigen

Rückgaberecht der LS binnen 8 Wochen nach Kontobelastung
keine Terminüberwachung
keine Anfertigung von Zahlungsbelegen
geringe Kosten

Kontrolle

Gleichen Sie Ihre Ergebnisse mit denen Ihrer Mitschüler ab und ergänzen Sie bei Bedarf Ihre Ergebnisse.

Finden Sie passende Reaktionsmöglichkeiten für die folgenden Killerphrasen:

Killerphrase	Reaktionsmöglichkeit
Kontoauszüge prüfen? Da hat doch keiner Bock darauf!	
Was von mir in der SCHUFA steht? Das ist nicht Ihre Sache!	
AGBs? Die liest sich doch ohnehin keiner durch!	
Positive Rendite? Das funktioniert sowieso nicht.	

Killerphrase	Reaktionsmöglichkeit
Onlinebanking? Das verstehe ich sowieso nicht!	Was genau verstehen Sie [illegible]
Sie erzählen mir doch andauernd von neuen Produkten.	
An diesem Produkt verdient doch nur die Bank Geld. Das weiß doch jedes Kind.	
Sie wollen einen Versicherungs-Check bei mir machen? Ich weiß schon, wie das endet.	Wie endet das denn?

Kontrolle

Bewerten

Wiederholungsmatrix zur Lastschrift

1. **Überprüfen Sie gedanklich, ob Sie die folgenden Begriffe kennen und einordnen können.**
2. **Markieren Sie die bekannten Begriffe mit einem Häkchen.**
3. **Klären Sie die unbekannten Begriffe, indem Sie sich mit Ihrem Sitznachbarn austauschen.**

Lastschriftmandat	Gründe für Rücklastschriften	Vorteile im Vergleich zur Überweisung	Haftung Bank
Widerruf eines Mandats	Einlösung einer Lastschrift	Gläubiger-ID	Widerspruchsrecht
Gültigkeit eines Mandats	Haftung Kunde	Vorlegungsfristen	nicht autorisierte Lastschrift
Eilnachricht	Zahlstelle	SEPA-Basis	Mandatsreferenz

Aufgaben zur Lernsituation

1. SEPA-Basis-Lastschriftverfahren

Welche zwei der folgenden Aussagen über das SEPA-Basis-Lastschriftverfahren sind zutreffend? [1] [6]

(1) Der Zahlungspflichtige kann der Belastung innerhalb von acht Wochen nach der Kontobelastung widersprechen.

(2) Die Zahlstelle prüft bei der Lastschriftvorlage, ob ein Mandat des Zahlungspflichtigen vorliegt.

(3) Teileinlösungen werden nur auf ausdrückliche Kundenweisung vorgenommen.

(4) Der Zahlungspflichtige erteilt dem Zahlungsempfänger ein Lastschriftmandat und teilt dies seinem Kreditinstitut mit.

(5) Der Zahlungspflichtige muss bei nicht autorisierten Zahlungen binnen acht Monaten seinen Erstattungsanspruch geltend machen.

(6) Die Lastschriften sind eingelöst, wenn die Belastung nicht spätestens am zweiten Geschäftstag nach dem Tag der Belastung wieder storniert wird.

2. Ablauf des SEPA-Basis-Lastschriftverfahrens

Sie sind Auszubildender bei der Regio-Bank AG. Ihr Kunde Christian Tüchthüsen ist seit kurzem Mitglied im Fitnessstudio „Just Fit GmbH", das die Beträge per Lastschrifteinzug abbucht. Herr Tüchthüsen möchte sich daher bei Ihnen über das SEPA-Basis-Lastschriftverfahren informieren. Das Fitnessstudio hat seine Hauptkontoverbindung bei der Westbank AG, die Regio-Bank AG ist eine Korrespondenzbank der Westbank AG.
Bringen Sie die einzelnen Schritte des Ablaufs des SEPA-Basis-Lastschriftverfahren in die richtige Reihenfolge, indem Sie die Ziffern „1" bis „5" in die Kästchen eintragen.

a) *Einreichung der Lastschriften bei der Westbank AG (1. Inkassostelle)* [2]

b) *Verrechnung des Lastschriftbetrages zwischen den Kreditinstituten und Gutschrift bei der Just Fit GmbH* [5]

c) *Belastung des Kontos von Herrn Tüchthüsen am Fälligkeitstag* [4]

d) *Erteilung eines Lastschriftmandats an die Just Fit GmbH (Zahlungsempfänger)* [1]

e) *Lastschriftinkasso von der Westbank AG an die Regio-Bank AG* [3]

3. Forderungseinzug mittels SEPA-Basislastschrift

Dem Konto von Helen Krause bei der Regio-Bank AG wird eine SEPA-Basislastschrift belastet. Stellen Sie fest, welche Aussage zutreffend ist. [4]

(1) *Helen Krause hat nach der Einlösung einer nicht autorisierten Lastschrift innerhalb von acht Wochen ab Belastungstag einen Erstattungsanspruch auf Wiedergutschrift des Lastschriftbetrages.*
(2) *Eine autorisierte SEPA-Basis-Lastschrift ist mit der Belastungsbuchung auf dem Konto von Helen Krause unwiderruflich eingelöst.*
(3) *Die Regio-Bank AG prüft bei der Lastschriftvorlage, ob ein Mandat von Helen Krause vorliegt.*
(4) *Helen Krause kann SEPA-Basis-Lastschriftmandate jederzeit gegenüber dem Zahlungsempfänger oder gegenüber der Regio-Bank widerrufen.*
(5) *Der Zahlungsempfänger muss Helen Krause spätestens fünf Kalendertage vor dem Lastschrifteinzug über wichtige Daten des Einzugs informieren.*

1.6 Die Eheleute Gehring mieten eine neue Wohnung

Situationsbeschreibung

Die Eheleute Anna und Paul Gehring, Kunden Ihres Ausbildungsinstituts, suchen schon seit längerer Zeit eine neue und größere Wohnung.

Von einem Makler haben sie nun ein interessantes Angebot erhalten:

5-Zimmer-Wohnung, 2 Bäder, 125 m², zentrale Lage in renoviertem Altbau mit Gartennutzung, hohe Decken, Kaltmiete 1 450,00 EUR zuzüglich Nebenkosten von 380,00 EUR, Kaution drei Monatskaltmieten

Anna und Paul Gehring sind begeistert von der Wohnung und würden sie gerne mieten. Der Vermieter Frank Ahlers verlangt jedoch vor Abschluss des Mietvertrages eine Bankauskunft. Paul Gehring hat vom Vermieter zudem die Information erhalten, dass es diesem egal sei, wie die Kaution bereitgestellt wird.

Paul Gehring hat Sie telefonisch über den Sachverhalt informiert. Dabei erfahren Sie, dass er sich in der nächsten Woche auf Geschäftsreise befindet und daher nur schwer zu erreichen ist. Deshalb bittet er Sie um Auskunft per E-Mail, wie die Wünsche des Vermieters nach einer Kaution und einer Bankauskunft am besten erfüllt werden können. In der E-Mail äußert Herr Gehring zudem Bedenken hinsichtlich des Bankauskunftsverfahrens. Er hält es für einen Verstoß gegen das Bankgeheimnis

Die Kontoführung von Anna und Paul Gehring war stets einwandfrei. Beide sind in unbefristeten Arbeitsverhältnissen tätig.

Erledigen Sie zur Beantwortung von Herrn Gehrings Fragen die folgenden Aufgaben:

- Füllen Sie das Formular „Verpfändung eines Sparguthabens als Mietkauton" aus.
- Füllen Sie das Formular „Sondervereinbarung Mietkaution (Treuhandkonto)" soweit wie möglich aus.
- Erstellen Sie eine Übersicht, in der Sie die Unterschiede der Mietkautionskonten verdeutlichen.
- Schreiben Sie eine Antwort-E-Mail an Herrn Gehring. Empfehlen Sie ihm dabei auch das nach Ihrer Ansicht für den Kunden am besten geeignete Kautionskonto. Gehen Sie außerdem auf seine Bedenken hinsichtlich des Bankauskunftsverfahrens ein.
- Fertigen Sie eine kurze Notiz an, in der Sie vier Sicherheitsaspekte aufführen, die im Zusammenhang mit E-Mails zu beachten sind.
- Verfassen Sie unter Beachtung der rechtlichen Rahmenbedingungen eine Bankauskunft.

Information

Informieren Sie sich über die Mietkaution und begründen Sie, warum der Vermieter eine Bankauskunft verlangt.

Planen und Entscheiden

Erstellen Sie einen Arbeits- und Zeitplan für die Bearbeitung der Lernsituation.

Durchführen

Bearbeiten Sie die Unterlagen zu den Handlungsprodukten.

Ausfüllen der Formulare

0123456789012345678901

Verpfändung eines Sparguthabens als Mietkaution

Personennummer	Sparkonto

Für

____

– nachstehend der Verpfänder genannt – wird bei der Sparkasse das oben genannte Sparkonto geführt.

1 Verpfändungserklärung

Zur Sicherung der gegenwärtigen und künftigen Ansprüche von

____

– nachstehend der Vermieter genannt – aus dem Mietvertrag vom ______________ mit

____

– Mieter – wird hiermit das derzeitige und künftige Sparguthaben auf dem genannten Konto, höchstens aber EUR ______________ verpfändet.

Das Pfandrecht erstreckt sich auf Zinsen und Zinseszinsen ohne Anrechnung auf den Höchstbetrag (§ 551 Abs. 3 BGB).

Der Vermieter ist berechtigt, das Sparguthaben zu kündigen.

Verlangt der Vermieter Auszahlung des Guthabens, so wird die Sparkasse den Verpfänder hiervon unterrichten. Die Auszahlung erfolgt gegen Vorlage des Sparkassenbuchs unter Beachtung der Kündigungsfrist gemäß den Bedingungen für den Sparverkehr[1], aber nicht vor Ablauf von vier Wochen nach Versand der Mitteilung an den Verpfänder. Hierdurch soll dem Verpfänder Gelegenheit gegeben werden, **mögliche Gegenrechte gegenüber dem Vermieter geltend zu machen.** Die Sparkasse ist nicht verpflichtet, die Pfandreife zu prüfen. § 1281 BGB findet keine Anwendung. Die Geltendmachung von Gegenrechten gegenüber der Sparkasse hat keine rechtliche Wirkung und ist daher zwecklos.

[1] *4. Kündigung*
Die Kündigungsfrist beträgt mindestens drei Monate. Von Spareinlagen mit einer Kündigungsfrist von drei Monaten können – soweit nichts anderes vereinbart wird – ohne Kündigung bis zu 2.000,- EUR für jedes Sparkonto innerhalb eines Kalendermonats zurückgefordert werden.

Das Pfandrecht erlischt im Verhältnis zur Sparkasse erst dann, wenn der Vermieter ihr dies in Textform mitgeteilt hat.

Das Sparkassenbuch wird vom Vermieter verwahrt.

Von der Verpfändung erhalten Vermieter, Verpfänder und Sparkasse je eine Ausfertigung.

Die Kosten dieses Vertrags und seiner Durchführung trägt der Verpfänder.

Ort, Datum ______________________ Unterschrift(en) Verpfänder ______________________

Unterschrift(en) Vermieter ______________________

Für die Richtigkeit der Unterschriften:	*Unterschrift des Sachbearbeiters **(mit Pers.-Nr.)***

2 Bestätigung

Wir haben von der Verpfändung Kenntnis genommen und treten mit dem uns nach Nr. 21 Abs. 1 unserer Allgemeinen Geschäftsbedingungen zustehenden Pfandrecht hinter das Pfandrecht des Vermieters zurück.

Ort, Datum wie oben Unterschrift(en) Sparkasse ______________________

3 Freigabe

Das Guthaben auf dem genannten Sparkonto gebe ich hiermit frei. Das Sparkassenbuch habe/werde ich dem Verpfänder übergeben.

Ort, Datum ______________________ Unterschrift(en) Vermieter ______________________

Bearbeitungsvermerke

Für die Richtigkeit der Unterschrift(en):	*Unterschrift des Sachbearbeiters **(mit Pers.-Nr.)***

Sparkasse

152 105.000 D1 (Fassung Juli 2016) - v5.3 - o

Seite 1 von 1

Durchführen

Sondervereinbarung
Mietkaution

Personennummer | zu Sparkonto

Bezeichnung des Kontos:

Unterbezeichnung: Mietkautionskonto

Mieter[1] (Vorname, Name; Anschrift; Geburtstag, Geburtsort):

[1] *Vorname, Name, falls nicht schon Gegenstand der Unterbezeichnung.*

1 Gläubiger

Gläubiger der auf diesem Sparkonto bei der Sparkasse unterhaltenen Guthaben und damit ausschließlich Verfügungsberechtigter ist

– nachstehend der Kontoinhaber genannt –.

2 Führung als Spareinlage

Das Sparkonto wird als Spareinlage mit dreimonatiger Kündigungsfrist geführt.

3 Treuhänderschaft

Der Kontoinhaber hat der Sparkasse erklärt, dass auf dieses Konto ausnahmslos Beträge eingezahlt werden, die er gem. § 551 Abs. 3 BGB als Gelder des Mieters von seinem Vermögen gesondert zu halten hat, die ihm also in seiner Stellung als Vermieter treuhänderisch anvertraut worden sind.

4 Pfändung, Aufrechnung, Pfand- und Zurückbehaltungsrecht

4.1 Im Falle der Pfändung wird die Sparkasse den pfändenden Gläubiger im Rahmen der Drittschuldnererklärung auf die Eigenschaft als Treuhandkonto hinweisen.

4.2 Mit Rücksicht auf die Erklärung des Kontoinhabers wird die Sparkasse weder ein Aufrechnungs- noch ein ihr sonst zustehendes Pfand- oder Zurückbehaltungsrecht geltend machen, es sei denn wegen Forderungen, die in Bezug auf dieses Konto selbst entstanden sind.

5 Besondere Vereinbarungen

6 Datenschutzhinweise

Zur Erhebung der Daten des Mieters ist das Kreditinstitut nach dem Geldwäschegesetz verpflichtet. Das Kreditinstitut kann verpflichtet sein, die Daten an die in § 27 des Geldwäschegesetzes genannte Behörde weiterzugeben.

7 Allgemeine Geschäftsbedingungen und besondere Bedingungen

Die Sparkasse weist ausdrücklich darauf hin, dass ergänzend ihre Bedingungen für den Sparverkehr und ihre Allgemeinen Geschäftsbedingungen (AGB) Vertragsbestandteil sind. Die Bedingungen können in den Geschäftsräumen der Sparkasse eingesehen werden und werden auf Wunsch zur Verfügung gestellt.[2]

[2] *Jeder Vertragspartner der Sparkasse erhält ein Exemplar der Bedingungen, soweit noch keine Geschäftsverbindung besteht und der Vertragsabschluss außerhalb der Sparkasse erfolgt.*

Ort, Datum	Ort, Datum
Unterschrift(en) Kontoinhaber	Unterschrift(en) Sparkasse

Angaben geprüft und für die Richtigkeit der Unterschriften: am:

152 106.000 D1 (Fassung Aug. 2017) - v5.2 - o

Durchführen

Übersicht Mietkautionskonten

Merkmale	Verpfändung eines Sparguthabens als Mietkaution	Sondervereinbarung Mietkaution (Treuhandkonto)
Kontoinhaber		
Rechtsstellung des Vermieters		
Rechtsstellung des Mieters		
Legitimationsprüfung		
Kontoverfügungen		
AGB-Pfandrecht		
Freistellungsauftrag		

Durchführen

Antwort-E-Mail an Herrn Gehring

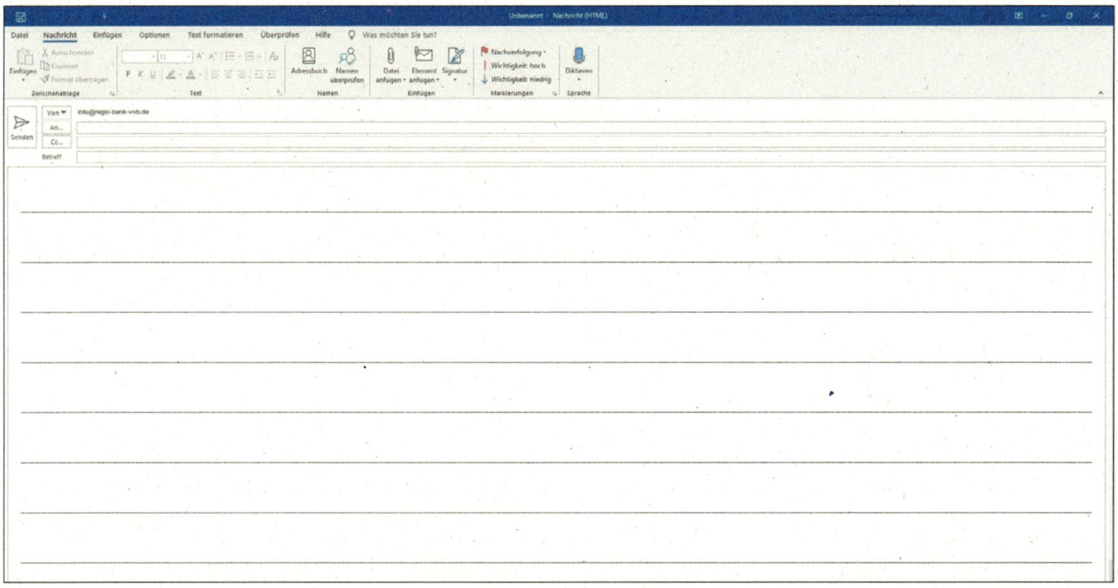

Notiz zu Sicherheitsaspekten bei E-Mails

Sicherheitsaspekt	Erläuterung
1.	
2.	
3.	
4.	

Entwurf einer Bankauskunft

Durchführen

Kontrolle

Tauschen Sie die von Ihnen erstellten Unterlagen mit Mitschülern aus, um die Materialien gegenseitig auf folgende Aspekte zu prüfen:

- **Ausfüllen der Formulare**
- **inhaltliche Richtigkeit der Übersicht**
- **Inhalte und Form der Bankauskunft**

Bewerten

Reflektieren und bewerten Sie Ihre Vorgehensweise und Ihre Arbeitsergebnisse.

Phase	Urteil	Verbesserungsvorschläge für diesen Bereich
Ausfüllen der Formulare	🙂 😐 🙁	
Leitfaden Bankgeheimnis/ Bankauskunft	🙂 😐 🙁	
Antwort-E-Mail	🙂 😐 🙁	
Bankauskunft	🙂 😐 🙁	

Aufgaben zur Lernsituation

1. Alina Neurath leistet eine Mietkaution

Alina Neurath hat eine neue Wohnung gemietet und möchte sich über die Hinterlegung einer Mietkaution beraten lassen. Stellen Sie bei den nachfolgenden Aussagen fest, ob sie
(1) nur für Mietkautionskonten auf den Namen des Vermieters
(2) nur für Mietkautionskonten auf den Namen des Mieters
(3) auf beide Formen der Mietkautionskonten
(4) nur auf Mietavale zutreffen.

a) Für die Zinserträge aus diesem Konto kann ein Freistellungsauftrag erteilt werden. ☐

b) Kontoinhaber und wirtschaftlich Berechtigter sind zwei verschiedene Personen. ☐

c) Das Kreditinstitut des Mieters zahlt erst nach einer Wartefrist von einem Monat an den Vermieter aus. ☐

d) Das Kreditinstitut prüft neben der Legitimation auch die Bonität des Mieters. ☐

e) Die Zinsen aus dem Sparguthaben stehen dem Mieter zu. ☐

f) Diese Kontoform ist den offenen Treuhandkonten zuzuordnen. ☐

2. Die Regio-Bank AG bearbeitet Bankauskünfte

Während eines Geschäftstages sind bei der Regio-Bank AG die nachfolgenden Auskunftsersuchen zu bearbeiten.
Eine besondere Vollmacht des betroffenen Kunden zur Auskunfterteilung liegt in allen Fällen dem Kreditinstitut nicht vor.

Prüfen Sie, ob Auskunft gegeben werden darf bzw. muss

a) ... dem einzigen Sohn eines verstorbenen Kontoinhabers, der vor der gerichtlichen Nachlassregelung ein handgeschriebenes Testament vorlegt und versichert, Alleinerbe zu sein, über die Konten und Depots des Erblassers.
b) ... den Eltern eines 19-jährigen Kunden über dessen aktuelles Kontoguthaben, wenn dieser sich noch in der Berufsausbildung befindet und von den Eltern finanziell unterstützt wird.
c) ... dem 1. Vorsitzenden des nicht eingetragenen Kegelclubs „Alle Neune", dessen Schatzmeister Kontoinhaber ist, über das Vereinskonto mit dem Zusatzvermerk „w/Kegelclub Alle Neune".
d) ... dem Insolvenzverwalter der HEIKO GmbH, einer Geschäftskundin der Regio-Bank AG, über sämtliche Konten und Depots der Gesellschaft.
e) ... Ihrem Kunden Max Merk über den Saldo des Kontos mit der Bezeichnung „RA Dr. Kurt Hamm, Anderkonto w/ Max Merk".
f) ... der Bundesanstalt für Finanzdienstleistungsaufsicht (BaFin) über die Ausführung sämtlicher an diesem Tag angefallenen Wertpapierorders.
g) ... der BaFin über einen Kredit an den Aufsichtsratsvorsitzenden der Regio-Bank AG.
h) ... einem Aufsichtsratsmitglied der Regio-Bank AG über die Geschäfte mit dem Privatkunden Werner Steinbach.
i) ... dem Familiengericht über das Vermögen des Privatkunden Peter Wolke, weil dieser seinen Unterhaltsverpflichtungen gegenüber seinen Kindern nicht nachkommt.
j) ... einem anderen Kreditinstitut über die allgemeine Vermögenslage der WINTEX GmbH, einer Geschäftskundin der Regio-Bank AG.

Begründen Sie jeweils Ihre Entscheidung.

3. Bankauskunft über Martin Schlösser

Die Regio-Bank AG führt unter anderem folgende Konten:
- **Martin Schlösser, Privatgirokonto**
- **Martin Schlösser GmbH, Geschäftsgirokonto**

Martin Schlösser möchte darüber informiert werden, in welchen Fällen bzw. unter welchen Voraussetzungen die Regio-Bank AG eine Bankauskunft erteilt.

Stellen Sie fest, ob die Regio-Bank AG Auskünfte
(1) erteilt, sofern der Kunde nicht widersprochen hat.
(2) nur mit einer ausdrücklichen Einverständniserklärung des Kunden erteilt.
(3) auch gegen den erklärten Kundenwillen erteilt.
(4) nicht erteilt.

a) Im Rahmen einer Kreditwürdigkeitsprüfung bittet die Europabank AG um Auskunft über die Vermögensverhältnisse von Martin Schlösser. ☐
b) Im Rahmen einer Kreditwürdigkeitsprüfung bittet die Europabank AG um Auskunft über die Vermögensverhältnisse der Martin Schlösser GmbH. ☐
c) Peter Schlösser, Gesellschafter der Martin Schlösser GmbH, bittet um Auskunft über den Kontostand des Geschäftsgirokontos. Er besitzt keine Kontovollmacht. ☐
d) Die Argus AG, selbst Kundin der Regio-Bank AG, beabsichtigt Waren im Wert von 23 000,00 EUR bei Einräumung eines Zahlungsziels an die Martin Schlösser GmbH zu liefern. Sie bittet unter Vorlage einer Kopie des Kaufvertrages um eine Bankauskunft über die Martin Schlösser GmbH. ☐
e) Die Finanzverwaltung bittet die Regio-Bank AG um Mitteilung aller Kontostände und Kontoumsätze der vergangenen zwei Jahre von Martin Schlösser und von der Martin Schlösser GmbH. ☐
f) Der Familienrichter bittet im Rahmen eines Ehescheidungsprozesses um Auskunft über die Vermögensverhältnisse von Martin Schlösser zum Zweck der vermögensrechtlichen Auseinandersetzung. ☐

1.7 Tod der Kundin Theresa Schumacher

Situationsbeschreibung

Sie erhalten einen Telefonanruf von Anna Gehring. Dabei teilt sie Ihnen mit, dass ihre Mutter Theresa Schumacher vor zwei Tagen im Alter von 88 Jahren verstorben ist.

Als Theresa Schumacher vor einigen Jahren an Demenz erkrankte, wurde Tochter Anna Gehring vom Nachlassgericht als Betreuerin für ihre Mutter bestellt. Das Nachlassgericht hat auch einen Einwilligungsvorbehalt für Vermögensangelegenheiten erlassen.

Sie vereinbaren für den nächsten Tag einen Gesprächstermin mit Frau Gehring.

Nach dem Telefonat fragen Sie die Daten von Frau Schumacher im Terminal ab:

Konto- und Depotaufstellung	Salden zu Beginn des Todestages	Stückzinsen bis zum Todestag
Girokonto-Nr. 38591242 Theresa Schumacher Kontovollmacht: Anna Gehring Betreuerin: Anna Gehring	700,00 EUR Soll	16,00 EUR Sollzinsen
Sparkonto-Nr. 38592257 Theresa Schumacher	29 300,00 EUR	228,00 EUR
Sparkonto-Nr. 38598420 Theresa Schumacher zugunsten von Alina Gehring (gemäß § 328 BGB)	2 400,00 EUR	23,73 EUR
Depot-Nr. 38594592 Theresa Schumacher	63 000,00 EUR Kurswert	1 012,50 EUR
Schrankfach Theresa Schumacher	ja	

Es liegt ein Freistellungsauftrag über 801,00 EUR vor, der bis zum Todestag zu 580,00 EUR ausgenutzt wurde.

Folgende Verfügungen wurden im vergangenen Monat zulasten des Girokontos von Frau Schumacher getätigt:

- 01.03.20..: Ausführung eines Dauerauftrages über 1 370,00 EUR an St. Elisabeth Pflegeheim
- 10.03.20..: Barauszahlung von 800,00 EUR an Anna Gehring
- 15.03.20..: Ausführung eines Dauerauftrages über 100,00 EUR an SOS-Kinderdörfer
- 20.03.20..: Belastung einer Lastschrift über 85,00 EUR zur Begleichung der Stromrechnung.
- 26.03.20..: Überweisung von 2 400,00 EUR zur Begleichung einer Arztrechnung
- 31.03.20..: Gutschrift Altersrente 1 140,00 EUR

Erstellen Sie zur Vorbereitung auf das Kundengespräch:

- eine Informationsschrift über vier Verhaltensregeln, die Sie im Gespräch mit Frau Gehring beachten sollten,
- einen Leitfaden für Nachlasskonten und
- eine Meldung an das Finanzamt nach § 33 ErbStG.

Information

Fertigen Sie eine Stoffsammlung zu den Themen an, die Sie mit Frau Gehring besprechen möchten.

Planen und Entscheiden

Erstellen Sie einen Arbeits- und Zeitplan für die Bearbeitung der Lernsituation.

Durchführen

Bearbeiten Sie die Unterlagen zu den Handlungsprodukten.

Informationsschrift über vier Verhaltensregeln gegenüber Hinterbliebenen

1.

2.

3.

4.

Leitfaden für Nachlasskonten

Beratung bzw. Information über ...	Erläuterungen
Erben als Gesamtrechtsnachfolger	Bedeutung
Dokument zum Nachweis des Todes	Name des Dokuments Aussteller

Durchführen

Beratung bzw. Information über ...	Erläuterungen
Verfügungen über Nachlasskonten	mit Kontovollmacht ohne Kontovollmacht
Lastschriften und Daueraufträge	Gültigkeit der Zahlungsaufträge
Legitimation der Erben	Beschreibung der beiden Dokumente Verfügungen von Erben
Meldung an das Finanzamt	Meldepflichtige Daten Frist

Meldung an das Finanzamt § 33 ErbStG

Interne Angaben der Bank/Ablagehinweise

Anzeige über die Verwahrung oder Verwaltung fremden Vermögens
(§ 33 Abs. 1 ErbStG und § 1 ErbStDV)

An das
Finanzamt
– Erbschaftsteuerstelle –

1. Erblasser

Name, Vorname	Geburtsdatum
Wohnort, Straße	

Todestag	Sterbeort

Standesamt	Sterbebuch-Nr.

Ausfertigung für die Bank

2. Guthaben und andere Forderungen, auch Gemeinschaftskonten

Konto-Nr.	Nennbetrag der Forderung am Todestag ohne Zinsen für das Jahr des Todes (Währung, voller Betrag)	Zinsen für das Jahr des Todes bis zum Todestag (Währung, voller Betrag)	Hat der Kontoinhaber mit dem Kreditinstitut vereinbart, dass die Guthaben oder eines derselben mit seinem Tode auf eine bestimmte Person übergehen? Wenn ja, Name und genaue Anschrift dieser Person
1	2	3	4

3. Wertpapiere, Anteile, Genussscheine und dergleichen, auch solche im Gemeinschaftsdepot[2]

Bezeichnung der Wertpapiere usw. Wertpapier-Kennnummer	Nennbetrag am Todestag (Währung, voller Betrag)	Kurswert bzw. Rücknahmepreis am Todestag (Währung, voller Betrag)	Stückzinsen bis zum Todestag (Währung, voller Betrag)	Bemerkungen
1	2	3	4	5

4. Der Verstorbene hatte ☐ ein Schließfach ☐ kein Schließfach

Versicherungswert (Währung, Betrag)

5. Bemerkungen[1]
(z. B. über Schulden des Erblassers beim Kreditinstitut)

Anschrift des/der Erben

Ort, Datum

Unterschrift(en)

[1] Soweit der Raum nicht ausreicht, bitte nachstehendes Feld „Fortsetzung zu 5" benutzen.

Durchführen

Kontrolle

- Diskutieren Sie Ihre Informationsschrift über vier Verhaltensregeln gegenüber Hinterbliebenen mit der Version Ihres Tischnachbarn.
- Prüfen Sie die Richtigkeit und Vollständigkeit Ihres Leitfadens in Zusammenarbeit mit Mitschülern.
- Prüfen Sie die Richtigkeit der Meldung an das Finanzamt.
- Tauschen Sie sich hinsichtlich verschiedener Gesprächseinstiege aus und bewerten Sie diese im Hinblick auf Angemessenheit.

Bewerten

Reflektieren und bewerten Sie Ihre Vorgehensweise und Ihre Arbeitsergebnisse.

Aufgaben zur Lernsituation

1. Verfügungen über Nachlasskonten

Walter Lehmann informiert die Regio-Bank AG am 11. März 20.. unter Vorlage der Sterbeurkunde über den Tod seiner am 5. März 20.. verstorbenen Mutter Elisabeth Lehmann. Aus dem am 18. Mai 20.. ausgestellten und dem Kreditinstitut am 24. Mai 20.. vorgelegten Erbschein ergibt sich folgende Erbregelung:

Walter Lehmann zu 1/2-Anteil Herbert Lehmann zu 1/4-Anteil Vera Lehmann zu 1/4-Anteil

Die Europabank führt folgende Konten für Elisabeth Lehmann:
- **Sparkonto** 24000,00 EUR
- **Kontokorrentkonto** H 5000,00 EUR

Walter Lehmann besitzt für alle Konten von Elisabeth Lehmann eine Vollmacht über den Tod hinaus. Am 16. Juni 20.. widerruft Vera Lehmann die Vollmacht.

Stellen Sie fest, welche Personen in welcher Weise bei den folgenden Verfügungen jeweils verfügungsberechtigt sind.

Verfügungsberechtigung
(1) nur alle Erben gemeinschaftlich
(2) nur alle Erben gemeinschaftlich oder Walter Lehmann allein
(3) nur Walter Lehmann allein
(4) unter bestimmten Voraussetzungen auch andere Personen

Verfügungen
a) 15.03.20..: Barabhebung vom Sparkonto ☐
b) 19.03.20..: Überweisung der Bestattungskosten zulasten des Kontokorrentkontos ☐
c) 27.05.20..: Überweisung einer Handwerkerrechnung zulasten des Kontokorrentkontos ☐
d) 24.06.20..: Barabhebung vom Sparkonto ☐

2. Meldung an das Finanzamt

Die Regio-Bank AG erfährt am 25. Juni 20.. durch Mitteilung der Ehefrau unter Vorlage der Sterbeurkunde, dass der Kunde Johannes Breuer am 21. Juni 20.. verstorben ist. Folgende Vermögenswerte (einschließlich aufgelaufener Zinsen) werden bei der Regio-Bank AG unterhalten:

Kontokorrentkonto Johannes Breuer	Kontostand:	2600,00 EUR Soll
Darlehenskonto Johannes und Erika Breuer	Kontostand:	7200,00 EUR Soll
Sparkonto Johannes Breuer	Kontostand:	1400,00 EUR Haben
Sparkonto Johannes und Erika Breuer (Einzelverfügung)	Kontostand:	12200,00 EUR Haben
Sparbriefe mit jährlicher Zinszahlung, Johannes Breuer	Nennwert:	5000,00 EUR
Effekten im offenen Depot, Johannes Breuer	Kurswert:	15500,00 EUR
Münzsammlung im Schrankfach, Johannes Breuer	Wert:	2800,00 EUR

a) Wie viel Euro muss die Regio-Bank AG insgesamt an die Erbschaftsteuerstelle des Finanzamtes melden? EUR ☐☐☐☐☐,☐☐

b) Nennen Sie das Datum für die maßgeblichen Tagesendsalden. Tag ☐☐ Monat ☐☐

c) Bis zu welchem Datum hat die Meldung an das Finanzamt spätestens zu erfolgen? Tag ☐☐ Monat ☐☐

1.8 Geldwäscheprävention

Situationsbeschreibung

Sie lesen in der Mittagspause folgenden Artikel:

Bafin betreut 25 Banken intensiv

Die neue Geldwäscheabteilung kümmert sich um besonders heikle Fälle.

Die deutsche Finanzaufsicht Bafin nimmt die Geldwäscheprüfungen der Banken genauer unter Kontrolle. Ein vor einiger Zeit neu geschaffenes Referat für die „Intensivbetreuung" von Banken, die als besonders anfällig für dubiose Zahlungsströme gelten, kümmert sich um 25 der etwa rund 1 500 deutschen Kreditinstitute. Die Zahl geht aus einer parlamentarischen Anfrage an die Bundesregierung hervor, die die Fraktion der Linken im Bundestag initiiert hat. Die noch unveröffentlichte Antwort liegt dem Handelsblatt vor.

Das neue Referat ermöglicht es der Bafin, mehr Personal für riskantere Banken einzusetzen und diese Institute damit auch genauer zu durchleuchten. Für die betroffenen Institute bedeutet das etwa, dass die Bafin deren Geldwäschesysteme selbst prüft, den Banken Besuche abstattet und Aufsichtsgespräche führt. Welche Häuser konkret auf der Liste stehen, geht aus der Antwort nicht hervor. Neben Großbanken sollen auch kleinere Institute dabei sein.

Linken-Politiker Fabio De Masi begrüßt das stärkere Engagement der Bafin: „Die Finanzaufsicht kommt bei der Bekämpfung von Geldwäsche langsam auf Betriebstemperatur." Das sei dringend nötig: „Deutschland ist ein Paradies für Finanzkriminalität. Eine Intensivstation für Banken ist daher nur folgerichtig."

Quelle: Osman, Yasmin; Holtermann, Felix: Bafin betreut 25 Banken intensiv. In: Handelsblatt, 16.01.2020, S. 1.

Sie sind ziemlich schockiert über die Aussage, dass Deutschland ein Paradies für Finanzkriminalität sein soll. Von einer „Intensivbetreuung" von Banken zur Verhinderung von Geldwäsche haben Sie auch noch nie etwas gehört. Nach der Mittagspause sprechen Sie deshalb Ihren Ausbildungsleiter Tobias Gerber auf dieses Thema an und erhalten folgende Antwort: „Ja, Geldwäscheprävention ist bei Banken ein wichtiges Thema. Das Geldwäschegesetz wurde in den vergangenen Jahren erheblich verschärft und wir müssen aufpassen, keine Fehler zu machen. In diesem Fall drohen uns nämlich hohe Strafen. Hier ist jede Mitarbeiterin und jeder Mitarbeiter gefordert, wachsam zu sein. Da sich Ihr Ausbildungsjahrgang noch nicht mit dieser Thematik beschäftigt hat, bitte ich Sie, eine PowerPoint-Präsentation zur Geldwäscheprävention vorzubereiten und Ihren Mitauszubildenden in der nächsten Woche in unserem innerbetrieblichen Unterricht vorzustellen. Erstellen Sie dazu bitte auch ein Handout."

Erledigen Sie in Vorbereitung zur PowerPoint-Präsentation folgende Aufgaben:

- Formulieren Sie sechs Regeln, die Sie bei der Erstellung der PowerPoint-Folien beachten möchten.
- Erstellen Sie eine Präsentation zum Thema Geldwäscheprävention.
- Fertigen Sie ein Handout zu der Präsentation an.

Information

Recherchieren Sie im Internet nach Hintergrundinformationen zu Geldwäsche und Schwarzgeld. Prüfen Sie dabei die Verlässlichkeit der Quellen.

Planen und Entscheiden

Erstellen Sie einen Arbeits- und Zeitplan für die Bearbeitung der Lernsituation.

Durchführen

Bearbeiten Sie die Unterlagen zu den Handlungsprodukten.

Regeln für die Erstellung von PowerPoint-Folien

1.	
2.	
3.	
4.	
5.	
6.	

Merkmale zur Geldwäscheprävention für die Präsentation und das Handout

Merkmale	Erläuterungen
Begriff Geldwäsche	Definition

Durchführen

Merkmale	Erläuterungen
	Drei Phasen der Geldwäsche 1. ____ 2. ____ 3. ____
Allgemeine Sorgfaltspflichten	Identifizierung des Vertragspartners ____ Einholung von Informationen ____ Feststellung des wirtschaftlich Berechtigten ____ Fortlaufende Überwachung von Konten und Transaktionen ____

Durchführen

Merkmale	Erläuterungen
	Geschäfte außerhalb der bestehenden Geschäftsbeziehung
Vereinfachte Sorgfaltspflichten	
Verstärkte Sorgfaltspflichten	
Aufzeichnungs- und Aufbewahrungspflichten	
Risikomanagement und Risikoanalyse	
Interne Sicherungsmaßnahmen	Geldwäschebeauftragter

Merkmale	Erläuterungen
	Laufende Überwachung
Meldung von Verdachtsfällen	
Transparenz-register	
Automatisierter Abruf von Konto-daten	

Durchführen

- **Tauschen Sie die von Ihnen erstellten Unterlagen mit Ihren Mitschülern aus, um die Materialien gegenseitig auf folgende Aspekte zu prüfen:**
  - **Bedeutung der Regeln für die Erstellung von PowerPoint-Folien**
  - **inhaltliche Richtigkeit und Vollständigkeit des Handouts**
- **Holen Sie ein Feedback Ihrer Mitschülerinnen und Mitschüler zu Ihrer Präsentation ein.**

Kontrolle

Reflektieren und bewerten Sie Ihre Vorgehensweise und Ihre Arbeitsergebnisse.

Phase	Urteil	Verbesserungsvorschläge für diesen Bereich
Regeln für die Erstellung von PowerPoint-Folien	🙂 😐 🙁	
Erstellung des Handouts	🙂 😐 🙁	
Präsentation	🙂 😐 🙁	

Bewerten

Aufgaben zur Lernsituation

1. Sorgfaltspflichten nach dem Geldwäschegesetz

Nach dem Geldwäschegesetz muss das Kreditinstitut bestimmte Sorgfaltspflichten beachten. Stellen Sie fest, welche zwei der folgenden Aussagen zutreffend sind.

3 6

(1) Bei einem Sortenbarumtausch ist die Legitimation des Kunden ab einem Schwellenbetrag von 5 000,00 EUR zu prüfen.
(2) Bei Baufinanzierungen gelten vereinfachte Sorgfaltspflichten.
(3) Zu den Sorgfaltspflichten der Bank gehört die risikoorientierte kontinuierliche Überwachung der Geschäftsbeziehung einschließlich aller durchgeführten Transaktionen.
(4) Bei einem vom Kontoinhaber abweichenden wirtschaftlich Berechtigten muss das Kreditinstitut lediglich Name und Anschrift des wirtschaftlich Berechtigten festhalten.
(5) Bei einer Kontoeröffnung ist immer die Legitimation des Kunden zu prüfen.
(6) Bei Bareinzahlungen von mehr als 1 000,00 EUR auf ein Fremdkonto ist der Einzahler zu identifizieren.

2. Legitimationsprüfung und Feststellung des wirtschaftlich Berechtigten

Im Laufe eines Tages werden bei der Regio-Bank AG zahlreiche Transaktionen ausgeführt. In welchen zwei Fällen sind eine Legitimationsprüfung und die Feststellung des wirtschaftlich Berechtigten erforderlich?

4 5

(1) Barauszahlung eines Verbraucherdarlehen in Höhe von 12 000,00 EUR an die Kreditnehmerin Lisa Sperber
(2) Zwei Verkäufe von Goldmünzen an die Kundin Renate Loosen, der erste im Gegenwert von 5 000,00 EUR, der zweite einige Stunden später im Gegenwert von 6 000,00 EUR
(3) Bareinzahlung von Stephan Reich auf das Konto von Chantal Mayer bei der Regio-Bank AG in Höhe von 500,00 EUR
(4) Bareinzahlung von Lars Greiner in Höhe von 250,00 EUR zur Überweisung auf das Konto von Salvatore Gesi bei der Victoriabank in Moldawien
(5) Phillip Tross möchte nach seinem Amerika-Aufenthalt US-Dollar im Gegenwert von ca. 3 200,00 EUR in Euro umtauschen.
(6) Henry Schneider möchte per Barüberweisung 2 950,00 EUR auf das Konto der Finanzverwaltung bei der Bundesbank transferieren.

3. Maßnahmen und Kontrollen gegen Geldwäsche

Der Geldwäschebeauftragte der Regio-Bank AG überprüft die nach dem Geldwäschegesetz notwendigen Sicherungssysteme und Kontrollmaßnahmen der Bank. Welche der folgenden Regelungen erfüllt die Anforderungen?

3

(1) Bankmitarbeiter müssen Verdachtsfälle innerhalb von einer Woche dem jeweiligen Landeskriminalamt melden.
(2) Für politisch exponierte Personen (PEP) gelten vereinfachte Sorgfaltspflichten.
(3) Die Regio-Bank AG ermöglicht der BaFin einen automatisierten Abruf von Kontodaten. Die BaFin ist berechtigt, diese Daten bei Hinweisen auf schwere Straftaten an die Strafverfolgungsbehörden weiterzuleiten.
(4) Eine Transaktion, die an einem Freitag unter Geldwäscheverdacht gemeldet wurde, darf am folgenden Montag ausgeführt werden, sofern die Staatsanwaltschaft die Durchführung der Transaktion bis dahin nicht untersagt hat und der Montag kein gesetzlicher Feiertag ist.
(5) Die Regio-Bank AG muss den Auftraggeber einer Transaktion unverzüglich über einen Geldwäscheverdacht informieren.

2 Aufgaben zum Lernfeld

2.1 Kontoeröffnung für Tanja Schmieder

1. Aufgabe

Die Schülerin Tanja Schmieder, 16 Jahre, spricht bei der Sparkasse Rheinland vor, da sie sich für die Eröffnung eines Girokontos interessiert.

Sie möchte sich auf dieses Konto von ihren Eltern ihr monatliches Taschengeld in Höhe von 50,00 EUR sowie die Einnahmen aus gelegentlichen Aushilfs- und Ferienjobs überweisen lassen. Die Eltern von Tanja Schmieder sind langjährige, gute Kunden der Sparkasse Rheinland.

a) Entscheiden Sie, ob Tanja Schmieder die zur Kontoeröffnung erforderliche Willenserklärung selbstständig abgeben kann. Begründen Sie Ihre Antwort.

Nach dem Beratungsgespräch stellt Tanja Schmieder einen Kontoeröffnungsantrag.

b) Nennen Sie die zur Kontoeröffnung erforderlichen Angaben über die Kundin.

c) Nennen Sie drei Gründe für die Legitimationsprüfung.

d) Erläutern Sie, wie Sie die erforderliche Legitimationsprüfung vornehmen.

e) Entscheiden Sie, ob Tanja Schmieder zur Unterzeichnung der SCHUFA-Klausel aufzufordern ist. Begründen Sie Ihre Entscheidung.

f) Entscheiden Sie, ob Tanja Schmieder ihrem Zwillingsbruder Felix allein eine Kontovollmacht erteilen kann. Begründen Sie Ihre Antwort.

2. Aufgabe

Tanja Schmieder zeigt sich sehr daran interessiert, wie sie ihr Taschengeld durch geschickte Geldanlagen aufbessern kann. Durch regelmäßige Lektüre des Wirtschaftsteils des Kölner Stadtanzeigers hat sie sich gute Grundkenntnisse über Wertpapiere verschafft. Die sich am Aktienmarkt bietenden Kurschancen reizen sie in besonderer Weise. Nach einem halben Jahr erteilt sie daher der Sparkasse Rheinland die Order zum Kauf von 50 Stück TeleComfort-Aktien, Limit 12,50 EUR. Das Konto weist zu diesem Zeitpunkt ein Guthaben von 722,20 EUR auf. Den Kontounterlagen ist die abgebildete Zustimmungserklärung beigefügt.

Entscheiden Sie, ob Tanja Schmieder die hierzu erforderliche Willenserklärung selbstständig abgeben kann. Begründen Sie Ihre Antwort.

Zustimmung der/des gesetzlichen Vertreter(s) zur Geschäftsverbindung

Konto/Depot

Geburtstag des Minderjährigen

– nachstehend der Minderjährige genannt –.

1 Die gesetzlichen Vertreter/Der gesetzliche Vertreter

Namen mit Adresse

sind/ist damit einverstanden, dass der Minderjährige mit der Sparkasse in Geschäftsverbindung tritt und auf seinen Namen das o. g. Konto/Depot unterhält. Sie sind/Er ist ferner damit einverstanden, dass der Minderjährige die Allgemeinen Geschäftsbedingungen der Sparkasse (AGB) und die für diese Geschäftsverbindungen ergänzend geltenden besonderen Bedingungen anerkennt.

Hinweis: Die gesetzliche Vertretung minderjähriger Kinder steht in der Regel beiden Eltern gemeinschaftlich zu.

Elternvollmacht (DSV 182 321.000) ist eingerichtet.

- [x] Die Eltern haben sich im Rahmen der Elternvollmacht (DSV 182 321.000) gegenseitig zur alleinigen Vertretungsbefugnis des Minderjährigen bevollmächtigt.
- [ ] Die Eltern haben sich im Rahmen der Elternvollmacht (DSV 182 321.000) für die gemeinsame Vertretungsberechtigung entschieden.

Elternvollmacht (DSV 182 321.000) ist nicht eingerichtet.

- [ ] Auf dieser Grundlage bevollmächtigen sich die Eltern für das o. g. Konto/Depot wie folgt: Jeder Elternteil ist berechtigt, den Minderjährigen gegenüber der Sparkasse alleine zu vertreten (z. B. über das Guthaben zu verfügen und den Vertrag zu kündigen). Jeder Elternteil kann diese Bevollmächtigung jederzeit gegenüber der Sparkasse – aus Beweisgründen möglichst schriftlich – widerrufen. Der Widerruf eines Elternteils führt zum Erlöschen der alleinigen Verfügungsberechtigung beider Elternteile. Diese Vollmacht erlischt jedenfalls mit Eintritt der Volljährigkeit des Minderjährigen.
- [ ] Die Eltern sollen **gemeinsam vertretungsberechtigt** sein.
- [x] Der handelnde Elternteil/Der gesetzliche Vertreter ist allein vertretungsberechtigt.

Ich/Wir treffen für den Minderjährigen die folgende(n) Regelung(en): Die Zustimmungserklärung der/des gesetzlichen Vertreter(s) nach den folgenden Ziffern bleibt der Sparkasse gegenüber in Kraft, bis sie – auch durch einen gesetzlichen Vertreter allein – widerrufen wird. Darüber hinaus entfallen die Verfügungsbeschränkungen mit Eintritt der Volljährigkeit des Minderjährigen.

- [x] **2 Girokonten werden auf Guthabenbasis geführt. Der Minderjährige darf bei einem Girokonto:**
  - [x] ohne gesonderte Zustimmung der/des gesetzlichen Vertreter(s) selbst Verfügungen über das Konto vornehmen (z. B. Bargeldauszahlungen, Überweisungen, Daueraufträge);
  - [ ] ohne gesonderte Zustimmung der/des gesetzlichen Vertreter(s) **keine** Verfügungen über das Konto vornehmen;
  - [x] Die Ausgabe einer Sparkassen-Card (Debitkarte), Mastercard Basis (Debitkarte) oder Visa Card Basis (Debitkarte) zum Einsatz
    - [x] bei Geldautomaten und bei Handels- und Dienstleistungsunternehmen an automatisierten Kassen im deutschen girocard-System sowie eines fremden Systems, soweit die Debitkarte entsprechend ausgestattet ist
    - [x] bei elektronischen Fernzahlungsvorgängen über das Internet bei Handels- und Dienstleistungsunternehmen (Online-Handel)
    - [x] von Selbstbedienungseinrichtungen
    - [x] an Kontoauszugsdruckern

    wird gewünscht. Zu Limiterhöhungen bei der Sparkassen-Card (Debitkarte) ist der Minderjährige nicht berechtigt. Der Minderjährige ist zur Beantragung einer Ersatzkarte berechtigt.

    Die gesetzlichen Vertreter sind/Der gesetzliche Vertreter ist damit einverstanden, dass auf dem Chip der Debitkarte das Geburtsdatum des Minderjährigen verschlüsselt – also für Dritte nicht lesbar – eingebracht wird. Dadurch ist es dem Minderjährigen möglich, sich beispielsweise an Automaten, die eine Alterskennung prüfen, zu legitimieren, um die angebotene Ware zu erwerben.

    [x] Ja [ ] Nein
  - [ ] Die Ausgabe einer Sparkassen-Card (Debitkarte) wird nicht gewünscht.
    In diesem Fall sollen die Kontoauszüge versandt werden an: [ ] den Minderjährigen. [ ] den/die gesetzlichen Vertreter.
  - [ ] Die Ausgabe einer Mastercard Basis (Debitkarte) oder Visa Card Basis (Debitkarte) wird nicht gewünscht.

Seite 1 von 3

Sie braucht Zustimmung der Eltern, da Aktien keine mündelsichere Geldanlage sind.

2.2 Tod des Kunden Erwin Krüger

1. Aufgabe

In einem Telefongespräch teilt Ihnen Bettina Krüger am 23.05.20.. mit, dass ihr Ehemann Erwin Krüger am 20.05.20.. verstorben ist. Sie kondolieren und vereinbaren noch für denselben Tag einen Gesprächstermin mit Frau Krüger. Sie bitten Frau Krüger, zu dem Termin eine Sterbeurkunde mitzubringen.

Welche Bedeutung hat eine Sterbeurkunde und wer stellt diese aus?

2. Aufgabe

Sie rufen in dem Kundeninformationssystem der Regio-Bank AG folgende Daten ab:

	Kontoinhaber	Kontovollmacht	Kontostand
Girokonto Nr. 63823712	Erwin Krüger	Bettina Krüger	1 240,00 EUR Soll (Kreditlinie 5 000,00 EUR)
Sparkonto Nr. 63823524	Erwin Krüger	---	14 870,00 EUR
Festgeldkonto Nr. 63823456	Erwin Krüger	---	10 000,00 EUR

Welche unmittelbaren Maßnahmen treffen Sie, nachdem Sie von dem Tod des Kunden erfahren haben?

3. Aufgabe

Am Nachmittag des 23.05.20.. erscheint Bettina Krüger bei der Regio-Bank AG und bittet unter Vorlage der Sterbeurkunde um Auszahlung von 2 000,00 EUR zulasten des Sparkontos. Sie teilen der Kundin mit, dass eine Auszahlung von dem Sparkonto nicht möglich ist.

a) Begründen Sie, warum eine Auszahlung von dem Sparkonto nicht möglich ist.

b) Unterbreiten Sie Frau Krüger einen Alternativvorschlag, wie sie an die benötigten Barmittel kommen kann.

4. Aufgabe

Am 16.06.20.. reicht Bettina Krüger den auf der folgenden Seite abgebildeten Erbschein ein und bittet erneut um Auszahlung ihres Erbanteils und um Überweisung der Bestattungskosten in Höhe von 4090,35 EUR an das Bestattungsinstitut Herbert Rundenberg.

Stellen Sie fest, ob die Regio-Bank AG den gewünschten Betrag auszahlen kann und zur Ausführung der Überweisung an das Bestattungsinstitut berechtigt ist.

Amtsgericht
Geschäfts-Nr. 86534/20..

Gemeinschaftlicher Erbschein

Der am 20. Mai 20.. in Köln, seinem letzten Wohnsitz, gestorbene

Erwin Krüger

ist von seiner Witwe Bettina Krüger,
geborene Stichler,
geboren am 25. Juli 1952,
wohnhaft in Köln

zu 1/2 des Nachlasses

und von seinen Kindern

a) Andreas Krüger
geboren am 25. September 1982
wohnhaft in Bochum

b) Rita Krüger
geboren am 12. April 1984
wohnhaft in Frankfurt

zu je 1/4 des Nachlasses beerbt worden.

Köln, 12. Juni 20..

Neumann
Neumann, Rechtspfleger

5. Aufgabe

Bettina Krüger reklamiert folgende Kontobelastungen:

- **01.06.20..: Belastung eines Schecks über 3200,00 EUR, ausgestellt am 18. Mai von ihrem verstorbenen Mann**
- **05.06.20..: Belastung einer Lastschrift über 200,00 EUR der Gasversorgung GmbH aufgrund eines SEPA-Basis-Lastschriftmandates des Verstorbenen**
- **01.07.20..: Ausführung eines Dauerauftrages über 340,00 EUR zugunsten der Magdeburger Versicherung AG; Verwendungszweck: Lebensversicherung Erwin Krüger, Beitrag 07/20..**

Prüfen Sie, ob die Reklamationen von Frau Krüger berechtigt sind.

6. Aufgabe

Kreditinstitute unterliegen beim Tod eines Kunden einer Anzeigepflicht nach dem Erbschaftsteuergesetz.

a) Erläutern Sie, unter welchen Voraussetzungen eine Anzeigepflicht besteht.

b) An welche Stelle muss die Anzeige erfolgen?

c) In welchem Zeitraum muss die Anzeige erfolgen?

7. Aufgabe

Am 30.06.20.. wird das Festgeld des Verstorbenen fällig. Es war für drei Monate zu einem Zinssatz von 2,00 % angelegt. Der von den Eheleuten Krüger erteilte gemeinsame Freistellungsauftrag über 1 602,00 EUR hat noch ein nicht ausgenutztes Freistellungsvolumen von 1 250,00 EUR. Erwin Krüger gehörte keiner Religionsgemeinschaft an.

Ermitteln Sie die Höhe der Zinsgutschrift.

EUR

8. Aufgabe

Bettina Krüger möchte die Konten ihres verstorbenen Ehemannes auflösen. Sie informieren die Kundin darüber, dass die anderen Erben entweder persönlich bei der Bank erscheinen oder mittels einer beglaubigten Vollmacht Bettina Krüger zur Kontoauflösung bevollmächtigen müssen.

a) Begründen Sie die Notwendigkeit der Vollmacht.

b) Begründen Sie, warum die Regio-Bank AG nur eine beglaubigte Vollmacht akzeptiert.

2.3 Sarah Lovas möchte am Onlinebanking teilnehmen

1. Aufgabe

Bei einem Besuch in der Geschäftsstelle der Regio-Bank AG sprechen Sie Ihre Kundin Sarah Lovas auf die Möglichkeit der Onlinenutzung ihres Girokontos an.

a) Nennen Sie Frau Lovas drei Vorteile des Onlinebankings gegenüber der „klassischen“ Kontoführung.

b) Nennen Sie vier Bankgeschäfte bzw. Handlungen, die Frau Lovas mittels Onlinebanking ausführen kann.

2. Aufgabe

Sarah Lovas zeigt sich zwar von den Vorteilen des Onlinebankings überzeugt, hat aber Bedenken hinsichtlich der Sicherheit. Sie hat gehört, dass es Kriminellen immer wieder gelingt, Konten zu „plündern“.

a) Beschreiben Sie zwei Wege, auf denen Kriminelle versuchen könnten, Zugriff auf fremde Konten zu erhalten.

b) Erläutern Sie drei Sorgfaltspflichten, mit denen sich die Kundin vor einem Missbrauch ihres Kontos schützen kann.

3. Aufgabe

Frau Lovas möchte ihr Konto zukünftig als Onlinekonto nutzen. Sie entscheidet sich für das Mobile-TAN-Verfahren.
Über den Onlineshop eines Elektronikhändlers hat Sarah Lovas eine Digitalkamera gekauft und möchte nun ihre erste Onlineüberweisung ausführen.

a) Durch welche personalisierten Sicherheitsmerkmale erhält sie den Onlinezugang zu ihrem Konto?

Regio-Bank AG

Einzelauftrag:	Überweisung Inland/SEPA	Umbuchung	Ausland	SEPA-Lastschrift

Auftraggeber

1569040608 – Sarah Lovas – DE82 1234 5678 1569 0406 08

Begünstigter

Name, Vorname/Firma:	Elektro-Medien GmbH
IBAN/Kontonummer:	DE78 5005 0099 0065 4321 98
BIC:	BIC im Inland nicht erforderlich
bei (Kreditinstitut):	wird automatisch eingefügt
Betrag:	59,99 EUR
Verwendungszweck:	Artikel-Nr. 561289 Digitalkamera Oxi2018 Sarah Lovas
Eingabedatum:	Freitag, 22.06.20.. (17:20 Uhr)

Eingaben löschen | Weiter

b) Beschreiben Sie die Autorisierung des Überweisungsauftrages.

c) Wann muss der Überweisungsbetrag beim Kreditinstitut des Empfängers spätestens ankommen (Cut-off-Zeit: 17:00 Uhr)? Geben Sie das genaue Datum an.

4. Aufgabe

Zwei Tage später möchte Sarah Lovas bei einem anderen Onlineshop Kosmetikartikel kaufen. Der Onlineshop des Händlers bietet als Zahlungsform Paydirekt an.

a) Beschreiben Sie das Paydirekt-Verfahren.

b) Erläutern Sie zwei Vorteile von Paydirekt-Zahlungen für den Kunden im Vergleich zur Zahlung mittels Überweisung.

5. Aufgabe

Einige Wochen später erscheint Sarah Lovas am Vormittag aufgeregt bei Ihnen in der Filiale. In der letzten Woche (Freitag) wurde eine Überweisung in Höhe von 3000,00 EUR über ihr Onlinebanking-Konto ohne ihr Wissen getätigt.

Welche Maßnahme ist von der Regio-Bank AG sofort durchzuführen?

6. Aufgabe

Frau Lovas berichtet, dass sie die ungerechtfertigte Abbuchung erst am Morgen entdeckt und sich umgehend zu Ihnen auf den Weg in die Filiale gemacht hat.

Beurteilen Sie, ob und gegebenenfalls in welcher Höhe Frau Lovas für den Schaden haftet.

2.4 Anke Tillmann nimmt Zahlungsdienste in Anspruch

1. Aufgabe

Die alleinstehende Anke Tillmann, 35 Jahre, ist aus beruflichen Gründen in den Ort Ihres Ausbildungsbetriebes gezogen. Frau Tillmann ist Juristin und erzielt ein monatliches Nettogehalt von 3300,00 EUR. Für ihre neue Wohnung zahlt sie eine Warmmiete von 860,00 EUR.

Anke Tillmann möchte nun bei der Regio-Bank AG ein Privatgirokonto eröffnen. Sie bieten der Kundin zwei Kontoführungsmodelle an:

Leistung	Giro-Classic	Giro-Classic-Direct
Grundpreis pro Monat	4,00 EUR	4,00 EUR
Bankcard (Girocard)	0,00 EUR	0,00 EUR
Buchungen mit Beleg (z. B. Überweisungen, Scheckeinlieferungen, Barauszahlungen*)	0,50 EUR	1,00 EUR
Buchungen ohne Beleg (z. B. Lastschriften, Daueraufträge und Gutschriften)	0,25 EUR	0,00 EUR
SB-Buchungen – direkt per PC – direkt per Telefon	 0,10 EUR 0,50 EUR	 0,00 EUR 0,50 EUR
Andere Buchungen (z. B. Geldautomatenauszahlungen, Umbuchungen)	0,00 EUR	0,00 EUR

* Fünf Barauszahlungen an der Kasse pro Monat sind kostenlos.

Beschreiben Sie aus Kundensicht die wesentlichen Unterschiede zwischen den Kontoführungsmodellen.

2. Aufgabe

Anke Tillmann entscheidet sich für das Giro-Classic-Direct-Konto. Sie erklären der Kundin das Onlinebanking.

Wie erhält die Kundin Zugriff auf ihre Kontodaten via PC?

3. Aufgabe

Anke Tillmann möchte wissen, wie sie online einen Überweisungsauftrag erteilen kann.

a) Beschreiben Sie die Erteilung eines Überweisungsauftrages via PC. Erklären Sie dabei auch zwei mögliche Autorisierungsinstrumente.

b) Innerhalb welcher Ausführungsfristen sind Überweisungen auszuführen?

c) Informieren Sie die Kundin über ihre Sorgfaltspflichten und über die Haftungsregelungen beim Onlinebanking.

4. Aufgabe

Sie informieren die Kundin über die Einsatzmöglichkeiten und Bedingungen bei der Bankcard (Girocard).

a) Beschreiben Sie drei Einsatzmöglichkeiten der Girocard.

b) Informieren Sie die Kundin über ihre Sorgfaltspflichten.

c) Erläutern Sie die Haftungsregelungen bei missbräuchlichen Verfügungen.

5. Aufgabe

Nach einigen Wochen erhalten Sie einen aufgeregten Anruf der Kundin. Bei einem vor wenigen Minuten online erteilten Überweisungsauftrag über 4 359,50 EUR an die Metabo GmbH habe sie versehentlich eine falsche Kontonummer eingegeben. Sie bittet um Stornierung des Auftrages und um sofortige Wiedergutschrift des Überweisungsbetrages.

Nehmen Sie Stellung zum Anliegen der Kundin.

6. Aufgabe

Die Regio-Bank AG möchte den Preis für beleghaft erteilte Buchungen beim Giro-Classic-Direct-Konto von 1,00 EUR auf 1,50 EUR erhöhen.

Beschreiben Sie, unter welchen Voraussetzungen eine Änderung der Kontoführungsgebühren möglich ist.

Lernfeld 3:

Konten für Geschäfts- und Firmenkunden führen und den Zahlungsverkehr abwickeln

3

Zielbeschreibung:

Sie verfügen über die Kompetenz, Geschäfts- und Firmenkunden über Kontokorrentkonten und Zahlungsinstrumente zu beraten, Konten zu eröffnen und nationale sowie internationale Zahlungen abzuwickeln.

1 Lernsituationen

1.1 Luisa Uhlmann gründet ein Unternehmen

Situationsbeschreibung

Sie sind seit kurzem in der Abteilung Geschäfts- und Firmenkunden tätig. Der Abteilungsleiter Stephan Habrock hatte gerade ein Telefongespräch mit Luisa Uhlmann und dabei für den nächsten Tag einen Beratungstermin vereinbart. Der Abteilungsleiter schildert Ihnen das Kundenanliegen:

„Luisa Uhlmann, 32 Jahre, Diplom-Sportlehrerin, ist langjährige Kundin unseres Hauses. Sie arbeitet seit acht Jahren bei einer bundesweit tätigen Fitnessstudiokette. Nachdem sie zunächst drei Jahre als Trainerin gearbeitet hat, leitet sie nun seit fünf Jahren ein Studio. Jetzt hat sie die Idee zur Gründung eines eigenen Fitnessstudios entwickelt. Im Unterschied zu den etablierten Studios möchte sie den Geschäftsschwerpunkt auf die Gesundheitsförderung von älteren Personen legen. Dazu möchte sie in dem Studio auch Gymnastik- und Yogakurse sowie physiotherapeutische Behandlungen anbieten.
Frau Uhlmann verfügt über eigene Ersparnisse und erhält zudem eine finanzielle Unterstützung von ihren Eltern. Geeignete Räumlichkeiten für das geplante Studio hat sie auch schon gefunden. Der Vermieter möchte die Mieten mittels SEPA-Firmenlastschrift einziehen.
Sie können mir bei der Vorbereitung des Gespräches doch sicherlich behilflich sein."

Zur Vorbereitung auf das Kundengespräch erstellen Sie

- ein Informationsblatt über das Handelsrecht und das Einzelunternehmen,
- einen Leitfaden für die Kontoeröffnung,
- ein Informationsblatt über die SEPA-Firmenlastschrift und
- eine Kundenbroschüre über geeignete Zahlungsinstrumente für die Zahlungen von Mitgliedern und Besuchern des Fitnessstudios.

Information

- **Stellen Sie fest, welche Themen im Gespräch mit Frau Uhlmann angesprochen werden sollen.**
- **Die Kundin steht vor einem sehr wichtigen und spannenden neuen Abschnitt ihres beruflichen Wirkens. Sammeln Sie Aspekte zu „Gesprächsförderern", die geeignet sind, diese Tatsache in der Beratungssituation angemessen zu berücksichtigen.**

Planen und Entscheiden

Erstellen Sie einen Arbeits- und Zeitplan für die Bearbeitung der Lernsituation.

Durchführen

Bearbeiten Sie die Unterlagen zu den Handlungsprodukten.

Informationsblatt über das Handelsrecht und das Einzelunternehmen

Handelsrecht	
Kaufleute nach HGB (§§ 1, 2 HGB)	
Handelsregister (§ 8 HGB)	
Unternehmens-register (§ 8b HGB)	
Firma (§§ 17, 18, 19, HGB)	
Einsichtnahme in das Handels- und Unternehmens-register (§ 9 HGB)	
Publizität der Register-eintragungen (§ 15 HGB)	

Durchführen

Einzelunternehmen	
Beschreibung	
Firma (§§ 29, 30 HGB)	
Haftung	
Vertretung	

Leitfaden für die Kontoeröffnung

Beratung bzw. Information über ...	Erläuterungen
Kontoart	
Kontomodell	Leistungen
	Kosten

Beratung bzw. Information über ...	Erläuterungen
Identitäts-feststellung	Begründung
	Durchführung
Feststellung des wirtschaftlich Berechtigten	
AGB	
Kontovollmachten	
Einlagensicherung	
Datenschutz	

Durchführen

Durchführen

Informationsblatt über die SEPA-Firmenlastschrift

Kundenbroschüre über geeignete Zahlungsinstrumente für die Zahlungen von Mitgliedern und Besuchern des Fitnessstudios

Zahlungsinstrumente	
Zahlung der Mitgliedsbeiträge	

Zahlungen von Besuchern im Fitnessstudio	

Durchführen

Kontrolle

- Tauschen Sie die von Ihnen erstellten Unterlagen mit Mitschülern aus, um die Materialien gegenseitig auf inhaltliche Richtigkeit zu überprüfen.
- Stellen Sie sich gegenseitig Ihre Ideen zu den „Gesprächsförderern" in der Beratungssituation vor.

Bewerten

Reflektieren und bewerten Sie Ihre Vorgehensweise und Ihre Arbeitsergebnisse.

Aufgaben zur Lernsituation

1. Einsatz von Zahlungskarten

Ein Einzelhändler akzeptiert Girocardzahlungen, ELV-Zahlungen, Geldkartenzahlungen und Kreditkartenzahlungen.

Stellen Sie fest, ob die folgenden Aussagen nur auf
(1) Girocardzahlungen,
(2) Kreditkartenzahlungen,
(3) Geldkartenzahlungen,
(4) ELV-Zahlungen,
(5) Girocardzahlungen, Kreditkartenzahlungen und Geldkartenzahlungen,
(6) Girocardzahlungen und Kreditkartenzahlungen
zutreffen.

a) Der Händler erhält eine Zahlungsgarantie durch das Kreditinstitut. ☐

b) Der Karteninhaber erteilt bei der Zahlung ein SEPA-Basis-Lastschriftmandat. ☐

c) Bei jeder Zahlung erfolgt die Prüfung eines Verfügungsrahmens. ☐

d) Der Karteninhaber kann einer erfolgten Kontobelastung ohne Angabe von Gründen widersprechen. ☐

e) Das Risiko des Karteninhabers ist gesetzlich auf maximal 50,00 EUR begrenzt, sofern er nicht grob fahrlässig oder vorsätzlich gehandelt hat. ☐

f) Bei einem Verlust der Karte trägt der Karteninhaber immer das vollständige Risiko. ☐

g) Der Vorleger legitimiert sich durch die Eingabe der PIN. ☐

2. Einzug von Vereinsbeiträgen mittels SEPA-Basis-Lastschriften

Der Tennisverein „Blau-Weiß Klettenberg e. V.“, Kunde der Regio-Bank AG, möchte die Mitgliedsbeiträge zukünftig per SEPA-Basis-Lastschriftverfahren einziehen.

Welche zwei der folgenden Aussagen über das SEPA-Basis-Lastschriftverfahren sind zutreffend? ☐ ☐

(1) Eine Voraussetzung für den Forderungseinzug ist die Erteilung eines SEPA-Basis-Lastschriftmandates der Vereinsmitglieder an die Regio-Bank AG.
(2) In dem SEPA-Basis-Lastschriftmandat ermächtigen die Vereinsmitglieder den Verein zum Forderungseinzug per Lastschrift und weisen ihr Kreditinstitut an, die Lastschriften einzulösen.
(3) Der Tennisverein „Blau-Weiß Klettenberg e. V.“ muss den Vereinsmitgliedern den Lastschrifteinzug mindestens acht Tage vorher ankündigen.
(4) Das Kreditinstitut des Zahlungspflichtigen prüft bei Vorlage einer Lastschrift unter anderem die Kontodeckung und das SEPA-Basis-Lastschriftmandat.
(5) Die Vereinsmitglieder können bei autorisierten Zahlungen innerhalb von sechs Wochen ab Kontobelastung eine Erstattung des Lastschriftbetrages verlangen.
(6) Die Vereinsmitglieder können das SEPA-Basis-Lastschriftmandat jederzeit gegenüber dem Tennisverein „Blau-Weiß Klettenberg e. V.“ oder gegenüber ihrem eigenen Kreditinstitut widerrufen.

3. Forderungseinzug durch SEPA-Firmen-Lastschriften

Die Haute Cuisine GmbH, Kundin der Regio-Bank AG, beliefert Restaurants der gehobenen Klasse mit Lebensmitteln. Sie empfehlen dem Unternehmen, ihre Forderungen zukünftig nach dem SEPA-Firmen-Lastschriftverfahren einzuziehen.

Welche zwei der folgenden Aussagen über das SEPA-Firmen-Lastschriftverfahren sind zutreffend? ☐ ☐

(1) Am SEPA-Firmen-Lastschriftverfahren können nur juristische Personen (z. B. GmbH, AG) teilnehmen.
(2) Beim SEPA-Firmen-Lastschriftverfahren erteilt der Zahlungspflichtige dem Zahlungsempfänger und seinem Kreditinstitut ein SEPA-Firmen-Lastschriftmandat.
(3) Beim SEPA-Firmen-Lastschriftverfahren erteilt der Zahlungspflichtige nur seinem Kreditinstitut ein SEPA-Firmen-Lastschriftmandat.
(4) Beim SEPA-Firmen-Lastschriftverfahren erteilt der Zahlungspflichtige nur dem Zahlungsempfänger ein SEPA-Firmen-Lastschriftmandat. Das Kreditinstitut des Zahlungspflichtigen erhält jedoch eine authentifizierte Mitteilung darüber.
(5) Eine autorisierte SEPA-Firmen-Lastschrift ist mit der Belastungsbuchung auf dem Konto des Zahlungspflichtigen unwiderruflich eingelöst.
(6) Der Zahlungspflichtige hat nach der Einlösung einer nicht autorisierten Lastschrift innerhalb von 13 Monaten ab Belastungstag einen Erstattungsanspruch auf Wiedergutschrift des Lastschriftbetrages.

4. SEPA-Basis- und SEPA-Firmen-Lastschriftverfahren im Vergleich

Stellen Sie fest, welche der folgenden Aussagen
(1) nur auf das SEPA-Basis-Lastschriftverfahren,
(2) nur auf das SEPA-Firmen-Lastschriftverfahren,
(3) auf beide Lastschriftverfahren,
(4) auf keines der genannten Verfahren zutreffen.

a) Der Zahlungspflichtige kann der Belastung innerhalb von acht Wochen nach der Kontobelastung widersprechen. ☐

b) Die Zahlstelle prüft bei der Lastschriftvorlage, ob ein Mandat des Zahlungspflichtigen vorliegt. ☐

c) Die Lastschrift muss eine Gläubiger-Identifikationsnummer enthalten. ☐

d) Inländische Lastschriften müssen spätestens einen Geschäftstag vor Fälligkeit bei der Zahlstelle vorliegen. ☐

e) Teileinlösungen werden nur auf ausdrückliche Kundenweisung vorgenommen. ☐

f) Der Zahlungspflichtige erteilt dem Zahlungsempfänger ein Lastschriftmandat und teilt dies seinem Kreditinstitut mit. ☐

g) Nicht eingelöste Lastschriften sind mit einem durch die Zahlstelle ausgefüllten und rechtsverbindlich unterschriebenen Vorlegungsvermerk zurückzugeben. ☐

h) Der Zahlungspflichtige muss bei nicht autorisierten Zahlungen binnen acht Monaten seinen Erstattungsanspruch geltend machen. ☐

i) Die Lastschriften sind eingelöst, wenn die Belastung nicht spätestens am zweiten Geschäftstag nach dem Tag der Belastung wieder storniert wird. ☐

j) Dieses Verfahren kann nur von Kunden genutzt werden, die keine Verbraucher sind. ☐

1.2 Kontoeröffnung für die Fit & Fun KG

Situationsbeschreibung

Sie haben telefonisch mit Frau Uhlmann in der nächsten Woche einen Beratungstermin vereinbart. In dem Telefonat haben Sie folgende Informationen erhalten:

Luisa Uhlmann ist seit sechs Jahren Inhaberin der Fitnessstudiokette „Fitnesscenter Luisa Uhlmann e. Kffr.". Mit Geschick und Sachverstand hat sie das Unternehmen zu einer beachtlichen Größe geführt. Mittlerweile führt sie vier Studios und möchte weiter expandieren.
Sie hat deshalb das Einzelunternehmen in eine Kommanditgesellschaft umgewandelt und ihre langjährige Freundin Petra Becker, die Gesundheitsökonomie studiert hat, hat sie als gleichberechtigte Partnerin in das Unternehmen aufgenommen. Der Vater von Luisa Uhlmann hat sich als Kommanditist an dem Unternehmen beteiligt.

Ihnen liegt bereits der neue Handelsregisterauszug vor:

Amtsgericht Köln		**Ausdruck** **Abruf vom 25.06.20.. 14:50 Uhr**			**HRA 23765**
Nr. der Eintragung	**a) Firma** **b) Sitz, Niederlassung, Zweigniederlassung** **c) Gegenstand des Unternehmens**	**a) Allgemeine Vertretungsregelung** **b) Inhaber, persönlich haftende Gesellschafter, Geschäftsführer, Vorstand**	**Prokura**	**a) Rechtsform, Beginn** **b) Sonstige Rechtsverhältnisse** **c) Kommanditisten**	**a) Tag der Eintragung** **b) Bemerkungen**
1	a) Fit & Fun KG b) Köln c) ...	a) Jeder persönlich haftende Gesellschafter vertritt einzeln. b) Persönlich haftende Gesellschafter: Petra Becker, Bonn, *19.09.1984 Luisa Uhlmann, Köln, *27.04.1983	Gesamtprokura gemeinsam mit einem persönlich haftenden Gesellschafter oder Prokuristen: Sven Schulte, Hürth, *06.07.1992 Anne Grabowski, Frechen, *18.09.1989	a) Kommanditgesellschaft Beginn: 12.03.20.. b) ... c) Kommanditist: Matthias Uhlmann, Köln, *14.05.1965; Einlage 220 000,00 EUR	a) 12.03.20.. b) ...

Frau Uhlmann und Frau Becker möchten nun ein Geschäftsgirokonto auf den Namen des neuen Unternehmens errichten. Neben den Prokuristen (ohne Sondervollmachten nach § 49 Abs. 2) sollen auch die Handlungsbevollmächtigten Christoph Mersch und Selin Yildiz eine Kontovollmacht erhalten. Die Handlungsbevollmächtigten (ohne Sondervollmachten nach § 54 Abs. 2) sollen jeweils nur zusammen mit einem Prokuristen oder einem persönlich haftenden Gesellschafter verfügen dürfen. Die Legitimation der Bevollmächtigten soll online geprüft werden.

Zur Vorbereitung auf das Kundengespräch erstellen Sie

- fallbezogen ein Informationsblatt über die Kommanditgesellschaft,
- ein Informationsblatt über die Befugnisse der Prokuristen und der Handlungsbevollmächtigten und
- eine Ablaufbeschreibung für eine Online-Identitätsfeststellung.
- Bereiten Sie außerdem das Formular „Unterschriftsblatt für Geschäfts-Girokonten „unterschriftsfertig" vor.

Information

Fassen Sie in Stichworten zusammen, was sich in der Kontoführung für die Fitnessstudiokette ändert.

Planen und Entscheiden

Erstellen Sie einen Arbeits- und Zeitplan für die Bearbeitung der Lernsituation.

Durchführen

Bearbeiten Sie die Unterlagen zu den Handlungsprodukten.

Informationsblatt über die Kommanditgesellschaft (KG)

Wesen der KG (§ 161 HGB)	
Geschäftsführung (§§ 114, 115, 116, 164 HGB)	
Vertretung (§§ 125, 126, 170 HGB)	

Durchführen

Haftung der Komplementäre (§§ 161, 128 HGB)	
Haftung der Kommanditisten (§ 9 HGB)	

Informationsblatt über die Befugnisse der Prokuristen und der Handlungsbevollmächtigten

Prokura	
Erteilung und Erlöschen (§§ 48, 52, 53 HGB)	
Umfang der Vollmacht (§ 49 HGB)	
Zeichnung von Prokuristen (§ 51 HGB)	

Handlungsvollmacht	
Erteilung und Erlöschen (§§ 167, 168 BGB)	
Umfang der Vollmacht (§§ 54, 58 HGB)	
Zeichnung von Handlungsbevoll-mächtigten (§ 57 HGB)	

Durchführen

Ablaufbeschreibung für eine Online-Identitätsfeststellung

Durchführen

Unterschriftsblatt für Geschäfts-Girokonten

Regio-Bank AG

Unterschriftsblatt für Geschäfts-Girokonten

Kontonummer

Blatt

Kontobezeichnung: Vorname(n)/Name/Geschäftsbezeichnung

Beachten Sie bitte die Rückseite. Es gelten die umseitig abgedruckten Bedingungen über die Unterschriftsberechtigung.

Nr.	Vorname/-n, Name	Funktion*	Art**	Unterschriftsprobe (eigenhändige Unterschrift)
1				
2				
3				
4				
5				
6				
7				
8				
9				

**** Funktion:***
Inh = Inhaber
V = Vorstandsmitglied
GF = Geschäftsführer
Ges = Gesellschafter
Part = Partner
Prok = Prokurist
*HBmit = Handlungsbevollmächtigter **mit** Befugnis nach § 54 Abs. 2 HGB*
*HBohne = Handlungsbevollmächtigter **ohne** Befugnis nach § 54 Abs. 2 HGB*
Lt = Leiter (von Behörden usw.)
stV = ständiger Vertreter (des Leiters von Behörden usw.)

***** Art der Zeichnungsberechtigung:***
E = einzeln (allein)
A = allgemein (mit einem anderen Zeichnungsberechtigten gemeinsam)
B = beschränkt (mit einem anderen Zeichnungsberechtigten der Gruppe A gemeinsam)

Datum

Unterschrift Stempel/Siegel und eigenhändige Unterschrift des Kontoinhabers/Vertretungsberechtigten

Kontrolle

Tauschen Sie die von Ihnen erstellten Unterlagen mit Mitschülern aus, um die Materialien gegenseitig auf inhaltliche Richtigkeit zu überprüfen.

Reflektieren und bewerten Sie Ihre Vorgehensweise und Ihre Arbeitsergebnisse.

Bewerten

Phase	Urteil	Verbesserungsvorschläge für diesen Bereich
Vorgehensweise		
Arbeitsweise		

Aufgaben zur Lernsituation

1. Bankgeschäfte von Prokuristen und Handlungsbevollmächtigten

Die Regio-Bank AG führt ein Geschäftsgirokonto für die Prometeus GmbH. Der Prokurist Leon Emmerich und der Handlungsbevollmächtigte Steffen Held sind Bevollmächtigte der Gesellschaft im üblichen gesetzlichen Rahmen und besitzen Kontovollmachten mit Einzelverfügungsbefugnis.

Stellen Sie fest, zu welchen Rechtshandlungen
(1) sowohl der Handlungsbevollmächtigte als auch der Prokurist,
(2) nur der Prokurist,
(3) weder der Handlungsbevollmächtigte noch der Prokurist
berechtigt sind.

a) *Erteilung eines Überweisungsauftrages über 36 000,00 EUR, Kontostand 8 250,00 EUR Soll, Kreditlinie 50 000,00 EUR* ☐

b) *Beantragung eines Investitionskredites von 250 000,00 EUR* ☐

c) *Belastung des Betriebsgrundstückes mit einer Grundschuld zur Sicherung des Investitionskredites (vgl. b)* ☐

d) *Anlage von 40 000,00 EUR auf einem Festgeldkonto* ☐

e) *Kündigung des Investitionskredites* ☐

f) *Einreichung einer Klage gegen die Regio-Bank AG beim Amtsgericht wegen Verletzung des Bankgeheimnisses* ☐

2. Kontoführung für die Klaus Büscher Metallbau KG

Der folgende Handelsregisterauszug und die Hinweise geben Auskunft über die Klaus Büscher Metallbau KG.

Amtsgericht Köln					HR A 23765
Nr. der Eintragung	**a) Firma b) Ort der Niederlassung (Sitz der Gesellschaft)**	**a) Allgemeine Vertretungsregelung b) Inhaber, persönlich haftende Gesellschafter, Vorstand**	**Prokura**	**a) Rechtsform, Beginn b) Sonstige Rechtsverhältnisse c) Kommanditisten**	**a) Tag der Eintragung b) Bemerkungen**
1	a) Klaus Büscher Metallbau KG b) Frankfurt a. M.	a) Jeder persönlich haftende Gesellschafter vertritt einzeln. b) Klaus Büscher, Frankfurt, *26.09.1987 Alfred Lehmann, Wiesbaden, *09.04.1982 Elke Schubert, Mainz, *23.10.1989	Einzelprokuristen: Martin Ehlert, Eschborn, *03.11.1979 Gesamtprokuristen: Gerd Dreyer, Hanau, *10.03.1983 Maria Jost, Frechen in Gemeinschaft mit einem weiteren Prokuristen.	a) Kommanditgesellschaft. b) Beginn: 20.04.2012 c) Kommanditisten sind: Martin Ehlert, Kaufmann, Köln, mit einer Einlage von 275 000,00 EUR.; Susanne Köhler, Kauffrau, Köln, mit einer Einlage von 85 000,00 EUR	a) 12. Mai 2012
2			<u>Die Prokura Maria Jost ist erloschen.</u>		a) 10. Sept. 2020
3			Einzelprokurist: Richard Zander, Offenbach, *15.07.1994		a) 10. Sept. 2020

Hinweise:
- **Maria Jost ist zum 31.07.2020 aus dem Unternehmen ausgeschieden. Die Änderung der Vertretungsverhältnisse wurde dem Kreditinstitut am 20.09.2020 mitgeteilt.**
- **Richard Zander wurde am 01.08.2020 Prokura erteilt. Er hat bisher keine Kontovollmacht erhalten.**
- **Werner Reichert erhielt am 10.08.2020 eine allgemeine Handlungsvollmacht ohne Sondervollmachten. Er ist berechtigt, das Unternehmen gemeinschaftlich mit einem anderen Zeichnungsberechtigten zu vertreten. Eine Kontovollmacht wurde am 20.08.2020 erteilt.**

Stellen Sie fest, ob und in welcher Weise die genannten Personen jeweils zur Vornahme der genannten Geschäfte berechtigt waren. Nennen Sie die jeweils zutreffende Lösungsziffer.

(1) Die genannte Person war allein zur Vornahme des Geschäfts berechtigt.
(2) Die genannte Person war zusammen mit einem anderen Berechtigten zur Vornahme des Geschäfts berechtigt.
(3) Die genannte Person war <u>nicht</u> zur Vornahme des Geschäfts berechtigt. Gegenüber gutgläubigen Dritten ist das Geschäft jedoch rechtswirksam.
(4) Die genannte Person war <u>nicht</u> zur Vornahme des Geschäfts berechtigt. Auch gegenüber gutgläubigen Dritten ist das Geschäft unwirksam.

a) Kontoeröffnung am 23.06.2020

aa) Klaus Büscher ☐

ab) Martin Ehlert ☐

ac) Susanne Köhler ☐

b) Auszahlungen aus dem Kontoguthaben am 16.08.2020

ba) Richard Zander ☐

bb) Gerd Dreyer ☐

bc) Maria Jost ☐

c) Abschluss eines Kreditvertrages über 200 000,00 EUR am 15.09.2020

ca) Klaus Büscher ☐

cb) Gerd Dreyer ☐

cc) Werner Reichert ☐

d) Belastung des Betriebsgrundstückes mit einem Grundpfandrecht zur Besicherung des obigen Darlehens am 22.09.2020

da) Klaus Büscher ☐

db) Gerd Dreyer ☐

dc) Werner Reichert ☐

1.3 Kontoeröffnung für die Leather-Trend-Fashion GmbH

Situationsbeschreibung

Die Leather-Trend-Fashion GmbH betreibt einen Internetshop für exklusive Taschen, Schuhe und andere Ledererzeugnisse. Sie bezieht die Waren von verschiedenen italienischen und spanischen Herstellern und bietet diese europaweit zum Verkauf an. In den vergangenen Jahren war das Unternehmen sehr erfolgreich: Der Umsatz hat sich vervielfacht und der Gewinn ist stark gestiegen.

Larissa Pohl, Gesellschafterin der Leather-Trend-Fashion GmbH, hat bei Ihrem Ausbildungsinstitut ein Privatgirokonto. Die Geschäftskonten führt die GmbH bei einer anderen Bank. Nun haben Sie Frau Pohl angesprochen, um ihr einen Wechsel der Geschäftskonten zu Ihrem Institut schmackhaft zu machen. Da Frau Pohl mit Ihrem Service sehr zufrieden ist, scheint sie gegenüber einem Wechsel der Kontoverbindung nicht abgeneigt zu sein.

Daraufhin haben Sie einen Gesprächstermin in den Geschäftsräumen des Unternehmens für die nächste Woche vereinbart. Neben einem eventuellen Kontenwechsel möchte sie sich zusammen mit anderen führenden Mitarbeitern auch über Ihre Angebote bei Internetbezahlverfahren informieren.

Folgenden Handelsregisterauszug haben Sie beim Amtsgericht abgerufen:

Amtsgericht Berlin			**Ausdruck Abruf vom 17.03.20.. 10:20 Uhr**			**HRB 85632**
Nr. der Eintragung	**a) Firma b) Sitz, Niederlassung, Zweigniederlassung c) Gegenstand des Unternehmens**	**Grund- oder Stammkapital**	**a) Allgemeine Vertretungsregelung b) Vorstand, persönlich haftende Gesellschafter, Geschäftsführer**	**Prokura**	**a) Rechtsform, Beginn b) Sonstige Rechtsverhältnisse**	**a) Tag der Eintragung b) Bemerkungen**
1	a) Leather-Trend-Fashion GmbH b) Berlin c) Vertrieb von Lederwaren	650 000,00 EUR	a) Ist nur ein Geschäftsführer bestellt, vertritt er einzeln. Sind mehrere Geschäftsführer bestellt, vertreten jeweils zwei Geschäftsführer gemeinsam oder ein Geschäftsführer mit einem Prokuristen. b) Geschäftsführer: Larissa Pohl, Berlin, *16.02.1985 Fabio Gomez, Berlin, *09.07.1981	Gesamtprokura gemeinsam mit einem Geschäftsführer oder Prokuristen: Kay Wiegand, Potsdam, *15.06.1990	a) Gesellschaft mit beschränkter Haftung Gesellschaftsvertrag vom 28.02.2008 b) ...	a) 22.05.2008 b) ...

Dem Gesellschaftsvertrag, den Sie von Frau Pohl erhalten haben, entnehmen Sie Namen der Gesellschafter und die Höhe ihrer Stammeinlagen:

- Larissa Pohl, Stammeinlage 80 000,00 EUR
- Henning Block, Stammeinlage 120 000,00 EUR
- Thorsten Schubert, Stammeinlage 150 000,00 EUR
- Venture Capital GmbH, Stammeinlage 300 000,00 EUR

Zur Vorbereitung auf das Kundengespräch erstellen Sie

- fallbezogen ein Informationsblatt über die GmbH,
- eine Broschüre über Internetbezahlverfahren und
- eine Präsentation über Internetbezahlverfahren.

Information

Beschreiben Sie mögliche Bankdienstleistungen, die Sie Frau Pohl anbieten können.

Planen und Entscheiden

- **Stellen Sie fest, welche Informationen und Materialien Sie für die Bearbeitung der Lernsituation benötigen.**
- **Erstellen Sie einen Arbeits- und Zeitplan. Beziehen Sie dabei Überlegungen ein, wie es gelingen kann, die nüchternen Fakten zu den Internetbezahlverfahren aus der Broschüre in eine interessante Präsentation einzubinden.**

Durchführen

Bearbeiten Sie die Unterlagen zu den Handlungsprodukten.

Informationsblatt über die Gesellschaft mit beschränkter Haftung (GmbH)

Zweck (§ 1 GmbHG)	
Gründung (§§ 2, 3, 7, 11 GmbHG)	
Firma (§ 4 GmbHG)	

Durchführen

Stammkapital und Stammeinlage (§§ 5, 7 Abs. 2 GmbHG)	
Juristische Person, Handelsgesellschaft (§ 13 GmbHG)	
Vertretung (§§ 35, 37 GmbHG)	
Gesellschafterrechte und -versammlung (§§ 46, 47, 48 GmbHG)	
Haftung der Gesellschaft (§ 13 Abs. 2 GmbHG)	
Haftung der Gesellschafter	

Broschüre über Internetbezahlverfahren

Verfahren	Erläuterung	Kundennutzen	Kosten
PayDirekt			

Durchführen

Verfahren	Erläuterung	Kundennutzen	Kosten
Giropay			
Kreditkarte			
Lastschrift			

Präsentation über Internetbezahlverfahren

Erstellen Sie eine Präsentation mithilfe eines Präsentationsprogramms (z. B. PowerPoint). Um ein professionelles Layout auf allen Folien zu erhalten, erstellen Sie eine Masterfolie mit dem Logo der Regio-Bank AG.

Kontrolle

- Tauschen Sie die Unterlagen 1. und 2. zu den Handlungsprodukten mit Mitschülern aus, um die Materialien gegenseitig auf Richtigkeit und Vollständigkeit zu prüfen.
- Betrachten Sie die Präsentationen auch unter dem Aspekt „interessante Aufbereitung nüchterner Fakten“.

Bewerten

Reflektieren und bewerten Sie Ihre Vorgehensweise und Ihre Arbeitsergebnisse.

Phase	Urteil	Verbesserungsvorschläge für diesen Bereich
Erstellung der Unterlagen	🙂 😐 🙁	
Präsentation	🙂 😐 🙁	

Aufgaben zur Lernsituation

1. Geschäftsgirokonto für die Bender DMS GmbH

Sven Bender, Geschäftsführer der Bender DMS GmbH, möchte bei der Regio-Bank AG ein Geschäftsgirokonto eröffnen.
Sie bitten den Kunden um die Vorlage eines aktuellen, beglaubigten Handelsregisterauszuges.

a) Stellen Sie fest, welche der folgenden Aussagen dazu zutreffend ist. ☐

(1) Die Regio-Bank AG benötigt den Registerauszug zur Beurteilung der Kreditwürdigkeit der Bender DMS GmbH.
(2) Mithilfe des Registerauszuges können alle Vertretungsberechtigten der Bender DMS GmbH identifiziert werden.
(3) Das Handelsregister wird bei der Industrie- und Handelskammer geführt.
(4) Die Eintragung der Bender DMS GmbH in das Handelsregister hat eine konstitutive Wirkung.
(5) Bei einem beglaubigten Handelsregisterauszug bestätigt ein Notar die Richtigkeit der Eintragungen.

Der folgende Handelsregisterauszug liegt Ihnen vor.

Amtsgericht Berlin			**Ausdruck Abruf vom 17.03.20.. 10:20 Uhr**			**HRB 85632**
Nr. der Eintragung	**a) Firma b) Ort der Niederlassung c) Gegenstand des Unternehmens**	**Grund- oder Stammkapital**	**a) Allgemeine Vertretungsregelung b) Vorstand, Geschäftsführer**	**Prokura**	**1) Rechsform, Beginn b) Sonstige Rechtsverhältnisse**	**Tag der Eintragung**
1	a) Bender DMS GmbH b) Duisburg c) Gegenstand des Unternehmens ist Entwicklung und der Vertrieb von Dokumenten-Management-Systemen	50 000,00 EUR	a) Es gilt die gesetzliche Regelung. b) Geschäftsführerinnen: Sven Bender, *04.06.1985 Sabrina Nolte, *23.11.1982	Gesamtprokuristen in Gemeinschaft mit einem anderen Prokuristen oder Geschäftsführer: Clara Muhr, *08.03.1992 Ulf Böhm; *25.06.1983	a) Gesellschaft mit beschränkter Haftung Gesellschaftsvertrag vom 28.05.2018 b) ...	05.07.2018

b) Stellen Sie fest, welche der folgenden Aussagen zutreffend ist. ☐

(1) Sven Bender und Sabrina Nolte können jeweils allein das Konto eröffnen.
(2) Die Prokuristen sind nicht zur Eröffnung des Kontos berechtigt.
(3) Für die Verbindlichkeiten des Unternehmens haftet die Bender DMS GmbH nur mit ihrem Stammkapital von 50 000,00 EUR.
(4) Es ist gesetzlich vorgeschrieben, dass bei der Kontoeröffnung auch eine beglaubigte Kopie des Gesellschaftsvertrages einzureichen ist.
(5) Die Gesellschafter der Bender DMS GmbH sind nicht zur Vertretung der Gesellschaft berechtigt.

Die Regio-Bank AG hat das Geschäftsgirokonto eröffnet. Neben den im Handelsregister eingetragenen Personen hat auch der Handlungsbevollmächtigte Kevin Klein eine Kontovollmacht im gesetzlichen Rahmen erhalten.

c) Stellen Sie fest, welche der folgenden Personen zur Vornahme der unten aufgeführten Geschäfte befugt sind.

Personen
(1) Nur die Geschäftsführer
(2) Nur die Geschäftsführer und die Prokuristen
(3) Alle vertretungsberechtigten Personen

Geschäfte

ca) Verfügung über Kontoguthaben ☐

cb) Erteilung einer weiteren Kontovollmacht ☐

cc) Erteilung eines Dauerauftrages ☐

cd) Aufnahme eines Darlehens ☐

ce) Bestellung einer Grundschuld zur Besicherung des Darlehens ☐

cf) Kündigung der Kontoverbindung ☐

d) Die Regio-Bank AG führt ein Geschäftsgirokonto für der Bender DMS GmbH und Privatgirokonten für Clara Muhr und Ulf Böhm. Stellen Sie fest, ob in den untenstehenden Fällen

(1) eine Auskunft erteilt wird, sofern keine gegenteilige Kundenweisung vorliegt.
(2) eine Auskunft nur erteilt wird, wenn der Kunde ausdrücklich sein Einverständnis erklärt hat.
(3) eine Auskunft auch gegen den Kundenwillen erteilt wird.
(4) keine Auskunft erteilt wird.

da) Die Bundesanstalt für Finanzdienstleistungsaufsicht (BaFin) bittet um Auskunft über alle Konten der Bender DMS GmbH. ☐

db) Die Kreditbank AG bittet um Auskunft über die wirtschaftlichen Verhältnisse von Sven Bender, der ein Baudarlehen bei der Kreditbank AG beantragt hat. ☐

dc) Die Combrain AG bittet um Auskunft über die Vermögensverhältnisse der Bender DMS GmbH, da das Unternehmen bei einem Warenverkauf der Gesellschaft ein Zahlungsziel einräumen möchte. Die Combrain AG unterhält keine Konten bei der Regio-Bank AG. ☐

dd) Die Immo-Invest GmbH, Kundin der Regio-Bank AG, bittet um Auskunft über die Vermögensverhältnisse der Bender DMS GmbH. Als Begründung führt die Gesellschaft an, dass die Bender DMS GmbH von ihr Büroräume anmieten möchte. ☐

de) Die Bender DMS GmbH bitte um Auskunft über die Vermögensverhältnisse ihres Prokuristen Ulf Böhm.

df) Die Regio-Bank AG hat Lastschriften von Ulf Böhm als Zahlungspflichtigen mangels Kontodeckung nicht eingelöst und möchte dies der SCHUFA melden. ☐

dg) Die Wirtschaftsprüfungsgesellschaft Treuwert AG bittet um Zusendung von Kontoumsatzlisten der Bender DMS GmbH für die letzten drei Monate. ☐

2. Vertretung und Haftung von Gesellschaftern

Die Regio-Bank AG führt Konten für verschiedene Gesellschaften.
Stellen Sie fest, in welcher Weise die unten stehenden Gesellschafter vertretungsberechtigt sind und in welcher Weise sie für die Verbindlichkeiten der Gesellschaft haften. Es gelten die gesetzlichen Regelungen.

Vertretung
Der Gesellschafter darf die Gesellschaft ... (1) allein vertreten. (2) gemeinschaftlich vertreten. (3) nicht vertreten.

Haftung
Der Gesellschafter haftet für die Verbindlichkeiten der Gesellschaft ... (4) persönlich, unbeschränkt und gesamtschuldnerisch. (5) nur persönlich bis zur Höhe seiner geleisteten Einlage. (6) nur persönlich, soweit er seine Einlage noch nicht geleistet hat. (7) nicht persönlich.

Gesellschafter	Vertretung	Haftung
GmbH-Gesellschafter	aa) Vertretung ☐	ab) Haftung ☐
Gesellschafter einer GbR	ba) Vertretung ☐	bb) Haftung ☐
Komplementär einer KG	ca) Vertretung ☐	cb) Haftung ☐
Kommanditist einer KG	da) Vertretung ☐	db) Haftung ☐

1.4 Kontoeröffnung für die Argus Solution AG

Situationsbeschreibung

Sie sind in der Firmenkundenabteilung eingesetzt und sollen den Firmenkundenbetreuer Jens Sarkowski unterstützen. Herr Sarkowski informiert Sie darüber, dass er einen Beratungstermin mit dem Prokuristen der Argus Solution AG vereinbart hat. Zu dem Unternehmen und zu dem Beratungsanlass erhalten Sie folgende Informationen:

Die Argus Solution AG ist ein wichtiger Firmenkunde der Regio-Bank AG. Das mittelständische Maschinenbauunternehmen mit 2300 Mitarbeitern stellt Abfüllanlagen für Getränke und Verpackungsmaschinen für Lebensmittel her. Den größten Teil der produzierten Maschinen exportiert das Unternehmen in andere europäische und außereuropäische Länder.
Der Vorstand der Argus Solution AG hat nun Daniel Rieger Prokura erteilt. Dieser hat bisher noch keine Kontovollmacht.
Daniel Rieger ist für die Zahlungsabwicklung und für das Cash-Management des Unternehmens zuständig. Da er bisher mit diesem Bereich nicht direkt zu tun hatte, hat er mit dem Firmenkundenbetreuer der Regio-Bank AG einen Beratungstermin vereinbart, bei dem er sich insbesondere über die Abwicklung folgender Zahlungen informieren möchte:

- Die Argus Solution AG muss in einer Woche für den Import von elektronischen Bauteilen aus Korea 48400,00 USD zahlen.
- Die Argus Solution AG erwartet in einigen Tagen einen Zahlungseingang von einem amerikanischen Kunden in Höhe von 215500,00 USD.
- Die Argus Solution AG hat von einem brasilianischen Importeur einen Bankenorderscheck über 85000,00 USD erhalten. Aussteller des Schecks ist die Banco do Brasil, bezogenes Kreditinstitut ist die Citibank New York.
- Die Argus Solution AG erwartet in vier Monaten eine Zahlung von einem mexikanischen Kunden in Höhe von 135000,00 USD.

Die Argus Solution AG unterhält bei der Regio-Bank AG keine Währungskonten.

Sie unterhalten sich mit Herrn Sarkowski auch über die Argus Solution AG. Sie kennen zwar die Argus Solution AG als größeren Arbeitgeber in Ihrer Stadt, insbesondere weil ein Freund von Ihnen dort als Mechatroniker arbeitet. Sie haben sich immer aber schon gefragt, wem dieses Unternehmen wohl gehört und wer dort wohl „etwas zu sagen" hat.

Daraufhin bittet Sie der Firmenkundenbetreuer, folgende Unterlagen zu erstellen:

- fallbezogen ein Informationsblatt über die Aktiengesellschaft,
- eine Kundenbroschüre über nicht dokumentäre Auslandszahlungen und
- mithilfe eines Tabellenkalkulationsprogramms Abrechnungen für die Auslandszahlungen.

Bei den Abrechnungen berücksichtigen Sie folgende Kurse und Kosten:

Devisenkurse EUR/USD	Geld	Brief
Kassakurs 1,00 EUR	1,1220 USD	1,1280 USD
Terminkurs für vier Monate 1,00 EUR	1,1310 USD	1,1370 USD

Der Sichtkurs für den Ankauf von Bankenorderscheck liegt eine halbe Spanne über dem Briefkurs.

Bei Fremdwährungszahlungen (Überweisungseingänge und -ausgänge, Schecks) stellt die Regio-Bank AG zudem 1,5 ‰, mindestens aber 15,00 EUR Provision in Rechnung.

Information

Beschreiben Sie stichpunktartig, aus welchen Gründen die Argus Solution AG einen Beratungstermin mit Ihnen vereinbart hat.

Planen und Entscheiden

Erstellen Sie einen Arbeits- und Zeitplan für die Bearbeitung der Lernsituation.

Durchführen

Bearbeiten Sie die Unterlagen zu den Handlungsprodukten.

Informationsblatt über die Aktiengesellschaft (AG)

Wesen (§§ 1, 3 AktG)	
Aktien (§ 8 AktG)	
Gründung (§§ 2, 23, 36 AktG)	
Firma (§ 4 AktG)	
Grundkapital (§§ 6, 7 AktG)	

Durchführen

Vertretung (§§ 76, 77, 78, 81, 82 AktG)	
Aufsichtsrat (§§ 101, 111 AktG)	
Haupt-versammlung (§§ 118 ff. AktG)	Allgemeines, Rechte, Einberufung (§§ 118, 119, 121 AktG) Notwendige Mehrheiten für Beschlüsse (§§ 133, 179, 182 AktG)

Kundenbroschüre über nicht dokumentäre Auslandszahlungen

Unterscheidung von Sorten und Devisen

Sorten	Devisen

Durchführen

Devisengeschäfte

Kassageschäfte	Termingeschäfte

Abrechnung von Kundengeschäften zum...		
Geldkurs	Briefkurs	Sichtkurs

Meldevorschriften für Auslandszahlungen

Nicht dokumentäre Auslandszahlungen

Überweisung	

Durchführen

Nicht dokumentäre Auslandszahlungen	
Bankenorderscheck	

Abrechnungen für die Auslandszahlungen

Kontrolle

- Tauschen Sie die Unterlagen zu den beiden ersten Handlungsprodukten mit Mitschülern aus, um die Materialien gegenseitig auf Richtigkeit und Vollständigkeit zu prüfen.
- Prüfen Sie gegenseitig bei den Abrechnungen für die Auslandszahlungen die Ergebnisse sowie die Verwendung der notwendigen Programmbefehle.

Bewerten

Reflektieren und bewerten Sie Ihre Vorgehensweise und Ihre Arbeitsergebnisse.

Phase	Urteil	Verbesserungsvorschläge für diesen Bereich
Informationsblatt		
Kundenbroschüre		
Devisenabrechnung		

Aufgaben zur Lernsituation

1. Zuständigkeiten bei einer Aktiengesellschaft

Stellen Sie fest, welches Organ einer Aktiengesellschaft für die untenstehenden Aufgaben jeweils zuständig ist.

Organe
(1) Hauptversammlung
(2) Vorstand
(3) Aufsichtsrat

Aufgaben

a) Entscheidung über die Verwendung des Bilanzgewinns ☐

b) Einberufung der ordentlichen Hauptversammlung ☐

c) Bestellung des Vorstandes ☐

d) Entlastung des Vorstandes ☐

e) Entscheidung über die Aufnahme eines Millionenkredites ☐

f) Entscheidung über eine Kapitalerhöhung ☐

g) Wahl des Aufsichtsrates ☐

h) Entlastung des Aufsichtsrates ☐

2. Beschlüsse bei der Hauptversammlung einer Aktiengesellschaft

Die Weirich AG veröffentlicht folgende Bilanz:

Aktiva	Bilanz zum 31.12.20.. (in EUR)		Passiva
Anlagevermögen		Eigenkapital	
– Grundstücke und Gebäude	6500000,00	– Gezeichnetes Kapital (Grundkapital)	800000,00
– Maschinen	23400000,00	– Kapitalrücklage	12200000,00
		– Gewinnrücklage	6400000,00
Umlaufvermögen			
– Vorräte, Rohstoffe	9250000.00	Langfristige Bankkredite	21050000,00
– Forderungen	7700000,00	Kurzfristige Bankkredite	5700000,00
– Bankguthaben	1400000,00	Verbindlichkeiten an Lieferanten	2100000,00
	48250000,00		**48250000,00**

Der rechnerische Anteil einer Stückaktie am Grundkapital beträgt 1,00 EUR.

a) Wie viel Aktien wurden insgesamt ausgegeben? ☐

b) Ermitteln Sie den Buchwert einer Aktie. Der Buchwert bestimmt sich nach Anteil einer Aktie am Reinvermögen der Gesellschaft. -- EUR ☐

Am 25.05.20.. findet die Hauptversammlung der Weirich AG statt. An der Hauptversammlung nehmen 520 Aktionäre teil, die insgesamt Aktien im Nennwert von 640000,00 EUR besitzen.

c) Mit welcher Mehrheit beschließen die Aktionäre

ca) die Ausschüttung einer Dividende von 0,80 EUR, EUR ☐

cb) eine Kapitalerhöhung über 200000,00 EUR zur Finanzierung der geplanten Investitionen, EUR ☐

cc) die Entlastung des Vorstandes und EUR ☐

cd) eine Satzungsänderung? EUR ☐

Geben Sie jeweils den Mindestnennwert des Aktienkapitals an, um die Beschlüsse zu fassen.

3. Abrechnungskurse der Regio-Bank AG

Die Regio-Bank AG tätigt am Donnerstag, dem 18. Mai 20.., verschiedene USD-Geschäfte.

Devisen- und Sortenkurse (Basis 1,00 EUR):

Sorten USD		Devisen USD	
Geld	Brief	Geld	Brief
1,10	1,20	1,1560	1,1620

Entscheiden Sie, welcher Kurs bei den nachfolgenden Geschäften jeweils zugrunde gelegt wird.

a) Rücknahme von USD-Banknoten, die ein Geschäftskunde von einer Geschäftsreise übrig hat USD

b) Ankauf eines USD-Schecks im Kundenauftrag unter sofortiger Gutschrift E. v. USD

c) Verkauf von USD-Banknoten an einen Geschäftskunden. Die Verrechnung erfolgt über das laufende Konto des Kunden. USD

d) Gutschrift des Euro-Gegenwertes aus einem USD-Exportinkasso zugunsten eines Geschäftskunden USD

e) Ausführung einer USD-Zahlung im Kundenauftrag mittels Bankenorderscheck; aufgrund einer Sondervereinbarung wird mit diesem Kunden zum einfach gespannten Kurs abgerechnet. USD

f) Rückbelastung der E.-v.-EUR-Gutschrift aufgrund eines von einem Kunden zum Inkasso hereingenommenen, mangels Deckung nicht eingelösten USD-Schecks USD

g) Belastung des Euro-Gegenwertes einer USD-Zahlung mit der Visacard USD

4. Devisentermingeschäft

Ein deutscher Exporteur liefert Waren im Wert von 750 000,00 USD nach Paraguay. Die Zahlung soll in drei Monaten erfolgen. Zum Ausschluss des Währungsrisikos schließt der Exporteur mit der Regio-Bank AG ein Termingeschäft ab.

Devisenkurse	Kassa	3 Monate
USD	1,1260–1,1320	1,1280–1,1340

a) Wie viel Euro erhält der Exporteur am Erfüllungstag? EUR

Am Tag des USD-Zahlungseingangs wird der Euro per Kassa mit 1,1660–1,1720 USD quotiert.

b) Ermitteln Sie den Vorteil, den der Kunde aufgrund der Kurssicherung erzielt hat. EUR

5. Die Metaxa GmbH erhält einen Bankenorderscheck

Sie sind Mitarbeiter/-in in der Devisenhandelsabteilung der Regio-Bank AG und betreuen die Metaxa GmbH. Das Maschinenbauunternehmen liefert Werkzeugmaschinen an die Gonzales Ltd. nach Mexiko zum Kaufpreis von 360 000,00 USD. Die Hausbank der Gonzales Ltd. ist die Banca Hispano in Mexiko-City. Als Anzahlung erhält die Metaxa GmbH einen Bankenorderscheck über 120 000,00 USD; der Restbetrag ist bei Lieferung in 90 Tagen fällig.

Bestimmen Sie die Beteiligten des Bankenorderschecks.

Beteiligte
(1) Metaxa GmbH
(2) Gonzales Ltd.
(3) Banca Hispano
(4) amerikanische Korrespondenzbank der Banca Hispano
(5) Regio-Bank AG
(6) amerikanische Korrespondenzbank der Regio-Bank AG

a) Stellen Sie fest, wer von den oben stehenden Beteiligten bei dem Bankenorderscheck

aa) das bezogenes Kreditinstitut, ☐

ab) der Aussteller, ☐

ac) der Schecknehmer, ☐

ad) die Inkassobank ist. ☐

Die Regio-Bank AG kauft den Bankenorderscheck zum Sichtkurs an. Sie berücksichtigt dabei als Sichtaufschlag eine halbe Geld-Brief-Spanne.

Kursnotierung

	Geld	Brief
1,00 EUR	1,2630	1,2690

b) Ermitteln Sie den EUR-Gutschriftsbetrag unter Berücksichtigung von 0,75 ‰ Provision. *EUR* ☐☐☐☐☐☐,☐☐

1.5 Dokumenteninkasso für die Argus Solution AG

Situationsbeschreibung

Sie sind in der Firmenkundenabteilung eingesetzt und sollen den Firmenkundenbetreuer Jens Sarkowski zu einem Gesprächstermin bei der Argus Solution AG begleiten. Das mittelständische Maschinenbauunternehmen stellt Abfüllanlagen für Getränke sowie Verpackungsmaschinen für Lebensmittel her.

Gesprächsanlass sind Verkaufsverhandlungen, die das Unternehmen mit der Wang Chung Ltd. führt. Die Wang Chung Ltd., ein großer Getränkehersteller aus Singapur, möchte seine Produktionsanlagen umfassend modernisieren und ist an den vollautomatischen Abfüllanlagen der Argus Solution AG interessiert.

Bisher hat die Argus Solution AG keine Geschäfte mit der Wang Chung Ltd. getätigt. Daniel Rieger, Prokurist der Argus Solution AG, hat jedoch bereits von einer Wirtschaftsauskunftei positive Informationen über die Wang Chung Ltd. erhalten. Aufgrund der verbleibenden Unsicherheit möchte er das Geschäft auf der Basis eines Dokumenteninkassos gegen Zahlung (documents against payment; d/p) abwickeln.

Die Kaufvertragsentwurf enthält folgende Vereinbarungen:

Kaufgegenstand: Abfüllanlagen gemäß Ausschreibungsunterlagen vom 18.04.20...

Kaufpreis: 1 260 000,00 USD

Lieferungsbedingung gemäß **Incoterms® 2020: FOB Bremerhaven**

Zahlungsbedingung: **Dokumente gegen Zahlung** (documents against payment) gemäß der **Einheitlichen Richtlinien für Inkassi (ERI)**
- inländische Inkassospesen gehen zulasten des Exporteurs, ausländische trägt der Importeur
- Aufnahme der Dokumente innerhalb von vier Tagen nach der Vorlegung

Dokumente: **Handelsfaktura**, 4-fach
Bordkonnossement, 3-fach
Versicherungszertifikat, 2-fach

Bank des Importeurs: National State Bank Singapur, 432 Mariman Point, Singapur

Zur Vorbereitung auf das Kundengespräch bittet Sie der Firmenkundenbetreuer um die Erstellung folgender Unterlagen:

- Übersicht zu den mit dem Exportgeschäft verbundenen Risiken und möglichen Absicherungsmaßnahmen
- Glossar über die im Kaufvertragsentwurf fett gedruckten Begriffe
- Ablaufschema zum Dokumenteninkasso gegen Zahlung
- Ausfüllen des Formulars „Dokumenteneinreichung“

Information

Das Dokumenteninkasso ist in den Einheitlichen Richtlinien für Inkassi (ERI) geregelt. Lesen Sie den folgenden Text und markieren Sie die „Schlüsselbegriffe“.

Einheitliche Richtlinien für Inkassi (ERI; Auszug)

Artikel 2 Definition des Inkassos
Im Sinne dieser Richtlinien bedeutet „Inkasso“ die Bearbeitung von Dokumenten durch Banken in Übereinstimmung mit erhaltenen Weisungen, um Dokumente gegen Zahlung auszuhändigen.

Artikel 3 Beteiligte an einem Inkasso
a Im Sinne dieser Richtlinien sind die „Beteiligten“:
   i. der „Auftraggeber“, das ist derjenige, der eine Bank mit der Bearbeitung eines Inkassos betraut;
   ii. die „Einreicherbank“, das ist die vom Auftraggeber mit der Bearbeitung des Inkassos betraute Bank;
   iii. die „Inkassobank“, das ist jede mit der Durchführung des Inkassos befasste Bank mit Ausnahme der Einreicherbank;
   iv. die „vorlegende Bank“, das ist diejenige Inkassobank, die gegenüber dem Bezogenen die Vorlegung vornimmt.
b Der „Bezogene“ ist derjenige, demgegenüber in Übereinstimmung mit dem Inkassoauftrag die Vorlegung zu erfolgen hat.

Artikel 5 Vorlegung
Im Sinne dieser Richtlinien bedeutet Vorlegung das Verfahren, mit dem die vorlegende Bank die Dokumente dem Bezogenen weisungsgemäß verfügbar macht. Dokumente und Inkassoauftrag können von der Einreicherbank direkt oder über eine zwischengeschaltete andere Bank der Inkassobank übersandt werden.

Artikel 6 Sicht
Bei Sicht zahlbare Dokumente muss die vorlegende Bank unverzüglich zur Zahlung vorlegen.

Artikel 9 Treu und Glauben und angemessene Sorgfalt
Banken handeln nach Treu und Glauben und mit angemessener Sorgfalt.

Artikel 12 Haftungsausschluss für erhaltene Dokumente
Die Banken müssen prüfen, ob die erhaltenen Dokumente den im Inkassoauftrag aufgelisteten Dokumenten zu entsprechen scheinen und vom Fehlen irgendwelcher Dokumente, oder, wenn andere als die aufgeführten festgestellt werden, denjenigen Beteiligten, von dem ihnen der Inkassoauftrag zuging, unverzüglich durch Telekommunikation benachrichtigen.

Artikel 13 Haftungsausschluss für Wirksamkeit von Dokumenten
Die Banken übernehmen keine Haftung oder Verantwortung für Form, Vollständigkeit, Genauigkeit, Echtheit, Verfälschung oder Rechtswirksamkeit von Dokumenten.

Artikel 14 Haftungsausschluss für Verzögerungen, Verlust bei Übermittlung und Übersetzung
Die Banken übernehmen keine Haftung oder Verantwortung für die Folgen von Verzögerungen und/oder Verlusten bei Übermittlung von Nachrichten, Briefen oder Dokumenten.

Artikel 16 Unverzügliche Zahlung
Eingezogene Beträge müssen in Übereinstimmung mit dem Inkassoauftrag unverzüglich dem Beteiligten zur Verfügung gestellt werden, von dem der Inkassoauftrag zuging.

Artikel 26 Benachrichtigungen
Die Inkassobank muss derjenigen Bank, von der ihr der Inkassoauftrag zuging, unverzüglich eine Bezahltmeldung zusenden.
Die vorlegende Bank sollte versuchen, die Gründe einer Nichtzahlung festzustellen, und diejenige Bank unverzüglich entsprechend benachrichtigen, von der ihr der Inkassoauftrag zuging.

Erstellen Sie einen Arbeits- und Zeitplan für die Bearbeitung der Lernsituation.

Planen und Entscheiden

Bearbeiten Sie die Unterlagen zu den Handlungsprodukten.

Durchführen

Übersicht zu den mit dem Exportgeschäft verbundenen Risiken und möglichen Absicherungsmaßnahmen

Risiken	Beschreibung der Absicherungsmaßnahmen

Glossar über die im Kaufvertragsentwurf fett gedruckten Begriffe

Incoterms® 2020	
FOB Bremen	
Dokumente gegen Zahlung	

Durchführen

Einheitliche Richtlinien für Inkassi (ERI)	
Handelsfaktura	
Bord-konnossement	
Versicherungs-zertifikat	

Ablaufschema zum Dokumenteninkasso gegen Zahlung

National State Bank Singapur		Regio-Bank AG
Wang Chung Ltd.		Argus Solution AG

Durchführen

Formular Dokumenteneinreichung

Dokumenteneinreichung

Einreicher:

An:

Tel.: Sachbearbeiter/Ref.:

Sie empfangen anbei folgende Wechsel und/oder Dokumente mit der Bitte, den Auftrag gemäß den nachfolgenden Weisungen auszuführen.

A ☐ **Die Dokumente sind zur Inanspruchnahme des Akkreditivs Nr. der (Bank) zu verwenden.**

☐ **Die Akkreditivspitze wird nicht mehr in Anspruch genommen.**

B ☐ **Die Dokumente sind zum Einzug gemäß ihren Inkassobestimmungen bestimmt:**

Für Vermerke der Bank

Ihre Akkreditiv-Nummer	Betrag	Fälligkeit

Wechsel/ Quittung	Faktura	Konsulats-/ Zoll-Fakt.	Spezifi-kation	Packliste	Ursprungs-zeugnis	Versich.-Pol./Zert.	Konnos-sement	Luftfracht-brief	Duplikat-Frachtbr.	Spediteur-Beschein.	Quittung	Post-quittung	Warenverk.-beschein.	Gewichts-nota

über die Verladung von

Empfänger

per am von nach

Nur bei Inkassoaufträgen ausfüllen!

Bezogener:

Inkassobank:

Aussendung per ☐ Luftpost ☐ ☐ gewöhnliche Post ☐ Kurier

Inkasso ☐ zuzüglich ihrer Spesen ☐ zuzüglich Zinsen ☐ zuzüglich der Spesen im Ausland ☐ Auf Zahlung der Spesen **darf nicht verzichtet** werden.

Zinssatz: Berechnungszeitraum: Art der Zinsberechnung: ☐ Auf Zahlung der Zinsen **darf nicht verzichtet** werden.

Die Dokumente sind auszuliefern

☐ gegen Zahlung

☐ gegen Akzept

☐ Protest bei Nichtakzeptierung

☐ Protest bei Nichtbezahlung d. Akzeptes

☐ Aufnahme der Dokumente innerhalb von ____ Tagen nach Vorlegung.

☐ Aufnahme der Dokumente kann bis zur Schiffsankunft zurückgestellt werden.

☐ Das Akzept soll bei der Inkassobank zum Einzug bei Fälligkeit verbleiben. Verfalldatum des Akzeptes ist uns mitzuteilen.

Bei Schwierigkeiten Nachricht erbeten

☐ brieflich

☐ per Telekommunikation

☐ Das Akzept ist zurückzurufen.

Notadresse:

Sonstige Weisungen:

Für die Ausführung dieses Auftrages gelten die von der internationalen Handelskammer veröffentlichten „Einheitlichen Richtlinien und Gebräuche für Dokumenten-Akkreditive“ (Revision 2007); Publikation Nr. 600 bzw. die „Einheitlichen Richtlinien für Inkassi“ (Revision 1995), Publikation Nr. 522.

Wir bitten um Gutschrift nach Eingang des Erlöses auf unser Konto

Nummer

Ort, Datum

Unterschrift des Einreichers

Kontrolle

- **Tauschen Sie die von Ihnen erstellten Unterlagen mit Mitschülern aus, um die Materialien gegenseitig auf inhaltliche Richtigkeit und formale Ordnungsmäßigkeit zu prüfen.**
- **Diskutieren Sie Formulierungen zu einzelnen Punkten aus den ERI (z.B. Artikel 12 und 13).**

Bewerten

Reflektieren und bewerten Sie Ihre Vorgehensweise und Ihre Arbeitsergebnisse.

Phase	Urteil	Verbesserungsvorschläge für diesen Bereich
Vorgehensweise	🙂 😐 🙁	
Arbeitsergebnisse	🙂 😐 🙁	

Aufgaben zur Lernsituation

1. Incoterms® 2020

Die GenPharma AG, Hamburg liefert Medikamente an die Philippine Medical Ltd., Manila. Die Ware soll auf dem Seeweg transportiert werden, die Lieferbedingung soll „FOB Hamburg" lauten. Welche Aussage zu diesem Incoterm ist zutreffend? ☐

(1) Die GenPharma AG muss sich bei einer Havarie des Schiffes mit der Versicherungsgesellschaft auseinandersetzen.
(2) Die Philippine Medical Ltd. muss sich bei einer Havarie des Schiffes mit der Versicherungsgesellschaft auseinandersetzen.
(3) Sobald die Ware auf dem von der Philippine Medical Ltd. benannten Schiff in Hamburg verladen ist, wird die Zahlungspflicht des Importeurs ausgelöst.
(4) Bei dieser Lieferbedingung hat die Philippine Medical Ltd. das Transportrisiko zu tragen, weil das Eigentum an der Ware bereits zum Zeitpunkt übergeht, zu dem die Ware auf das benannte Schiff in Hamburg verladen worden ist.
(5) Bei dieser Lieferbedingung handelt es sich um eine Zweipunktklausel, da der Kostenübergang in Hamburg und der Gefahrenübergang in Manila erfolgt.

2. Abwicklung von Außenhandelsgeschäften

Herr Balder, Geschäftsführer der Baustoffe AG, möchte wissen, welche Bedeutung Dokumente bei der Abwicklung von Außenhandelsgeschäften haben. Welche zwei Aussagen sind in diesem Zusammenhang richtig? ☐ ☐

(1) Durch die Andienung der Dokumente kann die Lieferpflicht des Exporteurs ausgelöst werden.
(2) Mit Dokumenten kann bescheinigt werden, dass die Ware dem Importeur ordnungsgemäß und unbeschädigt geliefert wurde.
(3) Dokumente werden immer dann eingeschaltet, wenn der Exporteur die Zahlung vor der Lieferung erhalten möchte.
(4) Durch die Andienung der Dokumente kann die Zahlungspflicht des Importeurs ausgelöst werden.
(5) Durch die Übergabe von Dokumenten kann die Verfügungsgewalt über die Ware übertragen werden.
(6) Dokumente werden immer dann eingeschaltet, wenn dem Importeur bei einem offenen Zahlungsziel ein Kredit eingeräumt werden soll.

3. Risiken bei einem Dokumenteninkasso

Entscheiden Sie, welche beiden der folgenden Aussagen zum Risiko des Exporteurs bzw. Importeurs bei einem Dokumenteninkasso zutreffend sind.

☐ ☐

(1) Beim Dokumenteninkasso gegen Akzept ist der Zahlungseingang für den Importeur gesichert, sobald der Exporteur die Dokumente aufnimmt.
(2) Der Exporteur trägt die Folgen bei Nichtaufnahme der Dokumente durch den Importeur, wie z. B. zusätzlich anfallende Lagerkosten oder die Kosten des Rücktransports der Ware.
(3) Restriktionen beim Devisentransfer eines Landes stellen aufgrund der Einbindung von mindestens zwei Kreditinstituten für den Exporteur beim Dokumenteninkasso kein Risiko mehr dar.
(4) Das Risiko des Exporteurs ist deutlich reduziert, da er den Kaufpreis bereits vor dem Versand der Ware erhält.
(5) Der Importeur muss auch beim Dokumenteninkasso das Risiko, dass die Ware nicht seinen Qualitätsansprüchen genügt, tragen.
(6) Das Risiko für den Exporteur wird reduziert, da die Zahlungspflicht des Importeurs mit Vorlage der Dokumente bei der Einreicherbank ausgelöst wird.

4. Dokumenteninkasso für die Argus Solution AG

Die Argus Solution AG importiert von der Sun Electronic Ltd. in Korea elektronische Bauteile zu folgenden Bedingungen:

- **Kaufpreis** — **245 500,00 EUR**
- **Lieferbedingung** — **cif Hamburg**
- **Zahlungsbedingung** — **Dokumenteninkasso, Zahlung 10 Tage nach Dokumentenvorlage**

a) Stellen Sie fest, welche Aussage über die Lieferbedingung cif Hamburg zutreffend ist.

☐

(1) Die Argus Solution AG trägt die Kosten für den Ausfuhrzoll in Korea.
(2) Die Argus Solution AG trägt die Kosten für die Seeversicherung.
(3) Die Argus Solution AG trägt die Kosten für die Entladung der Ware in Hamburg.
(4) Die Sun Electronic Ltd. trägt das Risiko, dass die Ware auf dem Seetransport beschädigt wird oder verloren geht.
(5) Die Sun Electronic Ltd. trägt die Kosten für den Einfuhrzoll in Deutschland.

b) Stellen Sie fest, welche zwei Aussagen über das vereinbarte Dokumenteninkasso zutreffend sind.

☐ ☐

(1) Die Argus Solution AG ist gegenüber der Sun Electronic Ltd. nicht verpflichtet, die ordnungsgemäßen Dokumente aufzunehmen.
(2) Die Argus Solution AG hat keine Möglichkeit, vor der Erteilung des Zahlungsauftrages die Ware auf ihre vertragskonforme Qualität zu prüfen.
(3) Die beteiligten Banken prüfen, ob die eingereichten Dokumente ihrer äußeren Aufmachung nach eine konforme Dokumentenvorlage zu bilden scheinen.
(4) Die Sun Electronic Ltd. hat eine Zahlungsgarantie der eröffnenden Bank, wenn sie die ordnungsgemäßen Dokumente fristgerecht einreicht.
(5) Die Sun Electronic Ltd. trägt das Risiko, dass die Argus Solution AG sich weigert, die ordnungsgemäßen Dokumente aufzunehmen.
(6) Die Sun Electronic Ltd. hat auch nach der Dokumentenaufnahme durch die Argus Solution AG noch ein Zahlungsrisiko, da die Zahlung erst 10 Tage nach der Aufnahme erfolgen soll.

1.6 Dokumentenakkreditiv für die Argus Solution AG

Situationsbeschreibung

Sie sind in der Firmenkundenabteilung eingesetzt und unterstützen den Firmenkundenbetreuer Jens Sarkowski. Herr Sarkowski hat nun einen Telefonanruf von Herrn Rieger erhalten. Daniel Rieger ist Prokurist der Argus Solution AG, einem mittelständischen Maschinenbauunternehmen in Bochum. Herr Rieger teilt dem Firmenkundenbetreuer mit, dass die Argus Solution AG von der Sun Electronic Systems Inc. in Südkorea elektronische Steuerungselemente beziehen möchte. Da bisher noch keine Geschäftsverbindung zwischen den Unternehmen besteht, möchten die Vertragspartner die Zahlung des Kaufpreises auf der Basis eines Dokumentenakkreditivs abwickeln. Die Argus Solution AG hat den folgenden auszugsweise abgebildeten Vertragsentwurf an die Regio-Bank AG weitergeleitet.

Kaufvertrag – Entwurf

Käufer:	Argus Solution AG, Hang 1, 44777 Bochum, Germany
Verkäufer:	Sun Electronic Systems Inc., 122 Ninghsia Hui, Seoul, Republic of Korea

Bankverbindung des Verkäufers: National Bank of Korea, Seoul. Konto-Nr. 892347678, SwiftCode NBKO KR SE

Warenbezeichnung:	Elektronische Steuerungselemente 280 Stück Typ NVG 873 600 Stück Typ TMG 452 70 Stück Typ XTZ 760
Kaufpreis:	85 420,00 EUR
Zahlungsbedingung:	unbestätigtes **Dokumentenakkreditiv** der Regio-Bank AG gemäß **ERA** Benutzbar bei der Regio-Bank AG durch Zahlung 30 Tage nach Sicht
Lieferungsbedingung:	**CIF Rotterdam** gemäß Incoterms® 2020 1 Container von Seoul nach Rotterdam späteste Verladung am 13.01.20.. Teillieferungen und Umladungen nicht erlaubt Dauer des Seetransportes 18 Tage
Dokumente:	a) Handelsfaktura 4-fach b) **voller Satz (3/3) reingezeichneter, an Order ausgestellter und blanko indossierter Bordkonnossemente** c) Versicherungszertifikat 2-fach d) **Ursprungszeugnis** 3-fach, ausgestellt vom State Department of Commerce Republic Korea e) Packliste 2-fach

Der Firmenkundenbetreuer hat für den nächsten Tag einen Gesprächstermin mit Herrn Rieger in den Geschäftsräumen des Unternehmens vereinbart. Sie dürfen auch an dem Gespräch teilnehmen.

Zur Vorbereitung auf das Kundengespräch bittet der Firmenkundenbetreuer Sie um die Erstellung folgender Unterlagen:

- Glossar über die im Kaufvertragsentwurf fett gedruckten Begriffe
- Ablaufschema zum Dokumentenakkreditiv
- Kundeninformation über die Vorteile eines Dokumentenakkreditivs
- Ausfüllen des Formulars „Akkreditiveröffnungsauftrag“

Das Dokumentenakkreditiv ist in den Einheitlichen Richtlinien und Gebräuchen für Dokumenten-Akkreditive (ERA) geregelt. Lesen Sie den folgenden Text und markieren Sie „Schlüsselbegriffe".

Information

Einheitliche Richtlinien und Gebräuche für Dokumenten-Akkreditive (Auszug)
– ICC-Publikation, ERA 600, Revision 2007 –

Artikel 2: Definitionen
Ein Akkreditiv begründet eine unwiderrufliche Verpflichtung der eröffnenden Bank, eine konforme Dokumentenvorlage zu honorieren. Eröffnende Bank ist die Bank, die ein Akkreditiv im Auftrag des Auftraggebers eröffnet. Auftraggeber ist die Partei, in deren Auftrag das Akkreditiv eröffnet wurde. Avisierende Bank bezeichnet die Bank, die das Akkreditiv im Auftrag der eröffnenden Bank dem Begünstigten avisiert. Begünstigter ist die Partei, zu deren Gunsten das Akkreditiv eröffnet ist. Bestätigende Bank ist die Bank, die einem Akkreditiv im Auftrag der eröffnenden Bank ihre Bestätigung hinzufügt.

Artikel 4: Akkreditive im Verhältnis zu Verträgen
Ein Akkreditiv ist seiner Natur nach ein von dem Kaufvertrag getrenntes Geschäft. Banken haben in keiner Hinsicht etwas mit einem solchen Vertrag zu tun. Folglich ist die Verpflichtung einer Bank zu honorieren nicht abhängig von den Ansprüchen oder Einreden des Auftraggebers, die sich aus seinen Beziehungen zur eröffnenden Bank oder zum Begünstigten ergeben.

Artikel 5: Dokumente im Verhältnis zu Waren, Dienstleistungen oder Leistungen
Banken befassen sich mit Dokumenten und nicht mit Waren, Dienstleistungen oder Leistungen, auf die sich die Dokumente möglicherweise beziehen.

Artikel 6: Benutzbarkeit, Verfalldatum und Ort der Dokumentenvorlage
a) Ein Akkreditiv muss die Bank angeben, bei der es benutzbar ist.
b) Ein Akkreditiv muss angeben, ob es durch Sichtzahlung, hinausgeschobene Zahlung, Akzeptleistung oder Negoziierung benutzbar ist. [...]
d) Ein Akkreditiv muss ein Verfalldatum für die Dokumentenvorlage angeben.
Der Ort der Bank, bei der das Akkreditiv benutzbar ist, ist der Ort der Dokumentenvorlage.

Artikel 7: Verpflichtung der eröffnenden Bank
Werden die vorgeschriebenen Dokumenten der benannten oder der eröffnenden Bank vorgelegt und stellen eine konforme Dokumentenvorlage dar, muss die eröffnende Bank honorieren.

Artikel 8: Verpflichtung der bestätigenden Bank
Werden die vorgeschriebenen Dokumente der bestätigenden oder einer anderen benannten Bank vorgelegt und stellen eine konforme Dokumentenvorlage dar, muss die bestätigende Bank honorieren. Eine bestätigende Bank ist ab dem Zeitpunkt der Hinzufügung der Bestätigung zu dem Akkreditiv unwiderruflich zur Honorierung verpflichtet.

Artikel 9: Avisierung von Akkreditiven und Änderungen
Ein Akkreditiv und jegliche Änderungen kann dem Begünstigten durch eine avisierende Bank avisiert werden.

Artikel 14: Grundsatz der Dokumentenprüfung
a) Eine benannte Bank, eine möglicherweise bestätigende Bank und die eröffnende Bank müssen die Dokumentenvorlage prüfen, um allein aufgrund der Dokumente zu entscheiden, ob die Dokumente ihrer äußeren Aufmachung nach eine konforme Dokumentenvorlage zu bilden scheinen.
b) Die Banken haben jeweils fünf Bankarbeitstage nach dem Tag der Dokumentenvorlage, um zu entscheiden, ob eine Dokumentenvorlage konform ist.
c) Eine Dokumentenvorlage, die ein Original-Transportdokument einschließt, darf nicht später als 21 Kalendertage nach dem Verladedatum, aber in jedem Fall nicht später als an dem Verfalldatum des Akkreditivs vorgelegt werden.

Artikel 34, 35: Haftungsausschluss für Wirksamkeit von Dokumenten und für Nachrichtenübermittlung
Banken übernehmen keine Haftung oder Verantwortung für Form, Vollständigkeit, Genauigkeit, Echtheit, Verfälschung oder Rechtswirksamkeit irgendeines Dokuments.
Banken übernehmen keine Haftung oder Verantwortung für die Folgen von Verzögerungen, Verlusten, Verstümmelungen oder sonstigen Irrtümern bei der Übermittlung von Nachrichten oder Versand von Briefen oder Dokumenten.

Planen und Entscheiden

Erstellen Sie einen Arbeits- und Zeitplan für die Bearbeitung der Lernsituation.

Durchführen

Glossar über die im Kaufvertragsentwurf fett gedruckten Begriffe

Einheitliche Richtlinien und Gebräuche für Dokumenten-Akkreditive (ERA)	
Dokumenten-akkreditiv	
CIF Rotterdam	
Bord-konnossement	voller Satz reingezeichnet an Order ausgestellt und blanko indossiert

Ursprungs-zeugnis	

Durchführen

Ablaufschema zum Dokumentenakkreditiv

Regio-Bank AG	National Bank of Korea
Argus Solution AG	Sun Electronic System Inc.

Kundeninformation über die Vorteile eines Dokumentenakkreditivs

Dokumentenakkreditiv	
Vorteile für den Importeur	Vorteile für den Exporteur

Durchführen

Akkreditiveröffnungsauftrag

Eröffnende Bank
Regio-Bank AG

Zur Weiterleitung an die
National Bank of Korea

Akkreditiveröffnungsauftrag

gültig bis in

Auftraggeber Konto-Nr.

Begünstigter

Bankverbindung des Begünstigten (soweit bekannt)

Währung/Betrag in Ziffern:

Betrag in Worten:

☐ per (Luft-)Post
☐ Swift brieflich ☐ Swift eilig
☐ mit Voravis

☐ höchstens exakt +/- %

☐ Das Akkreditiv soll übertragbar sein.

Akkreditiv benutzbar bei
☐ der eröffnenden Bank
☐ der avisierenden Bank jeder Bank

Bestätigung des Akkreditivs durch Auslandsbank
☐ nicht gewünscht ☐ gewünscht ☐ kann erfolgen

Gebührenregelung
☐ alle Geb. z. L. Auftraggeber ☐ alle Geb. z. L. Begünstigten
☐ Ihre Geb. z. L. Auftraggeber/fremde Geb. z. L. Begünstigten

durch
☐ Sichtzahlung Akzeptleistung Negoziierung
☐ hinausgeschobene Zahlung

Versicherung, wenn gewünscht, wird abgeschlossen
☐ vom Auftraggeber ☐ vom Begünstigten

gegen Vorlage nachstehend genannter Dokumente
☐ und Tratte(n) des Begünstigten per

Teillieferungen ☐ erlaubt ☐ nicht erlaubt
Umladungen ☐ erlaubt ☐ nicht erlaubt

gezogen auf

Verladung
von
zur Beförderung nach
letztes Verladedatum

Ware (möglichst **kurze Warenbezeichnung**)

Lieferbedingung ☐ INCOTERMS
☐ FOB ☐ CFR ☐ CIF ☐ oder sonstige vereinbarte Lieferbed.:
Verlade-/Bestimmungshafen:

Dokumente (bitte **genau** bezeichnen) ☐ Dokumente gemäß Anlage
☐ unterzeichnete Handelsrechnung (-fach)

☐ Transportdokumente (bitte **genau** bezeichnen)

☐ Versicherungspolice oder -zertifikat, blanko indossiert, ausweisend „Prämie bezahlt", decken 110 % des

☐ weitere Dokumente

Die Dokumente sind vorzulegen innerhalb von Tagen nach Verladedatum, jedoch innerhalb der Gültigkeitsdauer des Akkreditivs.

Zusätzliche Bedingungen

Wir beauftragen Sie, Ihr **unwiderrufliches** Dokumentenakkreditiv für unsere Rechnung - zulasten unseres Kontos - in Übereinstimmung mit vorstehenden Weisungen zu eröffnen. **Die Allgemeinen Geschäftsbedingungen der Regio-Bank AG sowie die beigefügt abgedruckten Bedingungen werden anerkannt.**

Datum | Firmenstempel und rechtsverbindliche Unterschrift/-en | Sachbearbeiter/-in | Telefon

Kontrolle

- **Tauschen Sie die von Ihnen erstellten Unterlagen mit Mitschülern aus, um die Materialien gegenseitig auf inhaltliche Richtigkeit und formale Ordnungsmäßigkeit zu prüfen.**
- **Vergleichen Sie die Formulierungen aus Artikel 14 der ERA mit den Ausführungen in Artikel 12 der ERI und diskutieren Sie die Unterschiede.**

Reflektieren und bewerten Sie Ihre Vorgehensweise und Ihre Arbeitsergebnisse.

Bewerten

Phase	Urteil	Verbesserungsvorschläge für diesen Bereich
Vorgehensweise	🙂 😐 🙁	
Arbeitsergebnisse	🙂 😐 🙁	

Aufgaben zur Lernsituation

1. Auszug aus einem Außenhandelskontrakt

Auszug aus dem am 17. September 20.. geschlossenen Außenhandelskontrakt zwischen einem Exporteur aus Deutschland und einem Importeur aus Paraguay:

Zahlungsbedingung:

Dokumentenakkreditiv	Verfalldatum:	12.11.20..
	Letztes Verladedatum:	22.10.20..

Vom Begünstigten vorzulegende Dokumente:

- full set (3/3), clean, shipped-on-board, blank endorsed bills of lading
- …
- …

Es gelten die Einheitlichen Richtlinien für Dokumenten-Akkreditive (ERA).

Welche der folgenden Aussagen über das Konnossement ist zutreffend? ☐

(1) Zur Übertragung der Rechte aus dem Konnossement ist eine Abtretungserklärung erforderlich.
(2) Die Übergabe des Konnossements ersetzt bei einer Eigentumsübertragung der transportierten Ware die Übergabe der Sache.
(3) Auf dem Übernahmekonnossement bestätigt der Reeder, dass sich die Ware an Bord eines namentlich genannten Schiffes befindet.
(4) Von einem reinen (clean) Konnossement spricht man, wenn keine Rechte von Dritten an der Ware (z. B. Pfandrecht) bekannt sind.
(5) Der Reeder liefert die Ware nur gegen Vorlage eines vollen Satzes (full set) der Konnossemente aus.

2. Akkreditiv

Welche der folgenden Aussagen zum Akkreditiv ist zutreffend? ☐

(1) Jedes Akkreditiv unterliegt auch ohne besondere Vereinbarung den „Einheitlichen Richtlinien und Gebräuchen für Dokumentenakkreditive“.
(2) Für den Importeur besteht beim Dokumentenakkreditiv das Risiko, dass der Exporteur minderwertige Ware liefert oder mit gefälschten Dokumenten den Anschein kontraktgemäßer Lieferung erweckt.
(3) Das Dokumentenakkreditiv kommt den Interessen des Importeurs stärker entgegen als das Dokumenteninkasso.
(4) Bei einem unbestätigten Dokumentenakkreditiv besteht zwischen der avisierenden Bank und dem Exporteur ein Geschäftsbesorgungsvertrag.
(5) Beim Dokumentenakkreditiv gibt die eröffnende Bank ein bedingtes, abstraktes Schuldversprechen gegenüber dem Importeur ab.

3. Dokumentenprüfung beim Akkreditiv

Welche zwei der folgenden Tätigkeiten gehören zur Dokumentenprüfung bei einer Bank, die für einen Kunden ein Akkreditiv eröffnet hat? ☐ ☐

(1) Vollständigkeitskontrolle der vorgelegten Dokumente
(2) Avisierung des Akkreditivs
(3) Prüfung der Übereinstimmung des Akkreditivs mit dem Kaufvertrag
(4) Belastung des Akkreditivgegenwertes bei Übereinstimmung von Akkreditiv und Dokumenten
(5) Prüfung der Akkreditiveröffnung auf Übereinstimmung mit dem Akkreditiveröffnungsantrag des Kunden
(6) Abgleich des Ausstellungsdatums des Konnossements mit dem spätesten Verladedatum im Akkreditiv

4. Lieferungsbedingung CIF Shanghai

Die Optik AG in Jena hat mit einem chinesischen Importeur, der Hang Sang Ltd., einen Vertrag über die Lieferung von 20 hochleistungsfähigen Elektronenmikroskopen zum Preis von insgesamt 88 000,00 EUR abgeschlossen. Als Zahlungsbedingung wurde ein Akkreditiv und als Lieferungsbedingung „CIF Shanghai" vereinbart. Zahlstelle ist die HSBC in Shanghai. Welche zwei der folgenden Aussagen hierzu sind zutreffend? ☐ ☐

(1) Für die Optik AG bleibt das Zahlungsrisiko durch die Hang Sang Ltd. bestehen.
(2) Die HSBC muss dieses Akkreditiv bestätigen.
(3) Die Optik AG muss einen Versicherungsvertrag über die Ware bis zur Ankunft im Bestimmungshafen abschließen.
(4) Die Hang Sang Ltd. trägt weiterhin das Risiko, dass die Ware nicht in vollem Maße den Dokumenten entspricht.
(5) Der Frachtvertrag muss von der Hang Sang Ltd. abgeschlossen werden. Die Optik AG ist allerdings verpflichtet, bei der Suche nach einem Frachtführer beratend tätig zu werden.
(6) Die Hang Sang Ltd. schließt durch die vereinbarte Zahlungsbedingung das Risiko aus, dass die Optik AG das Interesse an dem Auftrag verliert, die Ware nicht verschickt und dementsprechend keine Dokumente einreicht.

5. Abwicklung eines Dokumentenakkreditiv

Die Regio-Bank AG hat zugunsten der Sun Electronic Ltd. ein Dokumentenakkreditiv eröffnet. Benutzbar ist das Akkreditiv bei der avisierenden Bank.

Ordnen Sie die folgenden Tätigkeitsbeschreibungen in die richtige Reihenfolge, indem Sie die Ziffern „1" bis „8" in die Kästchen eintragen.

a) Prüfung der Dokumente bei der avisierenden Bank und Zahlung an den Begünstigten ☐
b) Erteilung eines Akkreditiveröffnungsauftrages ☐
c) Prüfung der Dokumente bei der eröffnenden Bank und Zahlung an die avisierende Bank ☐
d) Einreichung der Dokumente durch den Begünstigten ☐
e) Belastung des Auftraggebers und Aushändigung der Dokumente ☐
f) Akkreditiveröffnung ☐
g) Versand der Dokumente an die eröffnende Bank ☐
h) Avisierung des Akkreditivs an den Begünstigten ☐

6. Dokumentäre Auslandszahlungen

Entscheiden Sie, welche zwei der folgenden Aussagen zu dokumentären Auslandszahlungen zutreffend sind.

☐ ☐

(1) Beim Dokumenteninkasso geht die Initiative zur Erteilung des Inkassoauftrags vom Importeur aus.
(2) Im Vergleich zum Akkreditiv erhält der Exporteur sein Geld beim Dokumenteninkasso in der Regel zu einem früheren Zeitpunkt.
(3) Die Zahlungsbedingung „Dokumenteninkasso" birgt für den Exporteur ein höheres Erfüllungsrisiko als die Zahlungsbedingung „Dokumentenakkreditiv".
(4) Bei der Zahlungsbedingung „Dokumente gegen Akzept" wird dem Importeur in der Regel ein Zahlungsziel eingeräumt.
(5) Sowohl beim Inkasso als auch beim Akkreditiv müssen die beteiligten Banken die eingereichten Dokumente lediglich auf Vollzähligkeit in Übereinstimmung mit dem Kundenauftrag überprüfen.
(6) Sind die Dokumente gegen Zahlung auszuhändigen, zahlt die Einreicherbank den Betrag an die Inkassobank, die ihrerseits die Summe dem Exporteur gutschreibt.

7. Risiken bei einem unwiderruflichen bestätigten Dokumentenakkreditiv

Welche zwei Risiken bestehen für den Importeur bzw. für den Exporteur auch bei einem unwiderruflichen bestätigten Dokumentenakkreditiv?

☐ ☐

(1) Die vom Exporteur gelieferte Ware weist verschiedene Mängel auf.
(2) Der Exporteur reicht akkreditivgerechte Dokumente ein, der Importeur ist jedoch an der Lieferung nicht mehr interessiert und verweigert die Zahlung.
(3) Der Importeur bittet die Akkreditivbank, die Akkreditiveröffnung zu widerrufen.
(4) Die Akkreditivbank verweigert die Einlösung akkreditivkonformer Dokumente.
(5) Der Exporteur hat an dem Auftrag kein Interesse mehr und lässt die Akkreditivfrist verstreichen.
(6) Aufgrund einer Insolvenz kann der Importeur die angedienten Dokumente nicht annehmen.

2 Aufgaben zum Lernfeld

2.1 Kontoführung für das Möbelhaus Krause KG

1. Aufgabe

Das Möbelhaus Krause KG, Dieselstr. 15, 50369 Köln, möchte bei der Regio-Bank AG ein Kontokorrentkonto eröffnen.

Die Rechtsverhältnisse der Gesellschaft sind in dem folgenden Handelsregisterauszug dargestellt.

Amtsgericht Köln					**HR A 23765**
Nr. der Eintragung	**a) Firma b) Ort der Niederlassung**	**Geschäftsinhaber Persönlich haftende Gesellschafter**	**Prokura**	**Rechtsverhältnisse**	**a) Tag der Eintragung und Unterschrift b) Bemerkungen**
1	a) Möbelhaus Krause KG b) Köln	Josef Krause, Köln *14.05.1964 Karl Holzmann, Frechen *08.09.1968	Gesamtprokuristen: Hans Sommer, *03.06.1968 Fritz Winter, *26.04.1970 in Gemeinschaft mit einem persönlich haftenden Gesellschafter oder einem weiteren Prokuristen.	Kommanditgesellschaft. Beginn: 12.09.20.. Kommanditisten sind: Andreas Schneider, *30.10.1982, Köln, mit einer Einlage von 60 000,00 EUR.	a) 23.11.20..

a) Geben Sie Auskunft, welche Personen in welcher Weise zur Vertretung der Gesellschaft berechtigt sind.

b) Erläutern Sie, zu welchen Geschäften und Rechtshandlungen die Prokuristen Hans Sommer und Fritz Winter berechtigt sind.

c) Stellen Sie fest, wessen Legitimation nach den Bestimmungen der Abgabenordnung zu prüfen ist. Beschreiben Sie auch die zur Legitimationsprüfung erforderlichen Maßnahmen.

2. Aufgabe

Der Möbelhersteller Span & Platte GmbH beabsichtigt, Möbel im Wert von 42000,00 EUR unter Einräumung eines Zahlungszieles von drei Monaten an das Möbelhaus Krause KG zu liefern. Zur Beurteilung der Bonität des Käufers bittet die Span & Platte GmbH um eine Bankauskunft.

Welche Regelungen sehen die AGB der Kreditinstitute für die Erteilung von Auskünften über dieses Konto vor?

3. Aufgabe

Das Möbelhaus Krause KG beantragt die Einräumung einer Kontokorrentlinie.

Geben Sie Auskunft über den Umfang der Haftung der Gesellschafter. Berücksichtigen Sie dabei, dass Andreas Schneider auf seine Einlage einen Betrag von 20000,00 EUR geleistet hat.

4. Aufgabe

Am 18. Februar 20.. beanstandet die Krause KG die Ausführung eines von Hans Sommer und Fritz Winter ausgestellten Überweisungsauftrages vom 14. Februar 20.. mit dem Hinweis, dass gemäß des am 26. Januar 20.. veröffentlichten Handelsregisterauszuges die Prokura von Hans Sommer erloschen sei und Fritz Winter nur zusammen mit einem persönlich haftenden Gesellschafter zur Vertretung berechtigt sei.

Prüfen Sie, ob die Reklamation der Krause KG berechtigt ist.

5. Aufgabe

Am 15. März 20.. bittet die Krause KG um Auskunft, ob sie ihrem Handlungsbevollmächtigten Jochen Herbst eine Kontovollmacht für das Kontokorrentkonto 120645 erteilen könne und zu welchen Geschäften und Rechtshandlungen diese Vollmacht berechtige. Eine Erweiterung oder Beschränkung der Vollmacht durch besondere Vereinbarung ist nicht vorgesehen. Herr Herbst soll gemeinsam mit einem Prokuristen vertretungsberechtigt sein.

Beraten Sie den Kunden.

2.2 Kontoführung für die Schröder GmbH & Co. KG

Die folgenden Handelsregisterauszüge geben Auskunft über die Schröder GmbH und die Schröder GmbH & Co. KG.

Amtsgericht Köln					**HR A 23765**
Nr. der Eintragung	**a) Firma b) Ort der Niederlassung**	**Geschäftsinhaber Persönlich haftende Gesellschafter**	**Prokura**	**Rechtsverhältnisse**	**a) Tag der Eintragung und Unterschrift b) Bemerkungen**
1	a) Schröder GmbH & Co. KG b) Köln	Schröder GmbH	Einzelprokurist: Franz Schröder, Köln. *20.06.1967 Gesamtprokuristen: Rainer Möller, Köln *12.06.1969 Sabine Pohl, Düren, *03.01.1983, in Gemeinschaft mit einem weiteren Prokuristen.	Kommanditgesellschaft. Beginn: 12.03.20.. Kommanditisten sind: Franz Schröder, Köln, *20.06.1967 mit einer Einlage von 240 000,00 EUR Rainer Möller, Köln, *12.06.1970 mit einer Einlage von 180 000,00 EUR	a) 12.03.20..
2			Die Prokura Sabine Pohl ist erloschen.		a) 10.09.20..
3			Gesamtprokuristin: Erika Reinartz, Frechen, *11.11.1983 in Gemeinschaft mit einem weiteren Prokuristen.		a) 10.09.20..

Hinweise: Sabine Pohl wurde am 5. August 20.. die Prokura entzogen.
Erika Reinartz wurde am 12. August 20.. Prokura erteilt.
Beide Änderungen der Vertretungsverhältnisse wurden dem Kreditinstitut am 20. August 20.. mitgeteilt.

Amtsgericht Köln						**HR B 43252**
Nr. der Eintragung	**a) Firma b) Ort der Niederlassung c) Gegenstand des Unternehmens**	**Grund- oder Stammkapital in EUR**	**Vorstand Geschäftsführer**	**Prokura**	**Rechtsverhältnisse**	**Tag der Eintragung und Unterschrift**
	a) Schröder GmbH b) Köln c) Gegenstand des Unternehmens ist die Beteiligung an anderen Unternehmen.	100 000,00	Franz Schröder, Kaufmann, Köln *20.06.1967 Rainer Möller, Ingenieur, Köln *12.06.1970		Gesellschaft mit beschränkter Haftung. Gesellschaftsvertrag vom 21. Jan. 20...	25.02.20..

Hinweis: Das Stammkapital wurde von folgenden Gesellschaftern gezeichnet:
- Franz Schröder 70 000,00 EUR
- Rainer Möller 30 000,00 EUR

1. Aufgabe

Die Gesellschaften möchten mit der Regio-Bank AG in Geschäftsverbindung treten. Stellen Sie anhand der Handelsregisterauszüge fest, welche Personen in welcher Weise jeweils zur Vertretung der Gesellschaft berechtigt sind. Begründen Sie Ihre Antworten.

a) Kontoeröffnung für die Schröder GmbH & Co. KG am 18. März 20..

b) Kontoeröffnung für die Schröder GmbH am 18. März 20..

c) Abschluss eines Kreditvertrages über 400 000,00 EUR für die Schröder GmbH & Co. KG am 26. August 20..

d) Belastung des Betriebsgrundstückes der Schröder GmbH & Co. KG mit einem Grundpfandrecht zur Sicherung des Darlehens aus c) am 14. September 20..

2. Aufgabe

Die Schröder GmbH & Co. KG gerät in Zahlungsschwierigkeiten.

Erläutern Sie die Haftung der Gesellschaft.

3. Aufgabe

Franz Schröder hat seine Stammeinlage bei der Schröder GmbH und seine Kommanditeinlage bei der Schröder GmbH & Co. KG jeweils zur Hälfte eingezahlt.

a) Wie viel Euro beträgt die persönliche Haftung von Franz Schröder für die Verbindlichkeiten der Schröder GmbH?

b) Wie viel Euro beträgt die persönliche Haftung von Franz Schröder für die Verbindlichkeiten der Schröder GmbH & Co. KG?

2.3 Die Agrippa Verwaltungsgesellschaft mbH zieht Mieten ein

1. Aufgabe

Nach Fertigstellung des Coloniacenters, einer in der Kölner City gelegenen Immobilie, wird die Agrippa Verwaltungsgesellschaft mbH mit der Vermietung der darin gelegenen Einzelhandelsgeschäfte, Restaurants und Cafés sowie 25 Firmenbüros und 110 Mietwohnungen beauftragt. Der Geschäftsführer der Gesellschaft wendet sich wegen einer möglichst kostensparenden, einfachen und sicheren Abwicklung der Mietzahlungen an den Firmenkundenberater der Regio-Bank AG.

a) Beraten Sie die Agrippa Verwaltungsgesellschaft über das Lastschriftverfahren als vorteilhafte Möglichkeit des Mietinkassos.

b) Erläutern Sie die rechtlichen Voraussetzungen, die im Verhältnis zwischen den beteiligten Personen erfüllt sein müssen, damit das Lastschriftverfahren praktiziert werden kann.

c) Unterscheiden Sie das SEPA-Basis-Lastschriftverfahren und das SEPA-Firmen-Lastschriftverfahren und entscheiden Sie, welches Verfahren Sie dem Geschäftsführer der Agrippa Verwaltungsgesellschaft empfehlen.

d) Begründen Sie die ggf. erforderliche Festsetzung eines Lastschriftobligos.

2. Aufgabe

Am 20. April reicht die Agrippa Verwaltungsgesellschaft unter anderem die folgenden Lastschriften zum Einzug ein.

Lastschriftart	SEPA-Basis-Lastschrift	SEPA-Firmen-Lastschrift
Zahlstelle	Westbank AG	Ostbank AG
Fälligkeit	01.05.20..	01.05.20..
Betrag	636,56 EUR	3 500,00 EUR
Mandat-Nr. mit Gläubiger-ID	23763974652	542038000542
Name Zahlungspflichtiger	Verena Lange	Dr. jur. Stein

a) Beschreiben Sie die Arbeitsvorgänge bei der Regio-Bank AG im Zusammenhang mit der Bearbeitung der eingereichten Lastschriften.

b) Beschreiben Sie die Arbeitsvorgänge bei der Westbank AG im Zusammenhang mit der Einlösung der Lastschrift.

3. Aufgabe

Da das Konto von Dr. Stein nicht die erforderliche Deckung aufweist, wird die am 30. April eingegangene Lastschrift von der Ostbank AG nicht eingelöst.

Beschreiben Sie die Arbeitsvorgänge bei der Ostbank AG im Zusammenhang mit der Nichteinlösung der Lastschrift.

4. Aufgabe

Am 2. Juni spricht Frau Lange bei der Westbank AG unter Vorlage des Kontoauszuges mit der betreffenden Belastungsbuchung vor. Sie möchte der Belastung widersprechen, da sie ihren Mietvertrag gekündigt habe und bereits vor zwei Wochen ausgezogen sei.

Beurteilen Sie die Rechtmäßigkeit des Widerspruchs.

Lernfeld 4:

Kunden über Anlagen auf Konten und staatlich gefördertes Sparen beraten

4

Zielbeschreibung:

Sie verfügen über die Kompetenz, Kunden unter Berücksichtigung von staatlichen Fördermöglichkeiten über die Formen der Geldanlage auf Konten zu beraten.

1 Lernsituationen

1.1 Anlage auf Konten für die Eheleute Anna und Paul Gehring

Situationsbeschreibung

Die Eheleute Anna und Paul Gehring sind aus beruflichen Gründen an Ihren Ausbildungsort gezogen und haben bei Ihrem Ausbildungsinstitut ein Girokonto mit Einzelverfügungsberechtigung eröffnet.

Bei ihrer bisherigen Bank wurden die Konten aufgelöst und das Geld von den dort geführten Sparkonten auf das neue Girokonto bei Ihrem Ausbildungsinstitut überwiesen. Auf diesem Konto befinden sich daher zurzeit 44 394,00 EUR.

Kundendaten	Eheleute Anna und Paul Gehring			Kinder: 2 (6 Jahre 12 Jahre)	
		Alter	**Beruf**	**Arbeitgeber**	**Monatsnettoeinkommen**
	Paul Gehring	42 Jahre	Techniker	Argus Solution AG	2 550,00 EUR
	Anna Gehring	39 Jahre	Laborantin	Syntec GmbH	2 140,00 EUR

Kontenübersicht	**Konten / Depots**	**Betrag**	**Zusatzinformationen**
	Girokonto: Eheleute Einzelverfügung	H 44 394,00 EUR	zwei Girocards zwei Kreditkarten
	Sparkonto:	-----	
	Depot:	-----	
	Freistellungsauftrag: 1 200,00 EUR *bereits beansprucht:* 0,00 EUR		

Sie haben die Eheleute telefonisch über den Geldeingang informiert und mit ihnen einen Beratungstermin vereinbart.

In dem Gespräch mit Frau Gehring haben Sie in Erfahrung gebracht, dass die Eheleute risikoscheu sind und einen Betrag von 38 000,00 EUR für circa vier Jahre anlegen möchten.

Zur Vorbereitung auf das Kundengespräch erstellen Sie

- eine Beschreibung der Kompetenzen, die ein Berater benötigt, um ein gutes Beratungsgespräch führen zu können,
- einen Fragenkatalog zur Informationsphase, um systematisch die Anlageziele, die Risikotoleranz und zukünftige Bedarfssignale der Kunden zu erschließen,
- eine Übersicht zu den infrage kommenden Produkten und
- eine Liste mit den für das Beratungsgespräch benötigten Unterlagen.

Sie beraten die Eheleute. Sie beschränken dabei das simulierte Gespräch auf die Kontaktphase (Attention) und auf die Informationsphase (Analysephase, Interest).

Information

Notieren Sie im Fall dargestellte Kundeninformationen, die Sie für eine Beratung benötigen. Tauschen Sie sich mit Ihren Tischnachbarn darüber aus, wie in Ihrem Ausbildungsbetrieben Beratungsgespräche aufgebaut sind und welche Beratungshilfen und Verkaufsunterlagen die Berater nutzen.

Planen und Entscheiden

- **Stellen Sie fest, welche Informationen und Materialien Sie für die Bearbeitung der Lernsituation benötigen.**
- **Erstellen Sie einen Arbeits- und Zeitplan.**

Durchführen

Bearbeiten Sie die Unterlagen zu den Handlungsprodukten.

Beschreibung der benötigten Kompetenzen eines Beraters

Fragenkatalog zur Informationsphase

Bereich	Fragen
Anlageziele	
Wirtschaftliche und persönliche Verhältnisse	

Durchführen

Risikotoleranz	
Bedarfssignale	

Übersicht zu den infrage kommenden Produkten

Spareinlagen	
Merkmale	Erläuterungen
Wesen *(§ 21 Abs. 4 RechKredV)*	
Sparurkunde *(§ 808 BGB)*	

Durchführen

Spareinlagen	
Merkmale	**Erläuterungen**
Liquidität	
Sicherheit	
Rentabilität	

Sondersparformen des eigenen Ausbildungsbetriebes	
Produktname	**Erläuterungen**

Durchführen

Festgelder	
Merkmale	**Erläuterungen**
Wesen	
Liquidität	
Sicherheit	
Rentabilität	

Tagesgeldkonten	
Merkmale	**Erläuterungen**
Wesen	
Liquidität	
Sicherheit	
Rentabilität	

Durchführen

Liste mit den für das Beratungsgespräch benötigten Unterlagen

Benötigte Unterlagen

Beratungsgespräch zur Kontakt- und Informationsphase

- Die „Kunden“ können in den simulierten Gesprächen weitere (ausgedachte) Angaben zu ihren persönlichen und wirtschaftlichen Verhältnissen sowie zu ihren Anlagezielen und Anlagepräferenzen machen.
- Das Gespräch sollte circa zehn Minuten dauern.

Kontrolle

- Tauschen Sie die von Ihnen erstellten Unterlagen mit Mitschülern aus, um die Materialien gegenseitig auf Vollständigkeit und Richtigkeit zu prüfen.
- Feedback von Mitschülern unter Nutzung eines Feedbackbogens

Bewerten

Reflektieren und bewerten Sie Ihre Vorgehensweise und Ihre Arbeitsergebnisse.

Phase	Urteil	Verbesserungsvorschläge für diesen Bereich
Beschreibung der Beraterkompetenzen	🙂 😐 🙁	
Fragenkatalog	🙂 😐 🙁	
Produktübersichten	🙂 😐 🙁	
Liste mit Beratungsunterlagen	🙂 😐 🙁	
Beratungsgespräch	🙂 😐 🙁	

Aufgaben zur Lernsituation

1. Anlage auf Tagesgeldkonten

Sie beraten Ihre Kundin Katharina Bach über eine Geldanlage auf einem Geldmarktkonto.

Mit welcher der folgenden Aussagen beraten Sie die Kundin richtig? ☐

(1) „Sie erhalten für Ihre Einlagen den Geldmarktzins, zu dem sich Banken untereinander kurzfristige Darlehen gewähren."
(2) „Auf Wunsch räumen wir Ihnen eine Überziehungslinie in Höhe von zwei Monatsgehältern auf dem Konto ein."
(3) „Für die Kontoführung zahlen Sie die üblichen Kontoführungsgebühren."
(4) „Zu dem Konto erhalten Sie eine Girocard, mit der Sie an Geldautomaten Bargeld abheben können und mit der Sie in Geschäften bargeldlos zahlen können."
(5) „Am Ende jeden Quartals erhalten Sie eine Zinsgutschrift, sodass Sie in den folgenden Quartalen einen Zinseszinseffekt erzielen."

2. Spareinlagen

Herbert Fuhrmann ist selbstständiger Finanzberater und betreibt seine Geschäfte unter dem Namen Fuhrmann-Finanzberatung GmbH. Nun möchte er bei der Regio-Bank AG ein Sparkonto mit dreimonatiger Kündigungsfrist eröffnen, auf das er 6 200,00 EUR einzahlen möchte.

Mit welcher der folgenden Aussagen beraten Sie den Kunden richtig? ☐

(1) „Wir können das Sparkonto auf Ihren Namen oder auf den Namen der GmbH eröffnen."
(2) „Wir sind berechtigt, fällige Gelder an jeden Vorleger der Sparurkunde ohne Legitimationsprüfung auszuzahlen."
(3) „Sie können innerhalb von 30 Kalendertagen über jeweils 2 000,00 EUR vorschusszinsfrei verfügen."
(4) „Für Ihre Mietzahlungen können Sie einen Dauerauftrag zulasten des Sparkontos einrichten."
(5) „Über kapitalisierte Zinsen können Sie ohne Anrechnung auf den Freibetrag binnen drei Monaten nach der Gutschrift frei verfügen."

3. Anlage auf Spar-, Tagesgeld- und Festgeldkonten

Sie informieren Simone Pohl über eine Geldanlage auf Konten. Stellen Sie fest, welche der folgenden Anlageformen in den untenstehenden Aussagen angesprochen sind.

Anlageformen
(1) Spareinlagen
(2) Tagesgeldkonto
(3) Festgelder
(4) Alle Anlageformen treffen zu.
(5) Keine der Anlageformen trifft zu.

Aussagen

a) Die Verzinsung der Einlage ist an einen Referenzzinssatz (z. B. Euribor) gebunden. ☐
b) Der Zinssatz ist für die gesamte Laufzeit fest. ☐
c) Die Kündigungsfrist beträgt mindestens drei Monate. ☐
d) Eine vorzeitige Verfügung ist in der Regel nicht möglich. ☐
e) Im Fall der Insolvenz der Bank sichert der Einlagensicherungsfonds die Ansprüche des Anlegers. ☐
f) Die Hereinnahme der Einlage von Kapitalgesellschaften ist in keinem Fall zulässig. ☐

4. Anforderungen an Spareinlagen

Kreditinstitute können Einlagen als Spareinlagen in der Bilanz ausweisen, wenn diese Einlagen den Erfordernissen des § 21 Rechnungslegungsverordnung für Kreditinstitute (RechKredV) entsprechen.

a) Stellen Sie fest, welche zwei der folgenden Aussagen über Spareinlagen zutreffend sind. ☐ ☐

(1) Sparkonten dürfen nur für natürliche Personen errichtet werden.
(2) Bei vorzeitiger Verfügung muss immer ein Vorfälligkeitsentgelt gezahlt werden.
(3) Spareinlagen dürfen nicht befristet angenommen werden.
(4) Verfügungen über Spareinlagen sind nur durch Barauszahlung möglich.
(5) Daueraufträge zugunsten des Sparkontos sind untersagt.
(6) Für die Einlage muss eine Urkunde ausgestellt werden.

b) In welchen zwei Fällen darf das Kreditinstitut die angebotene Einlage nicht als Spareinlage führen? ☐ ☐

(1) Peter Fritsch möchte seine Betriebsrente auf ein Sparkonto überweisen lassen, den Betrag benötigt er nicht für seinen Lebensunterhalt.
(2) Der Pfarrer der katholischen Kirchengemeinde „Maria Hilf" möchte 234,00 EUR aus der Sonntagskollekte auf dem Sparkonto der Gemeinde anlegen.
(3) Dachdeckermeister Rolf Degener, Inhaber des Einzelunternehmens Dach Degener e.K, möchte 25 000,00 EUR vom Firmenkonto auf sein Sparkonto überweisen, um eine Rücklage für das Alter zu haben.
(4) Die Wohnungsbaugenossenschaft BUGO eG sucht eine Anlagemöglichkeit für erhaltene Mietkautionen.
(5) Die Fruchthof AG sucht für Gelder, die sie nicht für den Zahlungsverkehr benötigt, eine verzinsliche Anlage.
(6) Hermann Klein möchte über seine Einlage auch mittels Girocard verfügen können.

LIBOR
London Interbanking Offered Rate
Zinssatz mit dem sich Banken untereinander Geld leihen

EURIBOR
European Interbanking offered rate

Report - Zuschlag
Deport - Abschlag

1.2 Sparkontoabrechnung

Situationsbeschreibung

Paul Gehring kommt am 19.11.2020 zu Ihnen in die Filiale und möchte 1 000,00 EUR auf sein Sparkonto mit dreimonatiger Kündigungsfrist einzahlen.

Die Eheleute Gehring haben einen Freistellungsauftrag über 1 200,00 EUR erteilt, diesen jedoch schon bis auf einen Restbetrag von 100,00 EUR ausgenutzt. Herr Gehring befürchtet nun, dass am Jahresende von den Zinsen Steuern einbehalten werden. Weitere Kapitalerträge fallen im Jahr 2020 nicht mehr an.

Paul Gehring meint, dass er – falls der Freistellungsauftrag nicht ausreicht – eine Nichtveranlagungsbescheinigung einreichen könnte. Mit einer solchen Bescheinigung habe sein Vater gute Erfahrungen gemacht.

Auf dem Sparkonto sind folgende Buchungen erfasst:

	A	B	C	D	E	F	G
1	**Sparkonto**		Paul und Anna Gehring			KENNWORT VEREINBART	
2							
3	Zinssatz	**0,40%**		Vorschusszinsen	**0,10%**		
4							
5	**Buchungstag**	**Text**	**Betrag**	**Wert**	**Zinstage**	**Zinsen**	**VZ**
6	02.01.2020	Vortrag	38 250,41 EUR	31.12.2019	360	153	
7	06.01.2020	Einzahlung	3 000,00 EUR	05.01.2020	355	11,63	
8	18.05.2020	Auszahlung	-4 000,00 EUR	17.05.2020	223	-9,91	
9	07.09.2020	Einzahlung	500,00 EUR	06.09.2020	114	0,63	
10	13.10.2020	Auszahlung	-3 500,00 EUR	12.10.2020	78	-3,03	-1,38
11	19.11.2020	Einzahlung	1 000,00 EUR	18.11.2020	42	0,47	
12		**Summe**	35.250,41	31.12.2020		152,99	1,38
13					abzgl. VZ	– 1,38	
14					Zinsertrag	151,62	

Sie versprechen Herrn Gehring, die voraussichtliche Zinsgutschrift am Jahresende zu ermitteln, um ihn über eventuelle Steuern informieren zu können.

Da Herr Gehring noch etwas in der Stadt zu erledigen hat, vereinbaren Sie mit dem Kunden einen Termin in einer Stunde.

Zur Vorbereitung auf den Gesprächstermin erstellen Sie

- eine Übersicht zur Abrechnung von Sparkonten und zur Berechnung von Vorschusszinsen,
- eine Übersicht zum Freistellungsauftrag und zur Nichtveranlagungsbescheinigung,
- Excel-Kalkulationstabellen zur Sparkontoabrechnung und
- die Ermittlung des Nettozinsertrages unter Berücksichtigung von Steuern und Freistellungsauftrag (FSA).

Information

Formulieren Sie vier Fragen, die Sie dem Kunden später beantworten möchten.

Planen und Entscheiden

Erstellen Sie einen Arbeits- und Zeitplan für die Bearbeitung der Lernsituation.

Durchführen

Bearbeiten Sie die Unterlagen zu den Handlungsprodukten.

Übersicht zur Abrechnung von Sparkonten und zur Berechnung von Vorschusszinsen

Regelung	Beschreibung
Zinsberechnungs-methode	$z = \frac{k \cdot p \cdot t}{100 \cdot 360}$ - jeder Monat 30 Tage - Jahr 360 Tage
Progressive Postenmethode	- Die Zinsen werden stets im Voraus bis zum Jahresende ermittelt
Beginn der Verzinsung	mit dem Tag der Einzahlung
Ende der Verzinsung	Vorhergehender Kalendertag
Wertstellung	bei Ein- und Auszahlungen jeweils der vorhergehende Kalendertag
Zinskapitalisierung	erfolgt am Jahresende bzw. bei Kontoauflösung
Berechnung von Vorschusszinsen	1/4 vom Habenszinssatz - Berechnung nach 90-Tage-Methode oder nach kaufmännisch-taggenaue Methode ↳ Abhebungsvaluta relevant

Durchführen

Übersicht zum Freistellungsauftrag und zur Nichtveranlagungsbescheinigung

Nicht veranlagungs

Merkmal	FSA	NV-Bescheinigung
Gutschrift von Kapitalerträgen ohne Steuerabzug, sofern ...	bis 801 für Alleinstehende bis 1602,00 für Verheiratete	→ Finanzamt stellt NV-Bescheinigung auf Antrag des Steuerpflichtigen aus → wenn die Kapitalerträge nicht einkommensteuerpflichtig sind
Beantragung bei ...	KI	Finanzamt

Excel-Kalkulationstabellen zur Sparkontoabrechnung

Orientieren Sie sich beim Aufbau der Excel-Tabellen an der folgenden Abbildung:

	A	B	C	D	E	F	G
1	**Sparkonto**		Paul und Anna Gehring			KENNWORT VEREINBART	
2							
3	Zinssatz	0,40%		Vorschusszinsen	0,10%		
4							
5	**Buchungstag**	**Text**	**Betrag**	**Wert**	**Zinstage**	**Zinsen**	**VZ**
6	02.01.2020	Vortrag	38 250,41 EUR	31.12.2019			
7	06.01.2020	Einzahlung	3 000,00 EUR	05.01.2020			
8	18.05.2020	Auszahlung	-4 000,00 EUR	17.05.2020			
9	07.09.2020	Einzahlung	500,00 EUR	06.09.2020			
10	13.10.2020	Auszahlung	-3 500,00 EUR	12.10.2020			
11	19.11.2020	Einzahlung	1 000,00 EUR	18.11.2020			
12		**Summe**		31.12.2020			
13					abzgl. VZ		
14					Zinsertrag		

Notieren Sie für die angegebenen Zellen die Formeln und Funktionen:

Zelle	Name der Funktion/ Formel	Syntax (Schreibweise in Excel)
C12		
E10		
F10		
G10		
F12		
F13		
F14		

Ermittlung des Nettozinsertrages unter Berücksichtigung von Steuern und Freistellungsauftrag (FSA)

Orientieren Sie sich beim Aufbau an der folgenden Abbildung:

	A	B	C	D
1		**Abrechnung unter Berücksichtigung von Steuern und FSA**		
2				
3		Zinsertrag		
4	-	FSA		100,00 EUR
5	=	**steuerpflichtiger Ertrag**		
6	-	Kapitalertragsteuer	25,00%	
7	-	Solidaritätszuschlag	5,50%	
8	+	steuerfreier Anteil		
9	=	**Ertrag nach Steuern**		

Notieren Sie für die angegebenen Zellen die Formeln und Funktionen:

Zelle	Name der Funktion/ Formel	Syntax (Schreibweise in Excel)
D3		
D5		
D6		
D7		
D8		
D9		

Durchführen

- **Bilden Sie Zweierteams und gleichen Sie Ihre Ergebnisse ab. Ergänzen Sie bei Bedarf fehlende Punkte in Ihren Unterlagen.**
- **Überlegen Sie sich drei (idealerweise bankspezifische) Beispiele, bei denen die Verwendung von absoluter Adressierung sinnvoll ist.**

Kontrolle

Reflektieren und bewerten Sie Ihre Vorgehensweise und Ihre Arbeitsergebnisse.

Phase	Urteil	Verbesserungsvorschläge für diesen Bereich
Übersicht zur Abrechnung von Sparkonten		
Übersicht zum Freistellungsauftrag und zur Nichtveranlagungsbescheinigung		
Excel-Kalkulationstabellen zur Sparkontoabrechnung		
Ermittlung des Nettozinsertrages		

Bewerten

Aufgaben zur Lernsituation

1. Sparkontoabrechnung für Norbert Greiner mit Kontoauflösung

Die Regio-Bank AG führt ein Sparkonto mit dreimontiger Kündigungsfrist für Norbert Greiner.
Der Zinssatz beträgt 2 %.
Der Kunde hat einen ausreichenden Freistellungsauftrag erteilt.

Buchungstag	Text	Betrag	Wert	Zinstage	Zinsen	VZ
02.01.	Vortrag	6 750,00 EUR				
05.03.	Einzahlung	+ 860,00 EUR				
		7 610,00 EUR				
18.04.	Einzahlung	+ 730,00 EUR				
		8 340,00 EUR				
09.07.	Auszahlung	– 2 900,00 EUR				
		5 440,00 EUR				
24.09.	Auszahlung	– 350,00 EUR				
		5 090,00 EUR				
16.11.	Einzahlung	+ 850,00 EUR				
		5 940,00 EUR				

a) Rechnen Sie das Sparkonto zum 31. Dezember ab.

b) Das Konto wird am 27. Februar des folgenden Jahres ohne vorherige Kündigung aufgelöst. Das Guthaben wird bar ausgezahlt.
Rechnen Sie das Sparkonto ab.

2. Auflösung des Sparkontos von Maria Stavic

Das unten stehende Sparkonto wird am 16. Dezember (Wert 15.12.) aufgelöst.
Der letzte Umsatz stammt vom 22. Oktober dieses Jahres.
Eine Kündigung ist nicht erfolgt.

Buchungstag	Text	Betrag	Wert	Zinstage	Zinsen
⋮	⋮	⋮	⋮	⋮	⋮
22.10.	Abhebung	1 800,00 EUR 8 340,00 EUR	21.10.	69	6,90 EUR 234,56 EUR

Kündigungsfrist:	3 Monate
Zinssatz:	2 % p. a.
Freistellungsauftrag:	166,70 EUR (Restbetrag)
Auftrag zum Einbehalt der KiSt:	nein

Ermitteln Sie

a) die Habenzinsen, EUR ☐☐☐☐,☐☐

b) die Vorschusszinsen, EUR ☐☐,☐☐

c) den Auszahlungsbetrag. EUR ☐☐☐☐☐,☐☐

1.3 Festgeldabrechnung

Situationsbeschreibung

Die Eheleute Anna und Paul Gehring haben folgendes Festgeld bei der Regio-Bank AG angelegt:

- Betrag: 55 000,00 EUR
- Laufzeit: 3 Monate
- Zinssatz: 1,40 % p. a.

Das Festgeld ist in der nächsten Woche fällig.

Der Freistellungsauftrag (FSA) der Kunden ist ohne Berücksichtigung des Festgeldes bereits bis auf einen Restbetrag von 100,00 EUR ausgeschöpft. Der Zinsertrag mindert sich deshalb um 25,00 % Kapitalertragsteuer (KESt) und 5,50 % Solidaritätszuschlag (SolZ). Die Kirchensteuer (KiSt) bleibt unberücksichtigt, da die Eheleute dem Einbehalt der Kirchensteuer widersprochen haben.

Sie möchten die Kunden über die Fälligkeit des Festgeldes und über den Zinsertrag nach Steuern informieren. Da Sie nicht wissen, ob die Eheleute Gehring das Geld bei Fälligkeit für eine Anschaffung benötigen oder ob sie es weiter anlegen möchten, bieten Sie den Eheleuten Gehring in dem Schreiben ein Beratungsgespräch und auch eine Verlängerung des Festgeldes zu folgenden Konditionen an:

Laufzeit				
1 Monat	**2 Monate**	**3 Monate**	**6 Monate**	**12 Monate**
1,10 %	1,15 %	1,25 %	1,40 %	1,45 %

In diesem Zusammenhang erstellen Sie

- eine Übersicht zur Festgeldabrechnung,
- eine Excel-Kalkulationstabelle zur Festgeldabrechnung,
- eine Formatvorlage für einen Geschäftsbrief der Regio-Bank AG und
- ein Anschreiben (Geschäftsbrief) an die Eheleute Gehring über das fällige Festgeld und die aktuellen Konditionen.

Nennen Sie vier Inhalte des Anschreibens an die Eheleute Gehring.

Information

Information

Nennen Sie fünf Regelungen, die Sie bei der Gestaltung von Geschäftsbriefen nach DIN 5008 beachten sollten.

Planen und Entscheiden

Erstellen Sie einen Arbeits- und Zeitplan für die Bearbeitung der Lernsituation.

Durchführen

Bearbeiten Sie die Unterlagen zu den Handlungsprodukten.

Übersicht zur Festgeldabrechnung

Regelung	Beschreibung
Zinsberechnungs-methode	
Beginn der Verzinsung	
Ende der Verzinsung	
Zinskapitalisierung	

Excel-Kalkulationstabelle zur Festgeldabrechnung

Rechnen Sie das unten angegebene Festgeld unter Berücksichtigung vom restlichen Freistellungsauftragvolumen ab und geben Sie die Excel-Formeln und Funktionen an. Beachten Sie, dass ein Steuerabzug nur anfällt, wenn kein ausreichender Freistellungs-auftrag besteht.

Durchführen

Anlagebetrag: Zinssatz: Laufzeit: FSA:	55 000,00 EUR 1,40 % 90 Tage 100,00 EUR
	Zellen
Zinsen	B 8
– FSA	B 9
– 25 % KESt	B 10
– 5,5 % SolZ	B 11
= Zinsertrag nach Steuern	B 12
Gutschrift bei Fälligkeit	B 14

Notieren Sie die Formeln und Funktionen der angegebenen Zellen.

Zelle	Name der Funktion/ Formel	Syntax (Schreibweise in Excel)
B8		
B9		
B10		
B11		
B13		
B14		

Formatvorlage für einen Geschäftsbrief

Erstellen Sie eine Geschäftsbriefvorlage nach DIN 5008 für die Regio-Bank AG. Tragen Sie alle gesetzlichen Pflichtangaben und sonstige benötigte Unternehmensdaten zusammen und übernehmen Sie diese Informationen in Ihre Vorlage.

Anschreiben an die Eheleute Gehring

Erstellen Sie ein kundenorientiertes Anschreiben an die Eheleute Gehring unter Beachtung der DIN-5008-Vorschriften über die Gestaltung von Geschäftsbriefen.

Kontrolle

Tauschen Sie die von Ihnen erstellten Unterlagen mit Mitschülern aus, um die Materialien gegenseitig auf Richtigkeit und Vollständigkeit zu prüfen

- Übersicht zur Festgeldabrechnung
- Excel-Kalkulationstabellen zur Festgeldabrechnung
- Formatvorlage für einen Geschäftsbrief
- Anschreiben an die Eheleute Gehring

Bewerten

Reflektieren und bewerten Sie Ihre Vorgehensweise und Ihre Arbeitsergebnisse.

Phase	Urteil	Verbesserungsvorschläge für diesen Bereich
Übersicht zur Festgeldabrechnung	🙂 😐 🙁	
Excel-Kalkulationstabellen zur Festgeldabrechnung	🙂 😐 🙁	
Formatvorlage für Geschäftsbrief	🙂 😐 🙁	
Inhaltliche Gestaltung des Geschäftsbriefes	🙂 😐 🙁	

Aufgaben zur Lernsituation

1. Festgeldabrechnung für Helmut Brieg

Helmut Brieg hat am 5. August 15 000,00 EUR als Festgeld bei der Regio-Bank AG zum Zinssatz von 3,25 % für drei Monate angelegt. Ein ausreichender Freistellungsauftrag des Kunden liegt vor.

Wie viel Euro erhält Helmut Brieg bei Fälligkeit des Festgeldes zurück? EUR ____

2. Festgeldabrechnung für Marco Gersten

Marco Gersten möchte in einem halben Jahr eine größere Investition tätigen. Bis dahin soll das Geld sicher und zinsbringend bei seiner Hausbank angelegt werden. Als Berater bieten Sie ihm am 23.09.20.. folgende Konditionen an:

- **Anlagebetrag: 75 000,00 EUR**
- **Zinssatz: 1,25 %**
- **Anlagedauer: 6 Monate**
- **Freistellungsauftrag: 100,00 EUR**

a) Ermitteln sie den Bruttozinsertrag EUR ____

b) Ermitteln Sie die Höhe der abzuführenden Steuern (KESt & SolZ) EUR ____

c) Ermitteln Sie den Gutschriftsbetrag EUR ____

3. Festgeldabrechnung für Ulrike Neumann

Ulrike Neumann hat am 10. Februar 30 000,00 EUR als Festgeld für drei Monate bei der Regio-Bank AG zum Zinsatz von 3,00 % angelegt. Das Festgeld wird bei Fälligkeit um weitere drei Monate zu einem Zinssatz von 3,5 % prolongiert. Die Zinsen werden dem Festgeldkonto zugeschrieben. Ein Freistellungsauftrag der konfessionslosen Kundin liegt nicht vor.

Wie viel Euro erhält Ulrike Neumann bei Fälligkeit des Festgeldes zurück? EUR ____

4. Geschäftsbrief nach DIN 5008 prüfen

Korrigieren Sie den folgenden Textabschnitt im Hinblick auf die Gestaltungsvorschriften gemäß DIN 5008, indem Sie Fehler markieren und die richtige Schreibweise notieren.

Regio-Bank

Regio-Bank AG, Sonnenmannstraße 99, 60314 Frankfurt am Main
Herrn
Lars Sommer
Neckarstr. 28
50954 Köln

Geschäftsstelle: Brüggener Str. 1, 50969 Köln

Ansprechpartner: Daniel Graam
E-Mail: d.gram@regio-bank-wvb.de
Telefon: 0221 56612-125

Datum: 10.06.20..

Kreditangebot

Sehr geehrter Herr Sommer,

Wir freuen uns, dass Sie sich für unser Kreditangebot interessieren. Als Kondition können wir ihnen für den gewünschten Nettokreditbetrag von EUR 3000 unseren günstigen Sollzinssatz für Autokredite in Höhe von 6,49% p.a. fest für die gesamte Laufzeit anbieten. Bei einer Laufzeit von 48 Monaten ergibt sich somit eine monatliche Rate von 476,00€. Das Angebot gilt bis zum 17.06.20.

Legen Sie zunächst fest, ob Sie ihren Kredit allein oder mit einem Partner beantragen möchten. Wählen Sie anschließend, wie flexibel und sicher Ihr Kredit sein soll. Danach prüfen wir anonym und sicher, ob ihr Kreditwunsch mit Ihren Einnahmen und Ausgaben machbar ist.
Sollte die Kreditprüfung positiv ausfallen, würden wir den gewünschten Betrag in Höhe von EUR 20000 innerhalb von 1 Woche auf Ihrem Girokonto Nr.: DE 12344763698525 bereitstellen.

Für weitere Fragen stehen wir ihnen gerne zur Verfügung. Sie erreichen mich unter folgender Rufnummer: 0221/47110815-11 oder per Mail unter d.graam@regio-bank-wvb.de. Gerne können Sie uns auch in der Filiale aufsuchen, wir sind von Montag bis freitags in der Zeit von 9-17 Uhr für sie da!

Grüße

Ramona Elster Daniel Graam

Anlage
2/3 Beispiel gemäß $$6PangV

Regio-Bank AG
Sonnenmannstraße 99
60314 Frankfurt am Main
Amtsgericht Frankfurt am Main, HRB 32499

Telefon: 069 900-0
Telefax: 069 900-99
www.regio-bank-wvb.de
info@regio-bank-wvb.de

Vorstand: Dr. Thomas Müller (Vorsitzender), Henning Köhler, Paul Lehmann, Dr. Claudia Ohlig, Martin Peters, Lea Schneider
Aufsichtsratsvorsitzender: Dr. Ulrich Kobusch
USt-Id-Nr.: 013 123 45678

1.4 Vertrag zugunsten Dritter

Situationsbeschreibung

Sie sind als Auszubildende/r bei der Regio-Bank AG tätig.

Ihre Kundin Monika Buchner, 62 Jahre, alleinstehend, ist vor vier Wochen zum ersten Mal Großmutter geworden. Sie ist ganz begeistert von ihrem kleinen Enkel Max Schubert, geboren am 23.06.20..

Auf der Internetseite der Regio-Bank AG hat sie folgende Werbeanzeige gelesen:

Sparen für die Enkel

Viele Großeltern wollen für ihre Enkel nur das Beste, auch in finanzieller Hinsicht. Neben Bargeld zu Geburtstagen, Weihnachten und anderen besonderen Anlässen möchten die Großeltern oft langjährig für ihre Enkel sparen – für eine gute Ausbildung, ein Studium, den ersten Pkw oder die erste eigene Wohnung.

Das Sparbuch ist hierbei nach wie vor eine beliebte Form der Vermögensbildung, weil es regelmäßig bespart und irgendwann an die Enkel übergeben werden kann.

Die Einrichtung des Sparkontos auf die Namen von minderjährigen Enkeln ist jedoch mit einigen Formalitäten verbunden. Neben der Geburtsurkunde sind auch die Unterschriften der Erziehungsberechtigten notwendig. Verfügungen sind dann allerdings ebenfalls nur mit der Zustimmung der gesetzlichen Vertreter – also der Eltern – möglich. Die Großeltern besparen dann zwar das Sparbuch, können aber nicht über das Geld verfügen.

Da die Übergabe des Sparbuchs oft als eine Überraschung gedacht ist, sollen die Kinder und Enkelkinder im Idealfall davon nichts wissen. Damit der Geldsegen tatsächlich vorerst ein Geheimnis bleibt, empfiehlt es sich, mit Ihrer Hausbank einen Vertrag zugunsten Dritter einzurichten. Wenn das Enkelkind bereits Kunde der Bank ist, werden hierfür weder eine Geburtsurkunde noch die Unterschriften der Eltern benötigt.

Nun haben Sie telefonisch einen Beratungstermin mit Frau Buchner vereinbart. In dem Telefonat haben Sie erfahren, dass die Kundin einmalig 1 000,00 EUR und dann monatlich 40,00 EUR für ihren Enkel anlegen möchte. Nach ihrer Vorstellung soll Max mit dem Geld ein späteres Studium finanzieren. Die Eltern von Max sollen nichts von der Zuwendung erfahren.

Zur Vorbereitung auf das Beratungsgespräch erstellen Sie

- eine kriterienorientierte Gegenüberstellung über die in der Werbeanzeige genannten Alternativen als Entscheidungshilfe für die Kundin,
- ein Schaubild, um die Rechtsbeziehungen bei einem Vertrag zugunsten Dritter zu verdeutlichen und
- fallbezogene Erläuterungen zu einzelnen Vertragsinhalten.

Führen Sie anschließend das Beratungsgespräch.

0123456789012345678901

Merkblatt bitte vor Vertragsabschluss aushändigen!
Ausdrücklicher Hinweis siehe Folgeseite!

Vertrag zugunsten Dritter mit späterem Gläubigerwechsel bei Einzelkonten

Personennummer ____

Der Kontoinhaber

____

– nachstehend der Gläubiger genannt –

ist verfügungsberechtigter Gläubiger des/der bei der Sparkasse bestehenden Kontos/Konten (keine Zahlungsverkehrskonten)/ Sparkassenbriefs/Sparkassenbriefe Nr.:

____

Gläubiger und Sparkasse treffen folgende Vereinbarung:

1 Begünstigter/Begünstigte

Alle Rechte aus dem/den oben genannten Konto/Konten – Sparkassenbrief(en) einschließlich der Rechte aus einem etwaigen Verwahrverhältnis bezüglich der über die Forderungen ausgestellten Urkunden gehen nach Maßgabe der Nr. 2 auf den/die folgende(n) Begünstigten/Begünstigte (Name, Vorname, Anschrift)

____

– nachfolgend der Begünstigte genannt – über.

2 Zeitpunkt des Übergangs

Der Übergang der Rechte soll mit folgendem Zeitpunkt bzw. mit folgender Bedingung erfolgen:

____

3 Pfand- oder Zurückbehaltungsrechte, Vorversterben des Begünstigten

Die dem Begünstigten aus dieser Vereinbarung zufallenden Rechte können von diesem nur in dem Umfang und zu den Bedingungen geltend gemacht werden, wie sie im oben genannten Zeitpunkt dem Gläubiger zustanden; die Sparkasse ist dem Begünstigten gegenüber nur insoweit zur Leistung verpflichtet, wie sie unter Berücksichtigung etwaiger Pfand- oder Zurückbehaltungsrechte und der Allgemeinen Geschäftsbedingungen, einschließlich der einschlägigen besonderen Bedingungen, dem Gläubiger gegenüber im oben genannten Zeitpunkt zur Leistung verpflichtet war. Sollte der Begünstigte vorher sterben,

☐ **wird damit diese Verfügung hinfällig.**

☐ **soll begünstigt sein (Ersatzbegünstigter)**
(Name, Vorname, Anschrift):

____

Bei Vorversterben des Gläubigers soll sich der Übergang der Rechte mit seinem Tod – außerhalb des Nachlasses – vollziehen. Die Sparkasse wird in diesem Falle den Begünstigten – soweit er noch nicht informiert ist – benachrichtigen.

4 Widerrufbarkeit

☐ Diese Vereinbarung erfolgt **unwiderruflich.**

☐ Diese Vereinbarung **kann vom Gläubiger zu Lebzeiten ausschließlich durch Erklärung gegenüber der Sparkasse in Textform widerrufen werden,** solange weder der Zeitpunkt gemäß Nr. 2 erreicht, noch der Sparkasse der Eintritt der in Nr. 2 genannten Bedingung bekannt ist.

Die Vereinbarung wird hinfällig, wenn der Gläubiger sie im Einvernehmen mit der Sparkasse aufhebt oder das Guthaben auf ein anderes Konto übertragen wird.[1]

[1] *Sofern die Drittbegünstigung weiter bestehen soll, hat der Gläubiger dies der Sparkasse mitzuteilen, damit für das andere Konto eine entsprechende Verfügung getroffen werden kann.*

5 Verfügungen bis zum Übergang der Rechte

5.1 Von dieser Vereinbarung bleibt das Recht der Sparkasse unberührt, an jeden Vorleger eines Sparkassenbuchs mit befreiender Wirkung zu zahlen.

5.2 Unberührt bleibt auch das Recht des Gläubigers, zu Lebzeiten frei über das Konto/die Konten und/oder Sparkassenbrief(e) zu verfügen. Vom Gläubiger erteilte Vollmachten über das Konto gelten – unabhängig vom Zeitpunkt ihrer Erteilung – nur bis zum Eintritt des/der in Nr. 2 genannten Zeitpunkts/Bedingung. Verfügungen, die die Sparkasse danach, aber in Unkenntnis davon, aufgrund von Weisungen des Bevollmächtigten oder aufgrund früher erteilter Weisungen des Gläubigers ausführt, sind auch gegenüber dem Begünstigten wirksam.

155 455.000 D1 (Fassung Juli 2016) - v5.2 - o

Seite 1 von 2

Personennummer ____

6 Unterrichtung des Begünstigten

☐ Der Begünstigte nimmt die Schenkung an.[2]

☐ Der Ersatzbegünstigte nimmt die Schenkung an.[2]

[2] *Dies sollte durch Unterschrift des Begünstigten/Ersatzbegünstigten festgehalten werden.*

Ort, Datum	Unterschrift Gläubiger
Ort, Datum	Unterschrift(en) Begünstigter (siehe Nr. 6, 1. Alternative)
Ort, Datum	Unterschrift Ersatzbegünstigter (siehe Nr. 6, 2. Alternative)
Ort, Datum	Unterschrift Sparkasse

Besonderer Hinweis

zum Vertrag zugunsten Dritter mit späterem Gläubigerwechsel

Es wird ausdrücklich darauf hingewiesen, dass eine Beeinträchtigung der Begünstigung seitens der Erben mit Sicherheit nur ausgeschlossen werden kann, wenn der Gläubiger selbst Sorge dafür trägt, dass der Begünstigte bereits vor seinem Ableben Kenntnis von der Vereinbarung erhält. Entsprechendes gilt für den Fall der Ersatzbegünstigung gemäß Nr. 3 der Vereinbarung, 2. Alternative. Auch auf die sonstigen Besonderheiten, wie sie insbesondere im Merkblatt dargestellt sind, wird besonders hingewiesen.

Ort, Datum	Unterschrift Gläubiger

Ein Exemplar des Merkblatts für Verträge zugunsten Dritter über Konten, Sparkassenbriefe und Wertpapierdepots wurde dem Gläubiger vor Vertragsabschluss ausgehändigt.

155 455.000 D1 (Fassung Juli 2016) - v5.2 - o

Seite 2 von 2

Information

Beschreiben Sie das Anliegen von Frau Buchner. Gehen Sie dabei ein auf Anlagemotive, Anlagesummen und Wünsche, die mit der Geldzuwendung verbunden sind.

Lesen Sie den Formulartext und markieren Sie wichtige Inhalte.

Planen und Entscheiden

Erstellen Sie einen Arbeits- und Zeitplan.

Durchführen

Bearbeiten Sie die Unterlagen zu den Handlungsprodukten.

Gegenüberstellung der Kontoarten

Kriterien	Konto auf den Namen des Enkelkindes	Kontovertrag zugunsten Dritter
Kontoinhaber		
Legitimationsprüfung		
Verfügungsberechtigung		
Besteuerung der Zinsen und Freistellungsauftrag		

Schaubild über die Rechtsbeziehungen bei einem Vertrag zugunsten Dritter

Regio-Bank AG	Monika Buchner
Eltern von Max Schubert	Max Schubert

Durchführen

Fallbezogene Erläuterungen zu einzelnen Vertragsinhalten

Vertragsinhalte	Erläuterung
Zeitpunkt des Forderungsübergangs	
Pfand- und Zurückbehaltungsrechte, Vorversterben des Begünstigten	
Widerrufbarkeit	
Verfügungen bis zum Übergang der Rechte	

Durchführen

Vertragsinhalte	Erläuterung
Unterrichtung des Begünstigten	
Besonderer Hinweis	

Beratungsgespräch

- Achten Sie besonders darauf, dass Frau Buchner in der Angebots- und Prüfungsphase alle notwendigen Informationen erhält.
- Durch „aktives Zuhören“ und durch den Einsatz von Fragetechniken stellen Sie sicher,
  - dass Sie eine für Frau Buchner geeignete Vertragsgestaltung identifizieren und
  - dass Frau Buchner Ihre Ausführungen verstanden hat.

Kontrolle

Tauschen Sie die von Ihnen erstellten Unterlagen mit Mitschülern aus, um die Materialien gegenseitig auf Richtigkeit und Vollständigkeit zu prüfen

- Gegenüberstellung der Kontoarten
- Schaubild zu den Rechtsbeziehungen
- Erläuterung zu einzelnen Vertragsinhalten

Geben Sie sich gegenseitig ein Feedback.

Bewerten

Reflektieren und bewerten Sie Ihre Vorgehensweise und Ihre Arbeitsergebnisse.

Phase	Urteil	Verbesserungsvorschläge für diesen Bereich
Gegenüberstellung der Kontoarten	🙂 😐 🙁	
Schaubild zu den Rechtsbeziehungen	🙂 😐 🙁	
Fallbezogene Erläuterungen zu einzelnen Vertragsinhalten	🙂 😐 🙁	
Beratungsgespräch	🙂 😐 🙁	

Aufgaben zur Lernsituation

1. Kontovertrag zugunsten eines Dritten

Max Leitner möchte für seine Enkeltochter Lea Brune, 8 Jahre alt, monatlich 120,00 EUR auf einem Sparkonto anlegen. Das Kontoguthaben soll an ihrem 18. Geburtstag auf Lea übergehen.

Welche der folgenden Aussagen über einen Kontovertrag zugunsten eines Dritten ist zutreffend? ☐

(1) Bei der Kontoeröffnung ist die Legitimation von Max Leitner und von Lea Brune zu prüfen.
(2) Die Erteilung eines Freistellungsauftrages für die Zinserträge ist nicht möglich.
(3) Solange Lea minderjährig ist, können nur ihre Eltern das mit der Kontoeröffnung verbundene Schenkungsangebot annehmen.
(4) Beim Tod des Begünstigten ist das Kontoguthaben dem Finanzamt zu melden, sofern das Guthaben 5 000,00 EUR übersteigt.
(5) Bis zum 18. Lebensjahr von Lea kann Max Leitner frei über das Guthaben verfügen.

2. Frank Leuschel möchte Geld für seinen Enkel anlegen

Frank Leuschel möchte bei der Regio-Bank AG für sein Enkelkind Tobias Leuschel ein Sparkonto mit der Vereinbarung eröffnet, dass das Guthaben am 23.08.2035 auf Tobias übergehen soll. Im Fall des Todes von Frank Leuschel vor diesem Termin soll das Guthaben jedoch sofort auf seinen Enkel übergehen. Die Eltern sollen keine Kenntnis von dem Konto haben.

a) Benennen Sie das Rechtsverhältnis zwischen
aa) Frank Leuschel und der Regio-Bank AG.

___

ab) Frank Leuschel und Tobias Leuschel.

___

b) Begründen Sie, warum es sinnvoll ist, auch den Todesfall als Bedingung für den Forderungsübergang in den Vertrag aufzunehmen.

___

___

___

Frank Leuschel zahlt 10 000,00 EUR auf das Konto ein. Er möchte wissen, wie die anfallenden Zinsen steuerlich zu behandeln sind.

c) Erklären Sie dem Kunden die Besteuerung der Zinsen.

___

___

___

Frank Leuschel verstirbt nach drei Jahren. Tobias ist zu diesem Zeitpunkt sechs Jahre alt.

d) Beschreiben die weitere Abwicklung bei der Regio-Bank AG.

___

___

___

___

1.5 Vermögenswirksame Leistungen

Situationsbeschreibung

Sie sind als Auszubildende/r bei der Regio-Bank AG tätig. In der vergangenen Woche haben Sie zusammen mit Frank Ahlers, dem Leiter Ihrer derzeitigen Geschäftsstelle, Ideen entwickelt, um Kunden gezielt auf bestimmte Bankprodukte anzusprechen.

Nun möchten Sie Kundendaten im Hinblick auf staatlich geförderte Anlageprodukte analysieren. Nach dem 5. Vermögensbildungsgesetz fördert der Staat die in Bausparverträgen oder in Fondssparverträgen (Beteiligungssparen, Aktienfonds) angelegten vermögenswirksamen Leistungen durch eine Arbeitnehmersparzulage. Zudem zahlt der Staat beim Bausparen nach dem Wohnungsbau-Prämiengesetz eine Wohnungsbauprämie.

Eine Arbeitnehmersparzulage und eine Wohnungsbauprämie erhalten jedoch nur Personen, deren zu versteuerndes Einkommen bestimmte Höchstgrenzen nicht überschreitet. Das zu versteuernde Jahreseinkommen haben Sie anhand der Gehaltseingänge auf den Konten geschätzt.

Die folgende Auswertung zeigt auszugsweise Daten von alleinstehenden Kunden, die bisher keinen staatlich geförderten Sparvertrag bei der Regio-Bank AG abgeschlossen haben.

Name	Arbeitnehmer	zu versteuerndes Einkommen
Abel, Alfons	ja	16400,00 EUR
Becker, Laura	ja	18500,00 EUR
Charo, Clara	nein	55000,00 EUR
Dersfeld, Dieter	ja	12000,00 EUR
Emmerich, Emil	nein	30000,00 EUR
Föge, Frauke	ja	18500,00 EUR

Sie wissen nicht, ob die Kunden von ihren Arbeitgebern tarifliche vermögenswirksame Leistungen erhalten.

Zur Vorbereitung der gezielten Kundenansprache erstellen Sie

- eine Übersicht zur staatlichen Sparförderung,
- eine Auswertung der Kundendaten im Hinblick auf eine staatliche Sparförderung (empfehlenswert ist die Auswertung mit einem Tabellenkalkulationsprogramm, z. B. Excel) und
- ein Rechen-Tool (Excel-Kalkulationstabelle) zur Ermittlung der Höhe der staatlichen Förderung.

Sie verfassen einen Werbebrief an Herrn Alfons Abel, in dem Sie ihm staatlich geförderte Produkte anbieten.

Information

Unterscheiden Sie die Begriffe „Bruttoeinkommen“, „Nettoeinkommen“ und „zu versteuerndes Einkommen“.

Begriffe	Erklärung
Bruttoeinkommen	
Nettoeinkommen	
Zu versteuerndes Einkommen	

Planen und Entscheiden

Erstellen Sie einen Arbeits- und Zeitplan für die Bearbeitung der Lernsituation.

Durchführen

Bearbeiten Sie die Unterlagen zu den Handlungsprodukten.

Übersicht zur staatlichen Sparförderung

Rechtsgrundlage	5. Vermögensbildungsgesetz (VermBG)		Wohnungsbauprämiengesetz (WoPG)
Anlageform	Beteiligungssparen	Bausparen	Bausparen
Geförderter Personenkreis			
Einkommensgrenzen (maximales zu versteuerndes Jahreseinkommen)			
Jährlicher Anlagehöchstbetrag			
Staatliche Förderung in %			
Höhe der maximalen staatlichen Förderung in Euro			

Durchführen

Rechtsgrundlage	5. Vermögensbildungsgesetz (VermBG)		Wohnungsbauprämiengesetz (WoPG)
Anlageform	Beteiligungssparen	Bausparen	Bausparen
Sperrfrist / Bindungsfrist			
Vorzeitige prämienunschädliche Verfügung			

Auswertung der Kundendaten im Hinblick auf eine staatliche Sparförderung

Nutzen Sie für die Auswertung ein Tabellenkalkulationsprogramm.

			Maximale Sparbeiträge pro Jahr			
			5. VermBG		WoPG	Summe
Name	Arbeitnehmer	Zu versteuerndes Einkommen	Bausparen	Fondssparen	Bausparen	
Abel, Alfons	ja	16 400,00 EUR				
Becker, Laura	ja	18 500,00 EUR				
Charo, Clara	nein	55 000,00 EUR				
Dersfeld, Dieter	ja	12 000,00 EUR				
Emmerich, Emil	nein	30 000,00 EUR				
Föge, Frauke	ja	18 500,00 EUR				

Tipp: Zur Berechnung der maximalen Sparbeiträge im Rahmen des 5. VermBG benötigen Sie die „WENN-UND-Funktion“.

Rechentool zur Ermittlung der staatlichen Förderung

Um die Kundenansprache erfolgreich und effektiv zu gestalten, haben Sie sich überlegt, ein Rechentool zu entwerfen. Es soll Ihnen helfen, die wichtigsten Kundeninformationen einzuholen und damit den Kunden direkt die Höhe der möglichen staatlichen Prämien aufzuzeigen. Es müssen nur die die passenden Excel-Formeln und Funktionen eingefügt werden. Um die Tabelle zu testen, haben Sie sich Musterkunden mit unterschiedlichen vermögenswirksamen Leistungen und eigenen Zuzahlungen überlegt und in die Tabelle aufgenommen.

	A	B	C	D	E	F	G	H	I	J
1	**Rechentool für die Ansprache zum VL-Bausparen**									
2										
3	Kunde	tarifliche VL (Jahr)	eigene Zuzahlung (jährlich)	Arbeitnehmersparzulage		Wohnungsbauprämie			erforderliche Zuzahlung für maximale Förderung	gesamte Prämie pro Jahr
4				prämienfähiger Betrag	Prämie in €	rechnerisch verfügbarer Betrag	prämienfähiger Betrag	Prämie in €		
5	Musterkunde 1	480,00 EUR	0,00 EUR							
6	Musterkunde 2	480,00 EUR	1 500,00 EUR							
7	Musterkunde 3	480,00 EUR	500,00 EUR							
8	Musterkunde 4	312,00 EUR	0,00 EUR							
9	Musterkunde 5	324,00 EUR	600,00 EUR							
10	Musterkunde 6	156,00 EUR	120,00 EUR							
11										
12										
13	staatliche Förderung	Anlageform	Familienstand	max. zu versteuerndes Einkommen	max. Förderbetrag	Förderung				
14	Arbeitnehmersparzulage	Bausparen	ledig	17 900,00 EUR	470,00 EUR	9%				
15	Wohnungsbauprämie	Bausparen	ledig	35 000,00 EUR	700,00 EUR	10,0%				

Ergänzen Sie die Formeln und Funktionen.

D5	Wenn die Summe aus tariflicher VL und eigener Zuzahlung den maximalen Förderbetrag übersteigt, dann soll hier der maximale Förderbetrag erscheinen, ansonsten die Summe der Einzahlungen in den Bausparvertrag.
E5	Hier soll die Höhe der Arbeitsnehmersparzulage in Euro ausgewiesen werden.
F5	Hier soll der Betrag erscheinen, der ohne Berücksichtigung des Anlagehöchstbetrages für die Wohnungsbauprämie rechnerisch verfügbar wäre.
G5	Hier soll der Betrag ausgewiesen werden, der Berechnungsgrundlage für die staatliche Förderung nach dem WoPG ist. Der maximale Förderbetrag ist zu beachten.
H5	Hier soll die Höhe der Wohnungsbauprämie in Euro ausgewiesen werden.
I5	Hier soll der Betrag ermittelt werden, den der Kunde noch zusätzlich einzahlen müsste, um die vollen staatlichen Prämien zu erhalten. Wenn er genug eingezahlt hat, soll der Wert 0 erscheinen
J5	Hier soll die Summe der Prämien aus der Arbeitnehmersparzulage und der Wohnungsbauprämie ausgewiesen werden.

Werbebrief

- **Der Brief sollte formgerecht nach DIN 5008 gestaltet sein.**
- **In dem Schreiben empfehlen Sie dem Kunden konkrete Produkte und erläutern die staatliche Sparförderung.**
- **Ziel des Briefes ist die Vereinbarung eines Beratungstermins.**

Kontrolle

Tauschen Sie die von Ihnen erstellten Unterlagen mit Mitschülern aus, um die Materialien gegenseitig auf Richtigkeit und Vollständigkeit zu prüfen:

- **Übersicht zur staatlichen Sparförderung**
- **Auswertung der Kundendaten im Hinblick auf eine staatliche Sparförderung**
- **Rechentool zur Ermittlung der staatlichen Förderung**
- **Werbebrief**

Bewerten

Reflektieren und bewerten Sie Ihre Vorgehensweise und Ihre Arbeitsergebnisse.

Phase	Urteil	Verbesserungsvorschläge für diesen Bereich
Übersicht zu den vermögenswirksamen Leistungen	😊 😐 ☹	
Auswertung der Kundendaten	😊 😐 ☹	
Excel-Kalkulationstabellen zur Prämienermittlung	😊 😐 ☹	
Werbebrief	😊 😐 ☹	

Aufgaben zur Lernsituation

1. Beratung über die staatliche Sparförderung

Die Eheleute Monika und Ralf Gerber und ihre Tochter Susanne möchten sich über die staatliche Sparförderung informieren. Monika Gerber ist nicht berufstätig. Ralf Gerber ist bei der Metallbau AG beschäftigt und hat Anspruch auf die im Tarifvertrag vereinbarten vermögenswirksamen Leistungen von 26,00 EUR monatlich. Das zu versteuernde Jahreseinkommen der Eheleute beträgt 50 000,00 EUR.
Susanne ist 17 Jahre alt und hat gerade eine Ausbildung als Bürokauffrau begonnen. Ihr Ausbildungsbetrieb zahlt tariflich vereinbarte vermögenswirksame Leistungen von 13,00 EUR monatlich.

a) Welchen Höchstbetrag können die Eheleute Gerber insgesamt jährlich nach dem 5. VermBG anlegen? EUR

b) Ralf Gerber legt den Anlagehöchstbetrag für das Bausparen auf einem Bausparvertrag vermögenswirksam an. Prüfen Sie, ob und gegebenenfalls wie viel Euro Arbeitnehmersparzulage ihm jährlich zustehen. EUR

c) Die Eheleute Gerber möchten weitere Einzahlungen auf ihren Bausparvertrag leisten, die vom Staat nach dem Wohnungsbauprämiengesetz gefördert werden. Wie viel Euro beträgt der jährliche Anlagehöchstbetrag? EUR

d) Wie viel Euro Wohnungsbauprämie stehen den Eheleuten jährlich zu? EUR

e) Susanne Gerber legt den Höchstbetrag in den staatlich geförderten Anlageformen an. Wie viel Euro Arbeitnehmersparzulage stehen Susanne Gerber jährlich insgesamt zu? EUR

f) Susanne Gerber leistet auf einen Investmentsparvertrag die erste Einzahlung am 15. April 2020.

fa) An welchem Tag erfolgt die letzte Einzahlung? Tag | Monat | Jahr

fb) An welchem Tag endet die Sperrfrist? Tag | Monat | Jahr

2. Vermögenswirksame Leistungen

Johanna Ewers ist Auszubildende und erhält von ihrem Arbeitgeber monatlich 20,00 EUR vermögenswirksame Leistungen (VL).

Mit welcher der folgenden Aussagen beraten Sie die Kundin richtig? ☐

(1) *„Zur Beantragung der Arbeitnehmersparzulage erhalten Sie von uns jährlich einen Antrag, den Sie an uns zurückschicken müssen."*
(2) *„Wenn Ihr Jahresbruttoeinkommen 17 900,00 EUR nicht übersteigt, erhalten Sie beim Bausparen eine Arbeitnehmersparzulage von 9 %."*
(3) *„Sie können die vom Arbeitgeber gezahlten VL aus eigenen Mitteln bis zu den Höchstbeträgen aufstocken. Dazu richten Sie am besten einen Dauerauftrag bei uns ein."*
(4) *„Bei Arbeitslosigkeit von mindestens einem Jahr können Sie den Vertrag vorzeitig auflösen, ohne dass Sie die Arbeitnehmersparzulage verlieren."*
(5) *„Wenn Sie eine Arbeitnehmersparzulage erhalten, sind die Zinsen aus dem Vertrag nicht einkommensteuerpflichtig."*

3. Ermittlung der staatlichen Prämien

Berechnen Sie die staatlichen Prämien für das folgende Kundenbeispiel:
Lars Knauber, Angestellter, 30 Jahre alt, ledig, bittet um eine Beratung über das vermögenswirksame Sparen. Er gibt an, dass sein Arbeitgeber laut Tarifvertrag 25,00 EUR vermögenswirksame Leistungen zahlt. Sein zu versteuerndes Einkommen liegt bei 16 900,00 EUR im Jahr.

a) *Wie hoch ist die jährliche Förderung, die Herr Knauber bekommen kann, wenn er nur die 25,00 EUR vermögenswirksam in einen Aktienfonds sparen möchte?* EUR ☐☐,☐☐
b) *Ermitteln Sie rechnerisch die maximale staatliche Förderung bei einer vermögenswirksamen Anlage für Herrn Knauber (auf volle Euro aufrunden).* EUR ☐☐☐,☐☐
c) *Wie hoch wäre die erforderliche jährliche Zuzahlung, um die maximale Förderung zu erhalten?* EUR ☐☐☐,☐☐

4. Auswahl eines passenden Bauspartarifes

Für die folgenden Kunden soll mithilfe einer Excel-Funktion der passende Bauspartarif gefunden werden. Jeder der drei Tarife weist unterschiedliche Vorzüge aus. Aus der Tabelle ist das für den einzelnen Kunden wichtigste Anlegerziel abzulesen. In den Zellen C4–C7 soll der Name des passenden Tarifes (Regio Bau 1, Regio Bau 2 oder Regio Bau 3) erscheinen. Die Funktion ist, wenn erforderlich, kopierfähig zu gestalten.

	A	B	C	D
1		Auswahl passender Bauspartarife		
2				
3	Kunde	Anlegerziel	Passender Tarif	
4	Hoffmann	schnelle Zuteilung		
5	Franzen	niedriger Darlehenszins		
6	Schneider	schnelle Rückzahlung		
7	Wilmer	schnelle Zuteilung		
8				
9	Bauspartarife / Merkmale	Regio Bau 1	Regio Bau 2	Regio Bau 3
10	Sparzeit in Jahren	6 Jahre	8 Jahre	8 Jahre
11	Mindestsparguthaben	40%	50%	50%
12	Darlehenszins	2,20%	1,80%	2,20%
13	Tilgungsdauer	11 Jahre	11 Jahre	6 Jahre

Ergänzen Sie die passende verschachtelte WENN-Funktion.

Zelle	Syntax (Schreibweise in Excel)
C4	

1.6 Bausparen

Situationsbeschreibung

Caroline Förster, 28 Jahre, ist Kundin Ihres Ausbildungsbetriebes.

Sie hat vor kurzem ihren langjährigen Freund Sebastian Wilberz, 29 Jahre, geheiratet. Der Ehename ist Förster. Sebastian Förster war bisher nicht Kunde Ihres Ausbildungsbetriebes. In einem Beratungsgespräch haben Sie die beiden jedoch von den Vorteilen eines Gemeinschaftskontos bei der Regio-Bank AG überzeugt. Auch ein Sparkonto hat Sebastian bei Ihnen eröffnet.

In dem Gespräch haben Sie von dem Wunsch der Eheleute erfahren, in einigen Jahren ein Eigenheim erwerben zu wollen.

Folgende Kundendaten liegen Ihnen vor:

Kundendaten	Eheleute Caroline und Sebastian Förster			Kinder: 0	
		Alter	**Beruf**	**Arbeitgeber**	**Monatsnettoeinkommen**
	Sebastian Förster	29 Jahre	Großhandelskaufmann	Impex AG	2 130,00 EUR
	Caroline Förster	28 Jahre	Reiseverkehrskauffrau	Travel GmbH	2 340,00 EUR

Kontenübersicht	**Konten / Depots**	**Betrag**	**Zusatzinformationen**
	Girokonto: Eheleute Einzelverfügung	H 2 394,00 EUR	zwei Girocards zwei Kreditkarten
	Sparkonto: Caroline Förster	H 6 840,00 EUR	Darlehen: -------
	Sparkonto: Sebastian Förster	H 2 875,00 EUR	
	Freistellungsauftrag: 1 602,00 EUR *bereits beansprucht:* 0,00 EUR		

Nun haben Sie mit den Eheleuten einen Beratungstermin vereinbart, um sie von den Vorteilen eines Bausparvertrages zu überzeugen. Allerdings hatten Sie schon bei der Kontoeröffnung den Eindruck, dass Sebastian nur wenig von dieser Sparform hält.

Zur Vorbereitung auf das Beratungsgespräch erstellen Sie

- ein Schaubild, um den Eheleuten das Prinzip des Bausparens zu verdeutlichen,
- zwei Produktangebote mit einer monatlichen Sparrate von 300,00 EUR (nutzen Sie dazu zwei Tarifangebote der Bausparkasse, mit der Ihr Ausbildungsbetrieb zusammenarbeitet) und
- einen Katalog von möglichen Kundeneinwänden und von Argumenten, um diese zu entkräften.

Führen Sie anschließend das Beratungsgespräch.

Information

Informieren Sie sich über die Tarife der von Ihrem Ausbildungsbetrieb angebotenen Bausparverträge.

Planen und Entscheiden

Erstellen Sie einen Arbeits- und Zeitplan für die Bearbeitung der Lernsituation.

Durchführen

Bearbeiten Sie die Unterlagen zu den Handlungsprodukten.

Schaubild über das Prinzip des Bausparens

Durchführen

Produktangebote

Kriterien	Name der Bausparkasse: ______	
	Tarif I: ______ (Tarifbezeichnung)	Tarif II: ______ (Tarifbezeichnung)
Monatliche Sparrate	300,00 EUR	300,00 EUR
Regelsparbeitrag		
Bausparsumme		
Guthabenzinssatz		
Mindestsparguthaben in % der Bausparsumme und in Euro		
Abschlussprovision in % der Bausparsumme und in Euro		
Dauer bis zur voraussichtlichen Zuteilung in Jahren und Monaten		
Bedeutung der Bewertungszahl		
Verwendungsmöglichkeiten für das Bauspardarlehen		
Sollzinssatz des Darlehens		
Effektiver Jahreszins des Darlehens		
Monatsrate in der Darlehensphase		
Tilgungsdauer des Darlehens in Jahren und Monaten		

Durchführen

Mögliche Kundeneinwände und Gegenargumente

Einwand	Argumente zur Entkräftung des Einwandes
1.	
2.	
3.	
4.	
5.	
6.	

Beratungsgespräch

- Sie empfehlen den Eheleuten einen der beiden dargestellten Tarife.
- In dem Beratungsgespräch geht es nicht nur darum, das Wesen und die Bedeutung des Bausparvertrages kundengerecht zu erläutern. Sie müssen auch den kritisch eingestellten Kunden Sebastian Förster von dieser Sparform überzeugen und seine Einwände entkräften.
- Durch den Einsatz von „Argumentationstechniken“ erhöhen Sie Ihre Überzeugungskraft.

Kontrolle

Tauschen Sie die von Ihnen erstellten Unterlagen mit Mitschülern aus, um die Materialien gegenseitig auf Richtigkeit und Vollständigkeit zu prüfen

- Schaubild Gegenüberstellung der Kontoarten
- Produktangebote
- Mögliche Kundeneinwände und Gegenargumente

Geben Sie sich gegenseitig ein Feedback.

Bewerten

Reflektieren und bewerten Sie Ihre Vorgehensweise und Ihre Arbeitsergebnisse.

Phase	Urteil	Verbesserungsvorschläge für diesen Bereich
Schaubild über das Prinzip des Bausparens Gegenüberstellung der Kontoarten	🙂 😐 🙁	
Produktangebote	🙂 😐 🙁	
mögliche Kundeneinwände und Gegenargumente im Verlauf des Beratungsgespräches	🙂 😐 🙁	
weiterer Verlauf des Beratungsgespräches	🙂 😐 🙁	

Aufgaben zur Lernsituation

1. Susanne Becker schließt einen Bausparvertrag ab

Sie beraten Susanne Becker, ledig, 23 Jahre alt, über das Bausparen.

a) Stellen Sie fest, welche der folgenden Aussagen zutreffend ist. ☐

(1) „Eine Wohnungsbauprämie erhalten Sie nur, wenn Ihr Bruttoeinkommen im Jahr der Beantragung 25 600,00 EUR nicht überschreitet."

(2) „Da Sie beim Abschluss des Vertrages das 25. Lebensjahr noch nicht vollendet haben, können Sie die Bausparsumme nach der späteren Zuteilung auch für nicht wohnwirtschaftliche Maßnahmen verwenden."

(3) „Bauspardarlehen dürfen ausschließlich aus den geleisteten Spar-, Zins- und Tilgungsbeiträgen anderer Bausparer finanziert werden."

(4) „Sie müssen die Wohnungsbauprämie im Rahmen Ihrer Einkommensteuererklärung jährlich beim Finanzamt beantragen."

(5) „Der Regelsparbeitrag ist der Betrag, den Sie jeden Monat in Ihren Bausparvertrag einzahlen müssen."

Susanne Becker möchte ab dem 01.09.20.. monatlich 80,00 EUR in einen Bausparvertrag einzahlen. Sie entscheidet sich für den Tarif „Classic".

Tarif Classic	
Mindestansparung	40 %
monatlicher Regelsparbeitrag	4 ‰ der Bausparsumme
Guthabenzins	0,50 %
Darlehenszins	3,25 %
Abschlussgebühr	1 % der Bausparsumme
monatliche Zins- und Tilgungsleistung während der Darlehensphase	6 ‰ der Bausparsumme

b) *Ermitteln Sie die Bausparsumme.* EUR

c) *Susanne Becker erhält eine Wohnungsbauprämie. Ermitteln Sie die Wohnungsbauprämie für das Jahr des Vertragsabschlusses.* EUR

d) *Nach einigen Jahren erhält Susanne Becker eine Zuteilung des Bausparvertrages. Ihr Bausparguthaben beträgt einschließlich der Zinsgutschriften zu diesem Zeitpunkt 9268,40 EUR.*

da) *Ermitteln Sie die Höhe des Bauspardarlehens.* EUR

db) *Ermitteln Sie die von Susanne zu zahlende Monatsrate.* EUR

dc) *Wie viel Euro beträgt das Restdarlehen nach Eingang einer Monatsrate?* EUR

2. Simone Feld informiert sich über das Bausparen

Simone Feld, Kundin der Kölnbank AG, möchte einen Bausparvertrag abschließen. Sie entschließt sich für den Tarif „Classic".

Tarif Classic	
Ansparung	40 %
monatlicher Regelsparbeitrag	4 ‰
Guthabenzins	0,50 % p. a.
Darlehenszins	2,25 % p. a.
Abschlussgebühr	1 % der Bausparsumme
monatliche Zins- und Tilgungsleistung während der Darlehensphase	5 ‰ der Bausparsumme

a) *Nennen Sie der Kundin drei Vorteile des Bausparens.*

b) *Frau Feld wünscht einen monatlichen Regelsparbeitrag in Höhe von 300,00 EUR. Ermitteln Sie die sich daraus ergebende Bausparsumme, die sie beim Tarif „Classic" abschließen sollte.*

c) *Nennen Sie drei Voraussetzungen für die Zuteilung des Bausparvertrages.*

d) *Die Kundin möchte regelmäßig den Regelsparbeitrag auf ihren Bausparvertrag einzahlen. Erläutern Sie anhand von zwei Aspekten, warum Sie ihr trotzdem keine genaue Auskunft darüber geben können, wann der Bausparvertrag genau zugeteilt wird.*

1.7 Datenschutz und Cross-Selling

Situationsbeschreibung

Sie sind als Auszubildende/r bei der Regio-Bank AG tätig.

Mit dem Leiter Ihrer Geschäftsstelle, Frank Ahlers, führen Sie folgendes Gespräch:

Herr Ahlers: *„In der nächsten Woche veröffentlichen wir unseren neuen Geschäftsbericht. Leider haben sich unsere Erfolgszahlen im Vergleich zum Vorjahr etwas verschlechtert."*

Sie: *„Das ist natürlich nicht so schön. Wissen Sie, woran das liegt?"*

Herr Ahlers: *„Einen Teil hat dazu sicherlich der allgemeine Konjunkturabschwung beigetragen. Andererseits bin ich der Meinung, dass wir unser Ertragspotenzial nicht ausschöpfen. Im Bereich Cross-Selling wäre meines Erachtens mehr möglich gewesen."*

Sie: *„Ja, ich verstehe. Wäre es nicht sinnvoll, unsere Kundendaten im Hinblick auf mögliche Bedürfnisse zu analysieren und diese Kunden dann gezielt anzusprechen? Wir könnten die Kunden anrufen, ihnen E-Mails zusenden oder über soziale Medien Kontakt zu ihnen aufnehmen."*

Herr Ahlers: *„Gute Idee, ich schätze Ihren Tatendrang. Doch so einfach ist das nicht: Wir müssen den Schutz der Daten unserer Kunden beachten. Haben Sie schon mal etwas von der DSGVO gehört?"*

Sie: *„Ja, gehört schon. Aber um ehrlich zu sein, habe ich mich noch nicht näher damit beschäftigt."*

Herr Ahlers: *„Das sollten Sie aber. Im gesamten Geschäftsverkehr mit unseren Kunden müssen wir strikt die Datenschutzbestimmungen einhalten, sonst drohen uns hohe Strafen. Ich habe manchmal den Eindruck, dass nicht nur Sie, sondern auch die anderen Auszubildenden und sogar die Angestellten den Datenschutz nicht ausreichend im Blick haben. Deshalb möchte ich Sie bitten, eine FAQ-Liste zu erstellen und ein Plakat zu entwerfen, auf dem Sie die wichtigsten Verhaltensregelungen darstellen, die wir bei unserer täglichen Arbeite beachten sollten. Das Plakat mit Tipps zum Datenschutz hängen wir dann im Pausenraum auf, sodass es hier immer allen vor Augen ist."*

Sie: *„Das mache ich gern. Ich frage meine Mitauszubildenden, ob sie mir helfen möchten. Dazu habe ich noch eine Idee: Wir könnten ein Quiz erstellen, mit dem alle Mitarbeiter ihre Kenntnisse zum Datenschutz testen könnten. Was halten Sie davon?"*

Herr Ahlers: *„Tolle Idee, da bin ich mal gespannt. Ich möchte aber noch einmal auf Ihren Vorschlag, Kunden über soziale Medien anzusprechen, zurückkommen. Ich glaube, da kennen Sie sich besser aus als ich. Wie können wir soziale Medien tatsächlich nutzen, um die Kundenbindung zu erhöhen und um Cross-Selling-Produkte anzubieten? Ich wäre Ihnen sehr dankbar, wenn Sie mir dazu konkrete Vorschläge machen könnten."*

Erstellen Sie

- eine FAQ-Liste (Freqently-Asked-Questions-Liste) zum Datenschutz,
- ein Plakat mit Tipps zum Datenschutz,
- ein Quiz zum Datenschutz,
- Vorschläge zur Nutzung sozialer Medien im Hinblick auf Kundenbindung und Cross-Selling und
- Vorschläge zur Eignung verschiedener sozialer Medien für Werbemaßnahmen.

Klären Sie die Begriffe „Cross-Selling“, „Datenschutz“ und „DSGVO“.

Cross-Selling:

Datenschutz:

DSGVO:

Information

Erstellen Sie einen Arbeits- und Zeitplan.

Planen und Entscheiden

Bearbeiten Sie die Unterlagen zu den Handlungsprodukten.

Durchführen

FAQ-Liste zum Datenschutz

Fragen	Antworten
Unter welchen Voraussetzungen darf das Kreditinstitut personenbezogene Daten verarbeiten?	
Wofür darf das Kreditinstitut die gespeicherten Daten verwenden?	
Was versteht man unter Profiling bei der Auswertung von Daten?	

Durchführen

Fragen	Antworten
Wie lange speichert das Kreditinstitut die Kundendaten?	
Worüber hat der Kunde ein Auskunftsrecht?	
Wann kann der Kunde eine Löschung seiner Daten verlangen?	
In welchem Fall hat der Kunde ein Widerspruchsrecht gegen die Nutzung seiner Daten?	
Durch welche Maßnahmen kann sichergestellt werden, dass kein Unberechtigter in den Besitz von Kundendaten kommt?	
Welche Aufgaben hat der Datenschutzbeauftragte eines Kreditinstitutes?	

Durchführen

Fragen	Antworten
Was ist eine Pseudonymisierung bei der Verarbeitung von Daten?	

Plakat mit Tipps zum Datenschutz

- Das Plakat soll Verhaltensregeln zum Datenschutz verdeutlichen, auf die Mitarbeiter bei ihrer täglichen Arbeit in einer Geschäftsstelle achten sollten.
- Das Plakat sollte anschaulich und durch eine interessante Gestaltung die Aufmerksamkeit der Mitarbeiter erregen. Nutzen Sie dazu auch Grafiken und Bilder.

Quiz zum Datenschutz

Nutzen Sie für die Erstellung eine geeignete Software.

Eine empfehlenswerte kostenfreie Möglichkeit dazu bietet das Programm KAHOOT!

Internetadresse: https://kahoot.com/

Nach der Registrierung können Sie ein Quiz (KAHOOT!) erstellen.

Hilfen für die Erstellung eines Quiz finden Sie auf der Webside von KAHOOT! und als Erklärvideos bei YouTube.

Bei der Standardvariante gibt es zu jeder Frage vier Antworten, von denen eine richtig ist. Die Teilnehmer melden sich mit ihrem Handy unter Eingabe einer Game-PIN, die auf einem zentralen Bildschirm erscheint, an.

Internetadresse für Spieler: https://kahoot.it/

Beispiel für eine Game PIN:

Je schneller ein Spieler die richtige Antwort angeklickt hat, desto mehr Punkte erhält er.

Das Spiel weist einen hohen Lern- und Spaßfaktor auf.

Durchführen

Vorschläge zur Nutzung sozialer Medien im Hinblick auf Kundenbindung und Cross-Selling

Bildung von Kundengruppen (Profiling) und Bestimmung geeigneter Produkte		
Kriterien	**Kundengruppen**	**Geeignete Produkte**
Beispiel: Alter	Schüler und Studierende zwischen 14 und 23 Jahren Kunden zwischen 30 und 40 Jahren	• Jugendgirokonto • Altersvorsorgeprodukte

Durchführen

Vorschläge zur Eignung verschiedener sozialer Medien für Werbemaßnahmen

Soziale Medien	Beurteilung der Eignung
Facebook	
Instagram	
Twitter	
Andere	

Kontrolle

- Tauschen Sie die von Ihnen erstellten Unterlagen mit Mitschülern aus, um die Materialien gegenseitig auf Vollständigkeit und Richtigkeit zu prüfen.
- Spielen Sie das von Mitschülern erstellte KAHOOT!-Quiz und testen Sie Ihre Kenntnisse.

Bewerten

Reflektieren und bewerten Sie Ihre Vorgehensweise und Ihre Arbeitsergebnisse.

Phase	Urteil	Verbesserungsvorschläge für diesen Bereich
Erstellung der FAQ-Liste	🙂 😐 🙁	
Erstellung des Plakates	🙂 😐 🙁	
Erstellung des Quiz	🙂 😐 🙁	
Vorschläge zur Nutzung sozialer Medien	🙂 😐 🙁	

Aufgaben zur Lernsituation

1. Datenschutzgrundverordnung

Kreditinstitute dürfen gemäß Datenschutzgrundverordnung (DSGVO) personenbezogene Daten nur unter bestimmten Bedingungen verarbeiten. Welche der folgenden Aussagen ist in diesem Zusammenhang richtig? ☐

Aussagen

(1) Kunden müssen in die Verarbeitung ihrer persönlichen Daten einwilligen; die Einwilligung ist in Schriftform abzugeben.
(2) Die Initiative zur Einwilligung muss vom Kunden ausgehen.
(3) Kunden haben das Recht, die Einwilligung jederzeit mit einer Frist von einem Monat zu widerrufen.
(4) Die Verarbeitung ist zulässig, wenn sie zur Erfüllung eines Vertrages mit einem Kunden notwendig ist.
(5) Bei der Feststellung des wirtschaftlich Berechtigten im Rahmen des Geldwäschegesetzes ist eine Datenverarbeitung durch das Kreditinstitut nicht gestattet, da die Daten von der zuständigen Ermittlungsbehörde verarbeitet werden.

2. Personenbezogene Daten

In welchem der folgenden Fälle handelt es sich nicht um personenbezogene Daten von Kunden der Regio-Bank AG? ☐

Fälle

Die Regio-Bank AG ...
(1) erstellt eine Übersicht über die Konten der Eheleute Jan und Eva Müller (ohne Kontensalden).
(2) fertigt eine Auflistung an, aus der das Stammkapital aller Firmenkunden mit der Rechtsform GmbH im Filialbereich Köln hervorgeht.
(3) erstellt eine Tabelle von Kunden mit einem gesamten Geldanlagevolumen von jeweils mehr als 100 000,00 EUR (ohne Ausweis der Höhe einzelner Anlagevolumen).
(4) speichert eine E-Mail des Kunden Karl Berger, in der Herr Berger um einen Beratungstermin bittet.
(5) legt eine Datei mit den Namen von Rechtsanwälten an, für die die Regio-Bank AG ein Anderkonto unterhält (ohne Zuordnung der Kontoinhaber zu bestimmten Anderkonten und ohne Kontosalden).

3. Daten- und Systemsicherheit

Ein Baustein der DSGVO ist die Daten- und Systemsicherheit.
Welche zwei der nachstehenden Vorgänge beziehen sich auf diesen Baustein? ☐ ☐

Vorgänge
(1) Benennung eines Datenschutzbeauftragten
(2) Einrichtung von Zutrittskontrollen zu bestimmten Räumen
(3) Auskünfte an die Datenschutzaufsichtsbehörden
(4) Korrektur unrichtiger Daten
(5) Pseudonymisierung von Daten
(6) Löschung von Daten nach Beendigung des Verarbeitungszweckes

4. Datenschutz

Der Student Tobias Keller eröffnet bei der Regio-Bank AG ein Girokonto. Im Beratungsgespräch weisen Sie den Kunden auf die Grundsätze der Datenverarbeitung gemäß Art. 5 DSGVO hin.

a) Erläutern Sie die Grundsätze „Datenminimierung" und „Speicherbegrenzung".

Tobias Keller möchte wissen, wie lange seine Daten im Hause der Regio-Bank AG verarbeitet und gespeichert werden.

b) Geben Sie dem Kunden hierüber Auskunft.

Sie sprechen als weiteres Argument für die Sorgfalt im Umgang mit Kundendaten die Funktion des Datenschutzbeauftragten im Hause der Regio-Bank AG an.

c) Nennen Sie drei Aufgabenfelder des Datenschutzbeauftragten.

2 Aufgaben zum Lernfeld

2.1 Kai Wagner eröffnet ein Sparkonto

1. Aufgabe

Sie beraten den Kunden Kai Wagner über eine Geldanlage auf einem Sparkonto mit einer Kündigungsfrist von drei Monaten.

Beschreiben Sie, auf welche Weise Spareinlagen in Ihrem Ausbildungsbetrieb gesichert sind.

2. Aufgabe

Sie haben das Sparkonto für Kai Wagner eröffnet. Er möchte nun zulasten des Sparkontos einen Dauerauftrag über monatlich 60,00 EUR einrichten, um die Kosten des Fitnessstudios zu begleichen.

Nehmen Sie zum Anliegen des Kunden Stellung.

3. Aufgabe

Einige Wochen später kommt Frau Wagner mit dem Sparbuch von Kai Wagner (Einzelkonto) zu Ihnen in die Filiale. Sie möchte von dem Sparbuch ihres Mannes 3500,00 EUR abheben. Frau Wagner hat keine Kontovollmacht.

Können Sie diesem Wunsch entsprechen? Begründen Sie Ihre Entscheidung.

4. Aufgabe

Herr Wagner hat sich von seiner Frau getrennt und befürchtet, dass diese weiterhin über das Sparbuch verfügen möchte.

Nennen Sie Ihrem Kunden zwei Möglichkeiten, wie er diese Verfügungen zukünftig verhindern kann.

5. Aufgabe

**Am 04.02.20.. möchte der Kunde das nicht gekündigte Sparkonto auflösen.
Folgende Daten liegen Ihnen vor:**

	Guthaben am 31.12. des Vorjahres	7400,00 EUR
+	Zinsen Vorjahr	120,00 EUR
=	Kontostand zu Beginn des Jahres 20..	7520,00 EUR

**Es gab im Jahr 20.. bisher keine weiteren Verfügungen.
Der Zinssatz beträgt 0,75 %; Vorfälligkeitsentgelt: ¼ des Habenzinssatzes; 90-Tage-Methode.
Der Kunde gehört keiner Religionsgemeinschaft an und hat keinen Freistellungsauftrag erteilt.**

Berechnen Sie für das Jahr 20..

a) die Habenzinsen, EUR

b) die Vorschusszinsen, EUR

c) die Kapitalertragsteuer, EUR

d) den Solidaritätszuschlag, EUR

e) den Auszahlungsbetrag. EUR

2.2 Beratung der Eheleute Hoffmann über das Bausparen

1. Aufgabe

Die Eheleute Stefanie und Manuel Hoffmann sind Kunden Ihres Ausbildungsinstitutes. Sie haben noch keine Kinder und wohnen in einer gemieteten Zweizimmerwohnung.

Folgende Kundendaten sind verfügbar:

	Stefanie Hoffmann	Manuel Hoffmann
Alter	26 Jahre	28 Jahre
Beruf	kaufmännische Angestellte	Elektroinstallateur
Zu versteuerndes Einkommen	16000,00 EUR	26000,00 EUR
Anlage vermögenswirksame Leistungen auf Investment-sparvermögen	34,00 EUR (VL-Leistungen des Arbeitgebers 20,00 EUR)	34,00 EUR (VL-Leistungen des Arbeitgebers 34,00 EUR)
Sparguthaben	2400,00 EUR	8200,00 EUR

In einem Gespräch mit den Kunden erfahren Sie, dass sich Stefanie und Manuel bisher noch keine Gedanken über den Kauf einer Eigentumswohnung oder eines Einfamilienhauses gemacht haben. Sie möchten die Kunden von den Vorteilen des Bausparens überzeugen.

Beschreiben Sie drei Vorteile des Bausparens.

2. Aufgabe

Sie bieten den Kunden folgenden Tarif der Regio-Bausparkasse AG an:

Sparphase	**Regelsparbeitrag von der Bausparsumme**	4 ‰
	Guthabenzins	0,50 %
	Mindestguthaben (von der Bausparsumme)	40 %
	Abschlussgebühr (von der Bausparsumme)	1,00 %
Darlehensphase	**Sollzinssatz (vom Darlehensbetrag)**	2,75 %
	maximaler Darlehensanspruch (von der Bausparsumme)	60 %
	monatlicher Zins- und Tilgungsbeitrag (von der Bausparsumme)	4 ‰

Erklären Sie die Bedeutung des Regelsparbeitrages.

3. Aufgabe

Sie erklären den Kunden, dass eine Zuteilung der Bausparsumme erst erfolgen kann, wenn der Bausparvertrag eine hinreichende Bewertungszahl erreicht hat.

a) Erläutern Sie, warum Bausparkassen die Zuteilung von einer Bewertungszahl abhängig machen.

b) Welche beiden Größen beeinflussen maßgeblich die Höhe der Bewertungszahl?

4. Aufgabe

Sie informieren die Kunden über die staatliche Förderung nach dem Wohnungsbauprämiengesetz.

a) Wie viel Euro beträgt der maximal geförderte Sparbetrag pro Jahr? EUR

b) Wie hoch ist die Wohnungsbauprämie? EUR

c) Prüfen Sie, ob die Eheleute Hoffmann aufgrund ihrer Einkommensverhältnisse eine Wohnungsbauprämie erhalten.

5. Aufgabe

Sie prüfen, ob die Kunden eine Arbeitnehmersparzulage erhalten können.

a) Wie viel Euro beträgt der maximale Sparbetrag pro Jahr? EUR

b) Wie hoch ist die Arbeitnehmersparzulage? EUR

c) Beurteilen Sie, ob die Eheleute Hoffmann aufgrund ihrer Einkommensverhältnisse eine Arbeitnehmersparzulage erhalten.

6. Aufgabe

Stefanie und Manuel Hoffmann entschließen sich zum Abschluss eines Bausparvertrages, auf den sie monatlich 150,00 EUR einzahlen möchten.

a) Empfehlen Sie den Kunden eine geeignete Bausparsumme. EUR

b) Wie viel Euro beträgt die Abschlussgebühr? EUR

c) Wie viel Euro müssen die Eheleute auf den Vertrag mindestens einzahlen, um eine Zuteilung erhalten zu können? EUR

7. Aufgabe

Nachdem die Eheleute fünf Jahre den Regelsparbeitrag auf den Bausparvertrag eingezahlt haben, möchten sie den Vertrag auflösen, weil sie sich einen neuen Pkw kaufen möchten.

Beraten Sie die Kunden.

2.3 Franziska Wehmeyer möchte Geld anlegen

1. Aufgabe

Franziska Wehmeyer möchte circa 8 000,00 EUR bei der Regio-Bank AG anlegen. Stellen Sie fest, ob sich die folgenden Aussagen
(1) nur auf Spareinlagen,
(2) nur auf Festgelder,
(3) nur auf Sparbriefe,
(4) nur auf Festgelder und Sparbriefe,
(5) auf alle der genannten Anlageformen,
(6) auf keine der genannten Anlageformen
beziehen.

a) Der Zinssatz ist für die gesamte Laufzeit fest.

b) Eine vorzeitige Verfügung ist grundsätzlich unter Zahlung eines Vorfälligkeitsentgeltes möglich.

c) Die Anlage unterliegt einem Kursrisiko.

d) Im Fall einer Insolvenz der Bank sichert der Einlagensicherungsfonds die Ansprüche des Anlegers.

e) Die Anlage wird bei Fälligkeit oft prolongiert.

f) Die Anlage darf grundsätzlich nur von natürlichen Personen hereingenommen werden.

g) Die Anlage ist in einer Namensschuldverschreibung verbrieft.

h) Die Kündigungsfrist für diese Anlage beträgt mindestens sechs Monate.

2. Aufgabe

Franziska Wehmeyer, konfessionslos, entscheidet sich zum Erwerb eines abgezinsten Sparbriefes im Nennwert von 8000,00 EUR mit einer Laufzeit von sechs Jahren. Der Zinssatz beträgt 2,50 % p. a.

a) Ermitteln Sie den Einzahlungsbetrag in Euro bei Erwerb des Sparbriefes. EUR

Bei Fälligkeit des Sparbriefes verfügt die Kundin noch über ein nicht ausgenutztes Freistellungsvolumen von 250,00 EUR.

b) Ermitteln Sie bei Fälligkeit des Sparbriefes:

ba) den Bruttozinsertrag, EUR

bb) die Höhe der Kapitalertragsteuer, EUR

bc) die Höhe des Solidaritätszuschlages, EUR

bd) den Gutschriftsbetrag. EUR

2.4 Lukas Köhler möchte seine vermögenswirksamen Leistungen anlegen

1. Aufgabe

Lukas Köhler, Auszubildender, 18 Jahre, erzielt ein zu versteuerndes Einkommen von 10600,00 EUR. Sie haben mit ihm einen Beratungstermin vereinbart, um über die Anlage der vermögenswirksamen Leistungen (VL) zu sprechen. Er erhält von seinem Arbeitgeber monatlich 40,00 Euro VL.

Ab dem 30.04.2020 möchte Lukas Köhler monatlich in Aktienfondsanteile investieren.

a) Welchen Betrag in Euro muss er monatlich investieren, um für diese Anlageform die maximale staatliche Förderung zu erhalten? EUR

b) Ermitteln Sie das Datum für die letzte Einzahlung auf den Vertrag.

c) Ab welchem Datum kann er über das Fondsvermögen verfügen?

2. Aufgabe

Lukas Köhler möchte neben den restlichen VL des Arbeitgebers noch weitere Teile seiner Ausbildungsvergütung vermögenswirksam anlegen. Zu diesem Zweck schließt er am 30.04.2020 einen Bausparvertrag ab.

a) Wie viel Euro muss er von seiner Ausbildungsvergütung zusätzlich monatlich investieren, um die maximale Arbeitnehmersparzulage für das Bausparen zu erhalten? EUR

b) Wie viel Euro beträgt die jährliche Arbeitnehmersparzulage? EUR

c) In welchen zwei Fällen könnte Lukas Köhler auch schon vorzeitig über das Bausparguthaben verfügen, ohne dass er die Arbeitnehmersparzulage zurückzahlen muss?

Lernfeld 5:

Allgemein-Verbraucherdarlehensverträge abschließen

5

Zielbeschreibung:

Sie verfügen über die Kompetenz, Kunden über Allgemein-Verbraucherdarlehen zu beraten und entsprechende Verträge abzuschließen.

1 Lernsituationen

1.1 Dr. Jonathan Winkler beantragt einen Dispositionskredit

Situationsbeschreibung

Dr. Jonathan Winkler ist seit Beginn seines Studiums Kunde bei Ihnen. Nach seiner Promotion im Fach Betriebswirtschaftslehre an der Universität Köln hat er dort einen befristeten, noch zwei Jahre laufenden Arbeitsvertrag am Lehrstuhl für Unternehmensbesteuerung. Bisher gab es nur wenige Beratungsanlässe, die Kontoführung war stets einwandfrei. Nun ruft er Sie an und beantragt kurzfristig eine Erhöhung des Dispositionskredites auf 8 000,00 EUR. Er wird in wenigen Wochen mit seiner Freundin zusammenziehen, weshalb einige Renovierungs- und Umzugskosten anfallen werden. Aufgrund einer in vier Wochen anstehenden Dozentennebentätigkeit geht er davon aus, dass er das benötige Geld schnell zurückzahlen kann.

Konten / Depots	**Betrag**	**Zusatzinformationen**
Girokonto:	S 1 450,00 EUR	• Girocard • Eingeräumte Überziehung: 2 000,00 EUR
Sparkonto:	H 560,00 EUR	
Ratenkredit: (Studienkredit)	S 1 800,00 EUR	
Freistellungsauftrag: 801,00 EUR *bereits beansprucht:* 0,00 EUR		

Nach erster Rücksprache mit der Geschäftsstellenleiterin schicken Sie Herrn Dr. Winkler eine Selbstauskunft zu, die er vor dem anstehenden Beratungsgespräch ausgefüllt zurückgeschickt hat. Hieraus und aus Ihren Kontounterlagen geht hervor, dass er ein regelmäßiges Nettogehalt von 2 800,00 EUR hat und ihm unter Berücksichtigung seiner Dozentennebentätigkeit, bei der er ca. 350,00 EUR im Monat verdienen wird, ein frei verfügbares Einkommen von etwa 1 000,00 EUR übrig bleibt.

Sie bereiten sich auf das Beratungsgespräch vor. Neben der möglichen Erhöhung des Dispositionskredits möchten Sie die Gelegenheit zum Cross-Selling nutzen.

Erstellen Sie für das Beratungsgespräch folgende Unterlagen:

- ein Informationsblatt zu Überziehungskrediten,
- eine Begründung für die Gewährung des Dispositionskredites und
- eine Mindmap zum Cross-Selling.

Information

Informieren Sie sich darüber, nach welchen Kriterien Ihr Ausbildungsbetrieb Kunden Dispositionskredite gewährt.

Aktivieren Sie Ihr Vorwissen zur Mindmap und halten Sie erste Ideen für eine Mindmap zum Cross-Selling für Herrn Dr. Winter fest.

Planen und Entscheiden

Planen Sie Ihr Vorgehen hinsichtlich des Gesprächs über die Erhöhung des Dispositionskredites.

Durchführen

Bearbeiten Sie die Unterlagen zu den Handlungsprodukten.

Informationsblatt zu Überziehungskrediten

	Eingeräumte Überziehung = Dispositionskredit	Geduldete Überziehung
Rechtsgrundlage		
Definition		
Bedingungen für eine Inanspruchnahme		

Durchführen

Beratungs- und Informationspflichten des Kreditinstitutes gem. §§ 504, 504a, und 505 BGB		
Kosten		

Beurteilung von Dispositionskrediten	
... aus der Sicht des Kunden	
... aus der Sicht des Kreditinstitutes	

Begründung für die Gewährung des Dispositionskredites an Herrn Dr. Winkler

Durchführen

Mindmap zum Cross-Selling

Nutzen Sie dazu nach Möglichkeit eine App oder ein PC-Programm, z. B. FreeMind, das unter https://freemind.de.softonic.com kostenlos heruntergeladen werden kann.

Kontrolle

- Tauschen Sie die von Ihnen erstellten Unterlagen mit Mitschülern und Mitschülerinnen aus, um sie auf Richtigkeit und Vollständigkeit zu prüfen.
- Stellen Sie Ihre Mindmap Ihren Mitschülern vor und nehmen Sie Ergänzungen auf. Prüfen Sie dabei auch die äußere Form auf folgende Aspekte:
  - Herausstellung des Themas in der Mitte
  - Erfassung zentraler Begriffe (Schlüsselwörter), die von der Mitte wegführen. Die relative Bedeutung jedes Aspekts wird durch die Entfernung vom Thema sichtbar.
  - Druckbuchstaben, um beim Nachlesen ein fotografischeres und verständlicheres Bild zu erhalten.
  - Verwendung von mindestens drei Farben
  - Verwendung von Bildern, Symbolen und Pfeilen zur Erhöhung der Merkfähigkeit
  - Unterstreichung der Wichtigkeit durch Haupt- und Nebenäste, ggf. können diese sich in der Liniendicke unterscheiden

Bewerten

- Erinnern Sie sich: Welche Mindmap-Aspekte können Sie gut behalten?
- Was hat Ihnen an Ihrer Mindmap und denen Ihrer Mitschüler besonders gefallen?

Aufgaben zur Lernsituation

1. Dispositionskredit und geduldete Überziehung

Kennzeichnen Sie die nachstehenden Aussagen.

Die Aussage bezieht sich
(1) nur auf eingeräumte Überziehungen (Dispositionskredit),
(2) nur auf geduldete Überziehungen,
(3) auf eingeräumte und geduldete Überziehungen,
(4) weder auf eingeräumte noch auf geduldete Überziehungen.

Aussagen

a) Der Verbraucher ist in regelmäßigen Zeitabständen über den Sollzinssatz zu unterrichten. ☐

b) Es wird eine bestimmte Kreditlinie vereinbart. ☐

c) Das Kreditinstitut hat bei einer erheblichen Überziehung von mehr als einem Monat eine Beratungspflicht. ☐

d) Auf dem Girokonto des Kunden entsteht ein Sollsaldo, ohne dass eine Kreditlinie vereinbart wurde. ☐

e) Die Zinsberechnung erfolgt nach der Methode act/act. ☐

2. Jana Sobotik überzieht ihr Konto

Jana Sobotik unterhält seit zwei Jahren ein laufendes Konto bei der Regio-Bank AG. Sie legt Ihnen am 02.04. einen (nachstehend in Auszügen abgebildeten) Kontoauszug vor:

Kontostand am 13.03.			**H** 55,12 EUR
13.03. Gehalt April Wert 15.03.		**H** 1 612,52 EUR	
13.03. Barabhebung Wert 13.03.	**S** 500,00 EUR		
Kontostand am 15.03.			**H** 1 167,64 EUR
Dispositionskredit: 3 000,00 EUR; Zinssatz für Dispositionskredite: 11,5 % p. a.; Zinssatz für geduldete Überziehungen: 15,5 % p. a.			

a) Frau Sobotik kann nicht nachvollziehen, dass sie beim Rechnungsabschluss mit Sollzinsen belastet wurde. Weisen Sie ihr die Berechtigung rechnerisch nach, indem Sie den Betrag der Sollzinsen ermitteln. *EUR* ☐☐☐,☐☐

b) Erläutern Sie den im Kontoauszug erwähnten Begriff „geduldete Überziehungen“.

___

___

___

1.2 Die Eheleute Lüpschen benötigen einen Ratenkredit zur Finanzierung einer Einbauküche

Situationsbeschreibung

Yvonne und Marius Lüpschen sind seit vier Jahren Kunden der Regio-Bank AG. Sie werden in Kürze ein kleines Haus am Stadtrand beziehen und möchten eine neue Einbauküche zum Preis von 20000,00 EUR erwerben. Zur Finanzierung der Küche möchten sie einen Ratenkredit von 14000,00 EUR beantragen. Frau Lüpschen hat mit Ihnen telefonisch einen Beratungstermin vereinbart, zu dem sie mit ihrem Mann erscheinen möchte.

Sie haben zur Vorbereitung auf das Gespräch den Eheleuten einen Selbstauskunftsbogen zugeschickt, der Ihnen bereits ausgefüllt vorliegt. Hieraus ergeben sich folgende Angaben:

Persönliche Daten	Yvonne Lüpschen	Marius Lüpschen
Alter	28 Jahre	30 Jahre
Beruf	Zahnarzthelferin	Physiotherapeut
Arbeitgeber	Dr. Simon Esser	Physiotherapeutische Praxis Paramedi GmbH
Beschäftigt seit	8 Jahren	8 Jahren

Monatseinnahmen	Betrag	Monatsausgaben	Betrag
Nettoeinkommen Yvonne Lüpschen	1600,00 EUR	Miete inkl. Nebenkosten	950,00 EUR
Nettoeinkommen Marius Lüpschen	2000,00 EUR	Lebensversicherung	200,00 EUR
Kindergeld	–	Fitnessstudio für beide	50,00 EUR
Sonstige Einkünfte	–	Sparrate	250,00 EUR
		Kreditrate zur Finanzierung der Osteophatieausbildung (Restlaufzeit zwei Jahre)	280,00 EUR

Die Eheleute Lüpschen besitzen gemeinsam einen zwei Jahre alten Ford Focus. Herr Lüpschen ist leidenschaftlicher Motorradfahrer und besitzt ein Motorrad. Ihr gemeinsames Hobby sind neben dem Fitnessstudio ihre gemeinsamen Hunde, eine Labradorhündin und ein Husky.

Den Eheleuten wurde ein Dispositionskredit in Höhe von 8000,00 EUR eingeräumt. Nicht genehmigte Überziehungen kamen nicht vor. Die Kontoführung war in den letzten Jahren einwandfrei. Die Eheleute Lüpschen verfügen über Ersparnisse auf einem Tagesgeldkonto in Höhe von 6000,00 EUR.
Eine SCHUFA-Abfrage, die Ihnen die Eheleute ausdrücklich gestattet hatten, wies keine Negativmerkmale auf und ergab die Ratingstufe „C".
Die Regio-Bank AG bieten Verbraucherdarlehen zu einem Sollzinssatz von 5,00 % p. a. an.
In dem Telefonat mit Frau Lüpschen haben Sie erfahren, dass die Eheleute sich eine Monatsrate von circa 420,00 EUR wünschen.

Erstellen Sie zur Vorbereitung auf das Beratungsgespräch folgende Unterlagen:

- ein Informationsblatt zum Verbraucherdarlehen,
- eine Haushaltsrechnung für die Eheleute Lüpschen und
- erste Berechnungen für ein Kreditangebot.

Information

Bei Ratenkreditverträgen sind umfangreiche Rechtsvorschriften zum Verbraucherdarlehen zu beachten. Erklären Sie den Begriff „Verbraucherdarlehen“ und begründen Sie, warum der Gesetzgeber diese Vorschriften erlassen hat.

Planen und Entscheiden

- Stellen Sie fest, welche Informationsquellen Sie für die Bearbeitung der Lernsituation benötigen.
- Planen Sie Ihre Arbeitsschritte.

Durchführen

Bearbeiten Sie die Unterlagen zu den Handlungsprodukten.

Informationsblatt zu Verbraucherdarlehen

Vertragspartner	Kreditnehmer: Kreditgeber:
Arten gem. § 491 BGB	
Was ist kein Allgemein-Verbraucherdarlehen?	

Rechtliche Vorschriften zum Verbraucherdarlehen

Werbung für Kreditverträge § 6a PangV	Kosten:

Werbung für Kreditverträge § 6a PangV	Beispielrechnung: ____________ ____________ ____________ ____________ Zusatzleistung: ____________ ____________ ____________ ____________
Formvorschrift § 492 BGB	____________
Kreditwürdigkeits-prüfung § 505a, b BGB	§ 505a BGB: ____________ ____________ ____________ ____________ ____________ § 505b BGB: ____________ ____________ ____________ ____________ ____________ ____________

Durchführen

Weitere Informationen zum Verbraucherdarlehen

Geschäftsfähigkeit	unbeschränkt geschäftsfähig ____________ ____________ beschränkt geschäftsfähig ____________ ____________ geschäftsunfähig ____________ ____________
Güterstand	Zugewinngemeinschaft ____________ ____________

Durchführen

Güterstand	**Gütergemeinschaft** _____ _____ **Gütertrennung** _____ _____
Persönliche und materielle Kreditwürdigkeit	**Definition: persönliche Kreditwürdigkeit** _____ _____ _____
	Definition: materielle Kreditwürdigkeit _____ _____ _____
Weitere Unterlagen zur Prüfung der Kreditwürdigkeit	**persönliche Kreditwürdigkeitsprüfung** _____ _____ _____ _____ **materielle Kreditwürdigkeitsprüfung** _____ _____ _____ _____
Kapitaldienstfähigkeitsrechnung (Haushaltsrechnung)	**Zweck** _____ _____ _____ **Lebenshaltungspauschalen Ihres Ausbildungsbetriebes** _____ _____ _____ **Pkw-Pauschale Ihres Ausbildungsbetriebes** _____

Durchführen

Scoring	
	Definition ____________________ ____________________
	Ziel ____________________ ____________________
	Vorgehen ____________________ ____________________
	SCHUFA-Ratingstufe „C“ bedeutet ... ____________________ ____________________ ____________________
	Vorteile ____________________ ____________________ ____________________ ____________________ ____________________

Haushaltsrechnung für die Eheleute Lüpschen

Einnahmen		Ausgaben	

Frei verfügbares Einkommen: _____________ abzgl. 20 % Sicherheitsabschlag ein Betrag von _____________ EUR zur Begleichung der Rate.

Durchführen

Erste Berechnungen für ein Kreditangebot

Sie bieten den Eheleuten einen Zinssatz von 5 % p. a. an.

Darlehensbetrag	
Laufzeit	
Rate	
Gesamtkreditbetrag	
Kreditkosten	

Kontrolle

Tauschen Sie die von Ihnen erstellten Unterlagen mit den anderen Gruppen aus, um die Materialien gegenseitig auf die fachliche Richtigkeit zu prüfen.

Bewerten

Die Kreditwirtschaft vertritt häufig die Position, dass der größte Vorteil des Kreditscorings beim Verbraucher läge. Dieser erhielt eine schnellere, gerechtere und objektivere Entscheidung und würde zugleich vor Überschuldung geschützt.

Nehmen Sie zu dieser Behauptung kritisch Stellung! Nutzen Sie folgenden Artikel zur Reflexion.

[...] Im Januar 2015 gebar der Alibaba-Konzern eine seiner schillerndsten Töchter: Sesame Credit – ein System, das jedem Nutzer einen persönlichen Punktestand zuordnet, einen Score, an dem man seine Vertrauenswürdigkeit ablesen kann. Alibaba nahm, so heißt es, auch die deutsche Schufa zum Vorbild, führte das Prinzip aber viel weiter. Sesame Credit prüft in vier Kategorien. Die erste, auch hierzulande bekannte: Wie verlässlich hat jemand in der Vergangenheit seine Rechnungen bezahlt, seine Kredite beglichen? Die zweite: Wie viel verdient die Person? Im dritten Schritt checkt Alibaba persönliche Daten wie Adresse und Telefonnummer. Es heißt, wer die selten wechsele, gelte als zuverlässiger und damit vertrauenswürdiger. Heikel und maximal intransparent ist der vierte Prüfschritt: Alibaba nutzt die Daten über das Kaufverhalten der Menschen, um sie zu charakterisieren. Wie das genau geschieht, darüber kursieren nur Gerüchte. Es heißt, wer regelmäßig Windeln kaufe, könne als verlässliches und stabiles Familienoberhaupt eingruppiert werden, wer Videospiele bestelle, als potenziell problematisch. Alibaba sah bislang keinen Anlass, sich zum Zustandekommen der Bewertungen zu erklären. Es seien „komplexe Algorithmen" am Werke, heißt es. Der Konzern gibt den Chinesen aber Tipps, wie man den eigenen Wert verbessern könne: etwa, indem man sich online mit Menschen befreunde, die selbst als vertrauenswürdig gelten. Am Ende erhält auf jeden Fall jeder Sesame-Credit-Nutzer eine Zahl, sozusagen das Urteil über die eigene Zuverlässigkeit: von 350 (Game over) bis 950 (Highscore). Wer auf den oberen Rängen landet, den erwarten Belohnungen: Er darf sich die blauen Ali-Fahrräder, die das Stadtbild chinesischer Großstädte prägen, genauso ohne Kaution leihen wie Mietwagen. Er bekommt Rabatte bei Hotel- oder Flugbuchungen, ein höheres Ranking auf Dating-Seiten. Alibaba kooperiert auch mit dem Großherzogtum Luxemburg. Ein Top-Score erleichtert die Einreise in das EU-Land. [...]

Quelle: Julia Friedrichs, Andreas Spinrath: „Alibaba überall", ZEITMAGAZIN NR. 14/2020, (Auszug). Link: https://www.zeit.de/zeit-magazin/2020/14/china-alibaba-onlinekonzern-corona-krise-logistik [29.04.2020].

Aufgaben zur Lernsituation

1. Die Regio-Bank AG gewährt Verbraucherdarlehen zu unterschiedlichen Zinssätzen

Die Regio-Bank AG differenziert die Zinssätze bei Verbraucherdarlehen in Abhängigkeit von der Bonität der Kunden in einer Spanne von 6,00 % bis zu 12,00 %.

Höhe der Monatsrate bei einer Kreditsumme von 10 000,00 EUR				
Nominalzins p. a.	**36 Monate**	**48 Monate**	**60 Monate**	**72 Monate**
6,00 %	304,22 EUR	234,85 EUR	193,33 EUR	165,73 EUR
6,50 %	306,49 EUR	237,15 EUR	195,66 EUR	168,10 EUR
7,00 %	308,77 EUR	239,46 EUR	198,01 EUR	170,49 EUR
7,50 %	311,06 EUR	241,79 EUR	200,38 EUR	172,90 EUR
8,00 %	313,36 EUR	244,13 EUR	202,76 EUR	175,33 EUR
8,50 %	315,68 EUR	246,48 EUR	205,17 EUR	177,78 EUR
9,00 %	318,00 EUR	248,85 EUR	207,58 EUR	180,26 EUR
9,50 %	320,33 EUR	251,23 EUR	210,02 EUR	182,75 EUR
10,00 %	322,67 EUR	253,63 EUR	212,47 EUR	185,26 EUR
10,50 %	325,02 EUR	256,03 EUR	214,94 EUR	187,79 EUR
11,00 %	327,39 EUR	258,46 EUR	217,42 EUR	190,34 EUR
11,50 %	329,76 EUR	260,89 EUR	219,93 EUR	192,91 EUR
12,00 %	332,14 EUR	263,34 EUR	222,44 EUR	195,50 EUR

Die Eheleute Claudia und Alexander Höhner beantragen bei der Regio-Bank AG einen Ratenkredit von 26 000,00 EUR zur Finanzierung eines Pkw. Die Laufzeit soll 48 Monate betragen.

Die Regio-Bank AG bietet den Eheleuten aufgrund ihrer Bonitätseinschätzung ein Verbraucherdarlehen mit monatlicher Tilgungsverrechnung zu einem Nominalzinssatz von 8,50 % an. Eine Provision fällt nicht an.

a) Ermitteln Sie die Höhe der Monatsraten. *EUR* [ ]

b) Ermitteln Sie den Gesamtrückzahlungsbetrag. *EUR* [ ]

c) Ermitteln Sie die Höhe der gesamten Kreditkosten. *EUR* [ ]

Pascal Reimann beantragt bei der Regio-Bank AG einen Ratenkredit über 17 000,00 EUR. Der Nominalzinssatz beträgt laut Bonitätseinschätzung 10,50 %. Die Haushaltsrechnung hat ergeben, dass der Kunde maximal eine monatliche Belastung von 370,00 EUR tragen kann.

d) Ermitteln Sie die kürzeste Laufzeit des Darlehens, bei der die Monatsrate für den Kunden noch tragbar ist. *Monate* [ ]

2. Allzweckdarlehen für Brigitte Weirich

Brigitte Weirich, alleinerziehend mit einem Kind, ist Angestellte der DataSoft AG. Frau Weirich möchte ihrer Tochter Sonja einen halbjährigen Aufenthalt in einem englischen Internat ermöglichen. Hierzu benötigt sie 7 500,00 EUR.

Die Geldmittel sollen im Rahmen eines standardisierten Ratenkredits von der Regio-Bank AG bereitgestellt werden.

Die Haushaltsrechnung von Frau Weirich ergibt, dass die Monatsrate 200,00 EUR nicht übersteigen soll. Die Regio-Bank AG bietet Ratenkredite zu folgenden Konditionen an:

Laufzeit in Monaten	Monatsrate bei einer Kreditsumme von 10 000,00 EUR
40	291,00 EUR
41	284,93 EUR
42	279,18 EUR
43	273,64 EUR
44	268,40 EUR
45	263,35 EUR
46	258,56 EUR
47	254,00 EUR
48	249,56 EUR

Ermitteln Sie

a) die Laufzeit des Ratenkredites. *Monate* ☐☐

b) die Höhe der Monatsrate. *EUR* ☐☐☐☐,☐☐

3. Monika Grube vergleicht Kreditangebote

Monika Grube möchte sich ein neues VW-Golf-Cabrio anschaffen. Der Listenpreis einschließlich aller Extras und der Mehrwertsteuer beträgt 18 000,00 EUR. Bei Barzahlung erhält sie einen Preisnachlass von 8 % auf den Listenpreis. Sie verfügt über Ersparnisse von 8 000,00 EUR. Zur Finanzierung des Autos liegen ihr zwei Angebote vor.

- **Angebot I vom Autohaus Kurbel & Welle KG: Kaufpreis gemäß Listenpreis; 8 000,00 EUR Anzahlung und Zahlung von 48 Monatsraten in Höhe von 220,00 EUR.**
- **Angebot II der Regio-Bank AG: Ratenkredit 10 000,00 EUR – Laufzeit 48 Monate – Monatsrate 251,20 EUR.**

a) Ermitteln Sie die Höhe des benötigten Bankdarlehens. *EUR* ☐☐☐☐,☐☐

Um beide Angebote besser zu vergleichen zu können, soll ein weiteres Merkmal des Verbraucherdarlehens herangezogen werden.

b) Ermitteln Sie den Gesamtaufwand für Angebot I. *EUR* ☐☐☐☐☐,☐☐

c) Ermitteln Sie den Gesamtaufwand für Angebot II. *EUR* ☐☐☐☐☐,☐☐

d) Welches Angebot ist für Monika Grube vorteilhafter? ☐
(1) Angebot I ist günstiger.
(2) Angebot II ist günstiger.

1.3 Beratungsgespräch mit den Eheleuten Lüpschen zur Finanzierung einer Einbauküche

Situationsbeschreibung

Sie sind als Auszubildende/r bei der Regio-Bank AG tätig.

Vor ein paar Tagen haben Sie mit Frau Lüpschen telefoniert und dabei erfahren, dass die Eheleute zur Finanzierung einer neuen Einbauküche einen Ratenkredit über 14 000,00 EUR benötigen.

Sie haben von den Eheleuten bereits eine Selbstauskunft über ihre Einkommens- und Vermögensverhältnisse erhalten. Unter Berücksichtigung der Haushaltspauschale haben Sie ein frei verfügbares Resteinkommen von 530,00 EUR ermittelt.

Ihre Kreditwürdigkeitsprüfung durch ein Scoring zeigte für die Eheleute Lüpschen ein gutes Ergebnis.

In den Vorgesprächen haben Sie erfahren, dass sich die Eheleute eine Monatsrate von circa 420,00 EUR wünschen.

Auf Grundlage des Scorings kann die Regio-Bank AG den Ratenkredit zu einem Sollzinssatz von 5,00 % anbieten.

Für heute haben Sie einen Beratungstermin vereinbart, den Sie bereits inhaltlich umfassend vorbereitet haben. Nun überlegen Sie, wie sie dieses Beratungsgespräch am besten durchführen können.

Bereiten Sie das Beratungsgespräch vor und erstellen Sie

- eine Informationsschrift zu den Vorvertraglichen Informationen und dem Widerrufsrecht der Kunden,
- eine Übersicht zu Fragetechniken im Verkaufsgespräch und
- einen Gesprächsleitfaden für das Beratungsgespräch mit den Eheleuten Lüpschen.

Welche praktischen Beratungserfahrungen haben Sie bereits mit Verbraucherdarlehen gemacht? Konnten Sie dabei bereits eine Gesprächsstruktur erkennen?

Information

Planen und Entscheiden

Stellen Sie fest, welche Informationen und Materialien Sie für die Bearbeitung der Lernsituation benötigen.

Durchführen

Bearbeiten Sie die Unterlagen zu den Handlungsprodukten.

Informationsschrift zu den Vorvertraglichen Informationen und zum Widerrufsrecht

Vorvertragliche Informationen (VVI) gem. § 491a BGB	
Zweck § 491a Abs. 3 BGB	
Formvorschrift Art. 247 § 2 EGBGB	
Beratungspflicht § 491a Abs. 3 BGB	
Pflichtangaben Art. 247 § 3 EGBGB	
Bereitstellung eines Vertragsentwurfs § 491a Abs. 2 BGB	

Durchführen

Widerrufsrecht bei Verbraucherdarlehen (§§ 495, 355 BGB)	
Widerrufsfrist	
Verlängerte Widerrufsfrist	
Beginn der Widerrufsfrist	
Form der Widerrufserklärung	
Folgen des Widerrufs	Rechtliche Bedeutung
	Pflicht des Kunden, falls der Kredit bereits ausgezahlt wurde
Widerrufsbelehrung durch das Kreditinstitut	Form
	Inhalte gem. Muster (Anlage zu Art. 247 § 6 EGBGB)

Durchführen

Übersicht zu Fragetechniken im Verkaufsgespräch

Offene Fragen	**Wirkung**
	Beispiele
Geschlossene Fragen	**Wirkung**
	Beispiele zu Alternativfragen **Hinweis:** Die Entweder-oder-Frage wirkt eleganter als eine ganz geschlossene Frage und kann daher auch in der Analysephase eingesetzt werden.
	Beispiele zu Suggestivfragen **Hinweis:** Die geschlossene Frage mit eingebauter Beeinflussung sollte sehr sparsam eingesetzt werden.

Gesprächsleitfaden für das Beratungsgespräch mit den Eheleuten Lüpschen

Kontaktphase	**Ziel** __________ __________
	Fallbezogene Inhalte __________ __________ __________
Analysephase	**Ziel** __________ __________
	Fallbezogene Inhalte __________ __________ __________ __________ __________ __________ **Hinweis:** Zusammenfassung, um Fehlinterpretationen vorzubeugen
Angebotsphase / Prüfungsphase	**Ziel** __________ __________
	Fallbezogene Inhalte __________ __________ __________ __________
Abschlussphase / Verstärker	**Ziel** __________ __________
	Fallbezogene Inhalte __________ __________ __________ __________

Durchführen

Durchführen

Abschlussphase / Verstärker	Cross-Selling-Ideen
	____
	____
	____
	____

Kontrolle

Verteilen Sie in Ihrer Gruppe die Rollen:

- **Yvonne und Marius Lüpschen**
- **Berater/in**
- **Beobachter/in**

Führen Sie in den Kleingruppen das Beratungsgespräch.
Geben Sie sich gegenseitig unter Beachtung der Feedback-Regeln eine Rückmeldung.

Fakultativ:
Teilen Sie die Gruppen und bilden daraus neue Beratungsgruppen. Trainieren Sie nochmals die Beratungssituation.

Bewerten

Prüfen Sie für sich aufgrund Ihrer Beratungserfahrung Ihre Fragetechnik.

	Stimmt +2	+1	−1	Stimmt nicht −2
Frage ich beim Kunden nach, wenn mir etwas nicht klar ist?				
Rede ich mehr als der Kunde?				
Bleiben Fragen unausgesprochen, weil es mir unangenehm ist?				
Gelingt es mir oft, durch weiterführende Fragen im guten Kontakt zum Kunden zu bleiben?				
Fürchte ich, mit meinen Fragen den Kunden zu nerven?				
Leite ich das Gespräch durch gezielte Fragen?				

Bewerten Sie Ihre Arbeitsergebnisse und den Arbeitsprozess.

____
____
____
____
____
____
____
____

Aufgaben zur Lernsituation

1. Franziska Schmidthofer beantragt einen Ratenkredit

Franziska Schmidthofer beantragt bei der Regio-Bank AG einen Ratenkredit in Höhe von 15 000,00 EUR. Nach Prüfung der Kreditwürdigkeit erhält die Kundin folgendes Kreditangebot:

Kreditangebot	
Kreditbetrag (Auszahlungsbetrag)	15 000,00 EUR
Laufzeit	24 Monate
Nominalzins p. a.	8,50 %
Effektiver Jahreszins	8,72 %
Monatsraten 1 bis 23	681,84 EUR
letzte Monatsrate	681,71 EUR

a) Ermitteln Sie den Gesamtrückzahlungsbetrag. EUR

b) Ermitteln Sie die Höhe der gesamten Kreditkosten. EUR

c) Erstellen Sie mithilfe einer Excel-Tabelle einen Tilgungsplan mit monatlicher Tilgungsverrechnung. Wie hoch ist die Restschuld nach Zahlung von 12 Monatsraten? EUR

d) Mit welcher der folgenden Aussagen informieren Sie die Kundin über ihr Widerrufsrecht richtig?
(1) „Sie können den Darlehensvertrag binnen einer Woche nach Vertragsabschluss widerrufen."
(2) „Im Fall eines Widerrufs erwarten wir von Ihnen eine kurze Begründung, warum Sie das Darlehen nicht mehr benötigen."
(3) „Sie können uns den Widerruf schriftlich, telefonisch oder per E-Mail mitteilen."
(4) „Nach der Auszahlung des Darlehens ist ein Widerruf nicht mehr möglich."
(5) „Die Widerrufsfrist beginnt erst, wenn Sie neben der Widerrufsbelehrung auch eine Abschrift des Kreditvertrages oder des Kreditantrages erhalten haben."

Nachdem Franziska Schmidthofer eine Erbschaft erhalten hat, möchte sie das Darlehen vorzeitig zurückzahlen.

e) Welche der folgenden Aussagen zur vorzeitigen Tilgung des Darlehens ist zutreffend?
(1) Die Regio-Bank AG darf eine Vorfälligkeitsentschädigung in Höhe von 1 % des Darlehensbetrages verlangen.
(2) Eine vorzeitige Rückzahlung des Darlehens ist nur möglich gegen Zahlung der Hälfte der Kreditkosten, die nach der vorzeitigen Rückzahlung noch angefallen wären.
(3) Frau Schmidthofer hat jederzeit die Möglichkeit, das Darlehen zurückzuzahlen.
(4) Eine vorzeitige Rückzahlung ist nur nach Ablauf einer Kündigungsfrist von drei Monaten möglich.
(5) Eine vorzeitige Tilgung ist nach einer Kreditlaufzeit von 12 Monaten nicht mehr möglich.

Frau Schmidthofer möchte das Darlehen nach Ablauf von 15 Monaten vorzeitig zurückzahlen. Die Regio-Bank AG berechnet das maximal zulässige Vorfälligkeitsentgelt.

f) Ermitteln Sie

fa) Ermitteln Sie die Restschuld des Darlehens. EUR

fb) Ermitteln Sie die Höhe des Vorfälligkeitsentgeltes. EUR

fc) Ermitteln Sie den Rückzahlungsbetrag. EUR

2. Markus Hellberg finanziert einen neuen Pkw

Markus Hellberg, Privatkunde der Regio-Bank AG, beantragt einen Ratenkredit zur Finanzierung eines Pkw. Das Fahrzeug wird zum Listenpreis von 24 999,00 EUR (inkl. Überführungs- und Zulassungskosten sowie Umsatzsteuer) angeboten; der Händler ist bereit, bei Barzahlung einen Preisnachlass von 8 % auf den Listenpreis zu gewähren.

Markus Hellberg unterhält bei der Regio-Bank AG neben einem Girokonto ein Sparkonto mit einem seit Jahresbeginn unveränderten Guthaben von 6 440,00 EUR.

a) Ermitteln Sie den Finanzierungsbedarf des Kunden unter Berücksichtigung der Sparkontoauflösung per 30.08. (Zinssatz 1,5 % p. a., deutsche Zinsberechnungsmethode, VZ werden nicht berechnet, ein Freistellungsauftrag liegt vor). Das Endergebnis ist auf volle 100,00 EUR aufzurunden. EUR

Die Bonitätsprüfung führt zu einem positiven Ergebnis. Die Laufzeit des Kredites soll 48 Monate betragen. Die Regio-Bank AG bietet Ratenkredite zu folgenden Konditionen an:

Kreditbetrag	10 000,00 EUR
Monatliche Rate	249,56 EUR
Nominalzins	9,15 %
Laufzeit	48 Monate
Gesamtrückzahlungsbetrag	11 978,88 EUR
Effektivzins	9,54 %

b) Ermitteln Sie die Höhe der Monatsraten. EUR

3. Finanzierung einer Wohnungseinrichtung

Jörg Krieger beantragt bei der Regio-Bank AG einen Ratenkredit über 17 000,00 EUR zur Finanzierung einer neuen Wohnungseinrichtung. Nach einer positiven Kreditwürdigkeitsprüfung unterbreiten Sie dem Kunden folgendes Angebot.

Nettodarlehensbetrag:	17 000,00 EUR
Sollzinssatz:	7,80 %
Effektivzins nach PAV:	8,08 %
Laufzeit:	54 Monate

a) Ermitteln Sie die Höhe der Monatsraten mithilfe folgender Formel: EUR

$$MR = ND \cdot \frac{q^m \cdot (q-1)}{(q^m - 1)}$$

MR: Monatsrate
ND: Nettodarlehensbetrag
p: Sollzinssatz
m: Laufzeit in Monaten

$$q = (1 + \frac{p}{1\,200})$$

b) Ermitteln Sie den Gesamtrückzahlungsbetrag. EUR

c) Ermitteln Sie die Höhe der Sollzinsen. EUR

d) Erläutern Sie die vorvertraglichen Informationspflichten gegenüber dem Kunden.

1.4 Bürgschaft und Gehaltszession zur Kreditsicherung von Elena Winter

Situationsbeschreibung

Heute haben Sie einen Termin mit Ihrer 21-jährigen Kundin Elena Winter vereinbart. In einem vorherigen Telefonat haben Sie bisher Folgendes von ihr erfahren: Elena Winter hat eine Ausbildung zur Hotelfachfrau in einem 5-Sterne-Hotel erfolgreich abgeschlossen. Nun hat sie das Angebot ihres Arbeitgebers, ein achtwöchiges Praktikum in einem Partnerhotel auf Barbados zu absolvieren, eines der weltweit besten Luxushotels. Frau Winter würde daran gerne eine zweimonatige Rundreise durch die Karibik anschließen und sich damit einen Traum erfüllen. Das Praktikum wird bezahlt, ihr Arbeitgeber würde sie auch für die anschließende Rundreise freistellen. Danach wird sie wieder in Köln in ihrem Ausbildungshotel arbeiten.

Sie hat ausgerechnet, dass sie für ihre Rundreise einen Kredit von 7 000,00 EUR benötigt.

Kunden-daten	Name: Elena Winter Alter: 21 Jahre Familienstand: ledig Kinder: keine		Beruf: Hotelfachfrau Arbeitgeber: Expoint Hotel GmbH Köln Monatsnettoeinkommen: 1 500,00 EUR
Konten-übersicht	**Konten / Depots**	**Betrag**	**Zusatzinformationen**
	Girokonto: 906758654	S 945,00 EUR	• Girocard • Kreditkarte (monatlicher Verfügungsrahmen 1 000,00 EUR)
	Sparkonto: 906758308	H 240,00 EUR	-------
	Darlehen:	-----	
	Freistellungsauftrag: 801,00 EUR *bereits beansprucht:* 0,00 EUR		

In der Vergangenheit kam es einige Male zu nicht eingeräumten Überziehungen auf dem Girokonto von Elena Winter. In Gesprächen mit der Kundin haben Sie den Eindruck gewonnen, dass Elena ein eher „lockeres Verhältnis" zum Geld hat. Aus diesem Grund soll das Darlehen nur bei einer Besicherung durch eine Lohn- und Gehaltsabtretung und durch eine Bürgschaft von den Eltern gewährt werden.

Sie bereiten sich auf das Beratungsgespräch vor. Da Sie im Telefonat bisher nicht über Sicherheiten gesprochen haben, nehmen Sie diesen Themenbereich besonders in den Blick. Sie rechnen damit, dass Elena Winter Einwände gegen die „doppelte Besicherung" vorbringen und einige Klauseln aus der Bürgschaftsvereinbarung als „zu hart" empfinden wird.

Erstellen Sie zur Vorbereitung auf das Gespräch

- eine Informationsschrift über die geforderten Sicherheiten und
- eine Übersicht möglicher kritischer Einwände gegen einzelne Punkte im Bürgschaftsvertrag.
- Füllen Sie die Formulare zur Bestellung der Sicherheiten aus.

Abtretung von Bezügen

Geschäftszeichen

Zur Sicherung **der unter Nr. 2 näher bezeichneten bankmäßigen Ansprüche** tritt

– nachstehend der Sicherungsgeber genannt – der Sparkasse in dem unter Nr. 1 bezeichneten Umfang alle ihm zustehenden pfändbaren Lohn-, Gehalts-, Provisions- und sonstige Forderungen aus dem Arbeitsverhältnis sowie Entgeltansprüche als freier Mitarbeiter **gegen den derzeitigen sowie gegen künftige Arbeitgeber/Dienstherren** ab. Derzeitiger Arbeitgeber/Dienstherr ist

Im gleichen Umfang tritt der Sicherungsgeber seine gegenwärtigen und künftigen pfändbaren Ansprüche auf Sozialleistungen (insbesondere Arbeitslosengeld, Übergangsgeld, Leistungen der gesetzlichen Kranken-, Unfall- und Rentenversicherung einschließlich eventueller Beitragserstattungsansprüche, Renten wegen Alters und Renten wegen Minderung der Erwerbsfähigkeit) und Pensionen sowie aufgrund arbeitsvertraglicher Vereinbarung gewährte weitere Ruhegeldzahlungen einer betrieblichen oder sonstigen Versorgungseinrichtung ab.

1 Umfang und betragsmäßige Begrenzung

Die Abtretung erfolgt mit sofortiger Wirkung. Sie beschränkt sich auf den jeweils pfändbaren Teil der Ansprüche. Zur Berechnung des pfändbaren Teils der Gesamteinkünfte werden die abgetretenen Einkünfte des Sicherungsgebers entsprechend § 850e Nr. 2, 2a ZPO zusammengerechnet. Der nach den so festgestellten Gesamteinkünften unpfändbare Betrag ist in erster Linie dem höchsten Einkommen zu entnehmen.

Die Abtretung ist auf insgesamt EUR ______________ begrenzt und besteht (vorbehaltlich einer Freigabe gemäß Nr. 6), bis die Sparkasse aufgrund der Abtretung vom Drittschuldner diesen Betrag erhalten hat.

2 Sicherungszweck

Gesichert werden bankmäßige Ansprüche der Sparkasse gemäß nachfolgend bestimmtem Sicherungszweck gegen

– nachstehend der Kreditnehmer genannt –.

☐ **a) Begrenzter Sicherungszweck:**
Die Abtretung dient zur Sicherung aller Forderungen der Sparkasse gegen den Kreditnehmer aus

Werden Leistungsraten (Zins- und Tilgungsbeträge) zu Lasten eines Girokontos des Kreditnehmers (Zahlungskonto) abgebucht und entsteht hierdurch eine Überziehung des Zahlungskontos (insbesondere eingeräumte oder geduldete Kontoüberziehung), so sichert die Abtretung nicht nur den auf dem Darlehens-/Kreditkonto geschuldeten Restbetrag. Vielmehr bezieht sie sich auch auf die durch die Ratenbelastung auf dem Zahlungskonto entstandene Überziehung, dies allerdings auf einen Betrag beschränkt, der den für einen Zeitraum von drei Monaten zu zahlenden Leistungsraten zzgl. der hieraus aufgelaufenen Zinsen entspricht. Sind die Leistungsraten in Zeitabständen von mehr als drei Monaten fällig, so sichert die Abtretung die durch die letzte Ratenbelastung entstandene Überziehung des Zahlungskontos.
Sollte der durch diese Abtretung gesicherte Kredit-/Darlehensvertrag nichtig sein, wirksam angefochten, widerrufen oder aufgehoben werden, oder aus sonstigen Gründen unwirksam oder nicht vollziehbar sein, so sind auch alle hieraus resultierenden vertraglichen und gesetzlichen Ansprüche der Sparkasse gegen den Kreditnehmer gesichert.

☐ **b) Weiter Sicherungszweck:**
Die Abtretung dient zur Sicherung **aller bestehenden und künftigen, auch bedingten oder befristeten Forderungen** der Sparkasse gegen den Kreditnehmer **aus ihrer bankmäßigen Geschäftsverbindung** (insbesondere aus laufender Rechnung, Krediten und Darlehen jeder Art einschließlich etwaiger gesetzlicher Ansprüche und Wechseln). Sie sichert auch Ansprüche gegen den Kreditnehmer aus Wechseln, auch soweit sie von Dritten hereingegeben werden, aus Abtretungen oder gesetzlichem Forderungsübergang und aus vom Kreditnehmer gegenüber der Sparkasse übernommenen Bürgschaften ab deren Fälligkeit, soweit die Sparkasse diese Ansprüche im Rahmen ihrer bankmäßigen Geschäftsverbindung mit dem Kreditnehmer erwirbt.

3 Benachrichtigungspflichten

Der Sicherungsgeber versichert, dass nicht anderweitig über die abgetretenen Ansprüche verfügt ist. Er versichert, dass die Abtretung nicht durch eine Vereinbarung zwischen dem Drittschuldner der abgetretenen Forderung und dem Sicherungsgeber – auch nicht in Form einer Tarif- oder Betriebsvereinbarung – ausgeschlossen ist. Der Sicherungsgeber verpflichtet sich, die Sparkasse **unverzüglich zu benachrichtigen,** wenn die abgetretenen Ansprüche durch irgendeine Maßnahme, z. B. Pfändung, die Begründung einer Aufrechnung oder einen **Wechsel des Drittschuldners** der abgetretenen Forderung, geändert oder beeinträchtigt werden. Der Sicherungsgeber verpflichtet sich, der Sparkasse auf Anforderung seine jeweiligen Lohn- oder Gehaltsbescheinigungen, Provisionsabrechnungen bzw. seinen Rentenbescheid u. ä. Unterlagen vorzulegen.

4 Einwilligungserklärung für Versicherungsträger und die Agentur für Arbeit

Kommt der Sicherungsgeber seiner Verpflichtung, einen Wechsel des Drittschuldners unverzüglich mitzuteilen, nicht nach, gilt Folgendes:

193 550.000 D2 (Fassung Nov. 2018) - v6.1 - o

Geschäftszeichen

Der Sicherungsgeber ist zurzeit bei der *(Krankenversicherung, Mitgliedsnummer)*

krankenversichert. Er ermächtigt hiermit seinen jeweiligen Versicherungsträger und die zuständige Agentur für Arbeit, der Sparkasse seinen jeweiligen Arbeitgeber mitzuteilen.
Zweck der Datenübermittlung durch den Versicherungsträger bzw. die zuständige Agentur für Arbeit ist, dass die Sparkasse trotz unterlassener Mitteilung des Sicherungsgebers über den Wechsel des Arbeitgebers Kenntnis von der Person des Arbeitgebers erlangt. Die Verweigerung dieser Einwilligung kann Anlass geben, an der Ernsthaftigkeit der vom Sicherungsgeber in diesem Vertrag eingegangenen Verpflichtung zur Abtretung von Bezügen zu zweifeln und somit dazu führen, dass die Sparkasse die Stellung anderer Sicherheiten verlangt oder mangels anderer geeigneter Sicherheiten vom Abschluss des Vertrags absieht, bzw. bestehende Forderungen nach den vertraglichen Vereinbarungen fällig stellt.

5 Offenlegung und Verwertung

5.1 Der Sicherungsgeber übergibt der Sparkasse auf Verlangen Abtretungsanzeigen an die Arbeitgeber/Dienstherren. Die Sparkasse wird die Abtretung vorläufig nicht offen legen, ist jedoch unter den nachfolgenden Voraussetzungen dazu berechtigt.

5.2 Die Sparkasse ist berechtigt, die ihr abgetretenen Forderungen und die Sicherungsrechte offen zu legen und zu verwerten, wenn
– ihre gesicherten Forderungen nach dem Kredit-/Darlehensvertrag fällig sind und der Kreditnehmer mit einem Betrag, der mindestens zwei vollen Raten entspricht, in Verzug ist und mindestens zweimal schriftlich zur Zahlung aufgefordert worden ist, wobei die erste Zahlungsaufforderung schon nach Verzug mit nur einer Rate erfolgen kann; bei einem Kredit-/Darlehensvertrag ohne Ratenvereinbarung kann die Offenlegung und Verwertung nach zwei vorangegangenen fruchtlosen schriftlichen Zahlungsaufforderungen erfolgen; oder
– der Kreditnehmer seine Zahlungen insgesamt eingestellt hat oder
– der Kreditnehmer ein gerichtliches Insolvenzverfahren über sein Vermögen beantragt hat.

5.3 Die Sparkasse wird die Offenlegung und Verwertung dem Sicherungsgeber mit einer Frist von vier Wochen vorab androhen. Ist der Sicherungsgeber zugleich der Kreditnehmer, kann die Sparkasse die Androhung mit einer Zahlungsaufforderung verbinden. Eine Fristsetzung ist nicht erforderlich, wenn der Kreditnehmer seine Zahlungen insgesamt eingestellt hat oder er die Eröffnung eines gerichtlichen Insolvenzverfahrens über sein Vermögen beantragt hat; dies gilt nicht, wenn der Kreditnehmer und Sicherungsgeber verschiedene Personen sind.

5.4 Reicht der Zessionserlös nicht zur Befriedigung sämtlicher durch die Abtretung gesicherten Forderungen aus, so wird er nach billigem Ermessen der Sparkasse verrechnet.

6 Freigabe

6.1 Die Sparkasse ist zur Freigabe ihrer Rechte aus der Forderungsabtretung verpflichtet, sobald sie wegen aller ihrer Ansprüche gegen den Kreditnehmer befriedigt ist.
Sie ist schon vorher auf Verlangen zur Freigabe von Forderungen aus dieser Zession nach ihrer Wahl verpflichtet, wenn und soweit der realisierbare Wert der abgetretenen Forderungen sowie aller sonstigen Sicherheiten 110 % aller gesicherten Forderungen der Sparkasse nicht nur kurzfristig übersteigt. Die Deckungsgrenze von 110 % erhöht sich um den jeweils aktuellen Umsatzsteuersatz, soweit die Sparkasse mit der Abführung der Umsatzsteuer aus Verwertungserlösen belastet ist.
Ausgehend vom Nennwert wird bei der Ermittlung des realisierbaren Werts ein angemessener Sicherheitsabschlag wegen etwaiger Forderungsausfälle vorgenommen.

6.2 Die Sparkasse kann diese Freigabepflicht auch dadurch erfüllen, dass sie andere Sicherheiten in entsprechendem Umfang freigibt.

6.3 Soweit der Sicherungsgeber selbst der Kreditnehmer ist, wird die Sparkasse, wenn sie von einem Bürgen oder einem sonstigen Dritten befriedigt wird, die Forderungen auf diesen übertragen, es sei denn, ihr werden Ansprüche anderer nachgewiesen.

7 Allgemeine Geschäftsbedingungen

Die Sparkasse weist ausdrücklich darauf hin, dass ergänzend ihre Allgemeinen Geschäftsbedingungen (AGB) Vertragsbestandteil sind. Die AGB können in den Geschäftsräumen der Sparkasse eingesehen werden und werden auf Wunsch zur Verfügung gestellt.[1]

[1] *Jeder Vertragspartner der Sparkasse erhält ein Exemplar der AGB, soweit noch keine Geschäftsverbindung besteht und der Vertragsabschluss außerhalb der Sparkasse erfolgt.*

Ort, Datum	Ort, Datum
Unterschrift Sicherungsgeber[2]	Unterschrift(en) Sparkasse

[2] *Wenn der Sicherungsgeber eine Militärperson, ein Beamter, ein Geistlicher oder ein Lehrer an einer öffentlichen Unterrichtsanstalt ist, ist gemäß § 411 BGB eine öffentliche oder amtliche Beglaubigung erforderlich, falls nicht der Dienstherr auf diese Formvorschrift verzichtet hat.*

Die Erklärung und die Mehrfertigung(en) sind von dem auf Seite 1 genannten Sicherungsgeber zu unterschreiben!

193 550.000 D2 (Fassung Nov. 2018) - v6.1 - o

Betragsmäßig beschränkte Bürgschaft

Sicherung einzelner Forderungen

Geschäftszeichen

Zur Sicherung **der unter Nr. 1 näher bezeichneten bankmäßigen Ansprüche** verbürgt/verbürgen sich

– nachstehend der Bürge genannt – gegenüber der Sparkasse ohne zeitliche Beschränkung als Selbstschuldner für den in Nr. 1 genannten Hauptschuldner bis zum **Betrag** von[1]

EUR

[1] *Betrag auch in Worten.*

einschließlich Nebenleistungen, wie insbesondere Zinsen und Kosten. Sie gilt neben etwaigen vom Bürgen abgegebenen sonstigen Bürgschaftserklärungen.

1 Sicherungszweck

Die Bürgschaft wird zur Sicherung aller Forderungen der Sparkasse gegen

– nachstehend der Hauptschuldner genannt – übernommen aus

Sollte der durch diese Bürgschaft gesicherte Kredit-/Darlehensvertrag nichtig sein, wirksam angefochten, widerrufen oder aufgehoben werden, oder aus sonstigen Gründen unwirksam oder nicht vollziehbar sein, so sind auch alle hieraus resultierenden vertraglichen und gesetzlichen Ansprüche der Sparkasse gegen den Hauptschuldner gesichert.

2 Erstreckung auf das Zahlungskonto

Werden Leistungsraten (Zins- und Tilgungsbeträge), die nach Nr. 1 abgesichert sind, zu Lasten eines Girokontos des Hauptschuldners (Zahlungskonto) abgebucht und entsteht hierdurch eine Überziehung des Zahlungskontos (insbesondere eingeräumte oder geduldete Kontoüberziehung), so erstreckt sich die Bürgschaft nicht nur auf den noch auf dem Darlehens-/Kreditkonto geschuldeten Restbetrag. Vielmehr bezieht sie sich auch auf die durch die Ratenbelastung auf dem Zahlungskonto entstandene Überziehung, dies allerdings auf einen Betrag beschränkt, der den für einen Zeitraum von drei Monaten zu zahlenden Leistungsraten zuzüglich der hieraus aufgelaufenen Zinsen entspricht. Sind die Leistungsraten in Zeitabständen von mehr als drei Monaten fällig, so erstreckt sich die Bürgschaft auf die durch die letzte Ratenbelastung entstandene Überziehung des Zahlungskontos.

3 Selbstschuldnerische Bürgschaft

Die Bürgschaft ist selbstschuldnerisch unter Verzicht auf die Einrede der Vorausklage übernommen. Der Bürge verzichtet auf die Einrede der Anfechtbarkeit gemäß § 770 Abs. 1 BGB. Auf die Einrede der Aufrechenbarkeit gemäß § 770 Abs. 2 BGB verzichtet der Bürge, soweit die Gegenforderung des Hauptschuldners nicht unbestritten oder nicht rechtskräftig festgestellt ist. Der Bürge kann keine Rechte aus der Art oder dem Zeitpunkt der Verwertung herleiten. Rechte aus der Aufgabe von Sicherheiten, die durch die Allgemeinen Geschäftsbedingungen begründet waren, kann der Bürge nicht herleiten. Die Sparkasse ist nicht verpflichtet, sich zunächst an andere Sicherheiten zu halten, bevor sie den Bürgen in Anspruch nimmt.

4 Mehrere Bürgen

Mehrere Bürgen, die sich in dieser Urkunde verpflichten, haften als Gesamtschuldner.
Bestehen für die Ansprüche der Sparkasse gegen den Hauptschuldner außerhalb dieser Urkunde noch weitere Bürgschaften, so besteht im Verhältnis zu solchen Bürgschaften keine Gesamtschuld; daher werden die Bürgen aus dieser Urkunde durch Leistungen der weiteren Bürgen nicht frei. Im Verhältnis zu den weiteren Bürgen haften die Bürgen aus dieser Urkunde, insoweit in Abweichung von § 769 BGB, für den vollen Betrag ihrer Bürgschaft.

5 Anerkenntnisse

Anerkenntnisse, die der Hauptschuldner der Sparkasse erteilt hat oder noch erteilen wird, haben dem Bürgen gegenüber volle Gültigkeit.

6 Zahlungen des Bürgen

Falls der Bürge Zahlungen leistet, gehen die Rechte der Sparkasse gegen den Hauptschuldner dann auf ihn über, wenn die Sparkasse wegen aller ihrer unter Nr.1 genannten Ansprüche gegen den Hauptschuldner volle Befriedigung erlangt hat. Bis dahin gelten die Zahlungen nur als Sicherheit.

7 Kündigung

7.1 Die Bürgschaft kann unter Einhaltung einer Frist von vier Wochen mit Wirkung für die Zukunft in der Weise gekündigt werden, dass sie mit Wirksamwerden der Kündigung auf die zu diesem Zeitpunkt begründeten Forderungen sowie etwa noch entstehender Forderungen aus den bereits zugesagten Krediten oder Darlehen beschränkt ist.

Sparkasse

193 835.000 D1 (Fassung Sep. 2019) - v11.3

Bearbeitungsvermerke zum Vordruck 193 835.000

Betragsmäßig beschränkte Bürgschaft

Sicherung einzelner Forderungen

Geschäftszeichen

Name des Bürgen (mit genauer Anschrift)

Der Bürge übt folgenden Beruf aus:

Bürgschaftsbetrag einschließlich Nebenleistungen, insbesondere Zinsen und Kosten:[1]

EUR

[1] *Betrag auch in Worten.*

Hauptschuldner:

Kredit:

Der Bürge hat nach eigenen Angaben

☐ **folgendes Vermögen:** EUR

davon unbelastet EUR

☐ **folgendes Einkommen:** EUR

davon frei verfügbar gemäß gesonderter Selbstauskunft EUR

Ist der Bürge aus seinem Einkommen oder Vermögen zur Erfüllung der Bürgschaft in der Lage? ☐ Ja.

☐ **Zum Teil.** ☐ **Nein.** Der Bürge ist **nicht** oder **nur zum Teil** zur Erfüllung der Bürgenverbindlichkeit in der Lage.

Daher sollte seine Bürgschaft grundsätzlich nicht hereingenommen werden. Im vorliegenden Fall wird die Bürgschaft **dennoch** aus folgenden Gründen **befürwortet:**

☐ Der Bürge hat versichert, dass er innerhalb von über eigene Einkünfte aus von EUR ☐ monatlich ☐ jährlich verfügen wird.

☐ Der Bürge hat eine abgeschlossene Berufsausbildung/Qualifikation als und plant einen Berufs(wieder-)einstieg als zum

☐ Der Bürge hat folgendes Eigeninteresse bzw. folgende Eigenvorteile aus dem verbürgten Kredit angeführt:

☐ Sonstiger Grund:

Von der Richtigkeit der obigen Angaben habe ich mich anhand folgender beigefügter Unterlagen vergewissert:

☐ Die Bürgschaft sichert einen befristeten Kontokorrentkredit (eingeräumte Kontoüberziehung), der ggf. prolongiert wird. Der Bürge wurde ausdrücklich auf die Prolongation hingewiesen. **In dem Bürgschaftsvertrag ist unter Ziffer 1 folgender Satz zu ergänzen:** *Die Bürgschaft sichert einen befristeten Kontokorrentkredit (eingeräumte Kontoüberziehung) und bleibt unverändert bestehen, wenn der Kredit prolongiert wird.*

☐ SCHUFA-Klausel ausgehändigt.

Ort, Datum

Unterschrift des Sachbearbeiters, Personal-Nr.

Bearbeitet

Akte

193 835.000 D1 (Fassung Sep. 2019) - v11.3

Information

Strukturieren Sie den Fall in die für die vollständige Kreditbearbeitung anzusprechenden Inhaltsbereiche.

Lesen Sie die Formulare zur Gehaltsabtretung und zur Bürgschaft sorgfältig durch und markieren Sie wichtige Inhalte.

Planen und Entscheiden

Prüfen Sie, welche Informationen und Materialien Sie für die Bearbeitung der Sicherheitenstellung benötigen und erstellen Sie einen Arbeits- und Zeitplan, sodass Sie hinsichtlich der Sicherheiten arbeitsteilig vorgehen können.

Durchführen

Bearbeiten Sie die Unterlagen zu den Handlungsprodukten.

Informationsschrift über die geforderten Sicherheiten

Abtretung von Lohn- und Gehaltsansprüchen zur Darlehenssicherung		
Definition gem. § 398 BGB		
Rechtshandlungen zur Wirksamkeit		
Arten der Abtretung	Offene Abtretung	
	Stille Abtretung	
Rechtliche Wirkung der Abtretung auf das Gläubigerverhältnis		
Fiduziarität der Abtretung		

Durchführen

Abtretung von Lohn- und Gehaltsansprüchen zur Darlehenssicherung	
Umfang des Sicherungszwecks	
Risiken der Lohn- und Gehaltsabtretung im Verwertungsfall	

Skizze zur Sicherungsabtretung

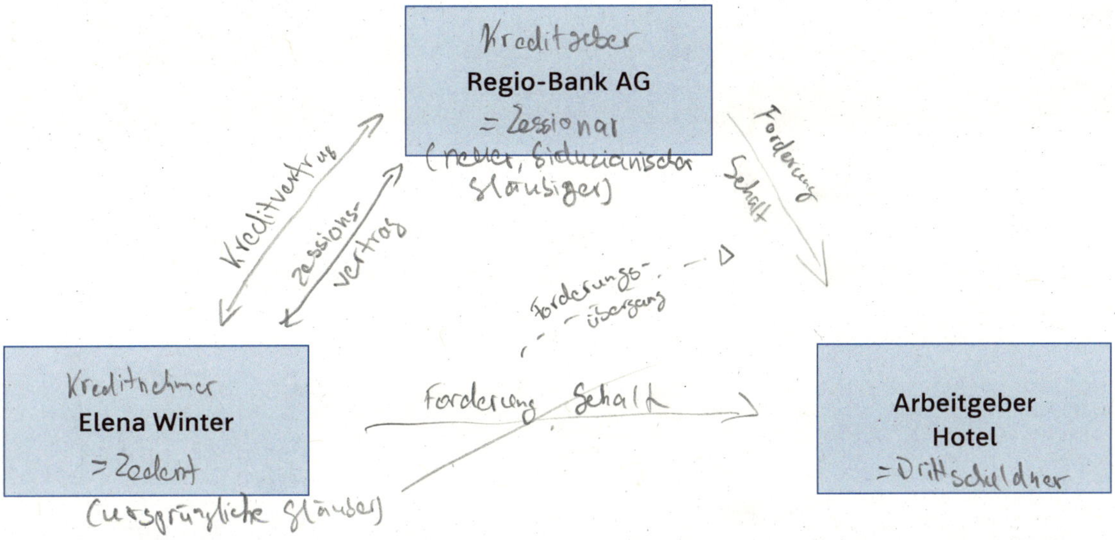

Bürgschaft	
Definition	Bürgschaft ist ein Mittel zur Kreditsicherung. Mit ihrer Hilfe sichert sich das Kreditinstitut ab, für den Fall einer plötzlichen Zahlungsunfähigkeit seitens des KN, indem eine dritte Person zur Begleichung der Schulden herangezogen wird.
Formvorschrift	· schriftlich (§ 766 BGB) ·
Akzessorietät der Bürgschaft	· Verpflichtung aus der Bürgschaft entsteht erst mit dem bestehender Hauptschuld · verringert sich die Hauptschuld, verringert sich die Bürgschaft · erlischt die Hauptschuld, erlischt die Bürgschaft

Durchführen

Bürgschaft	
Erlöschen der Bürgschaft	Bürgschaft erlischt wenn: die Hauptverbindlichkeit erlischt, die Bürgschaft zeitlich befristet war, der Gläubiger ein die Hauptschuld sicherndes Recht ohne Zustimmung des Bürgen aufgibt, die Verbindlichkeit des Hauptschuldners ohne Zustimmung des Bürgen von einem Dritten übernommen wird
Selbstschuldnerische Bürgschaft	**Verzicht auf Einreden** Der Bürge kann sich nicht darauf berufen, dass das KI die Ansprüche durch Aufrechnung gegen eine fällige Forderung des Hauptschuldners befriedigen kann **Zahlungspflicht des Bürgen** Der Bürge verzichtet auf die Einrede der Vorausklage und verpflichtet sich zur Zahlung auf erste Anforderung

Skizze zum Ablauf der Bürgschaftsbestellung

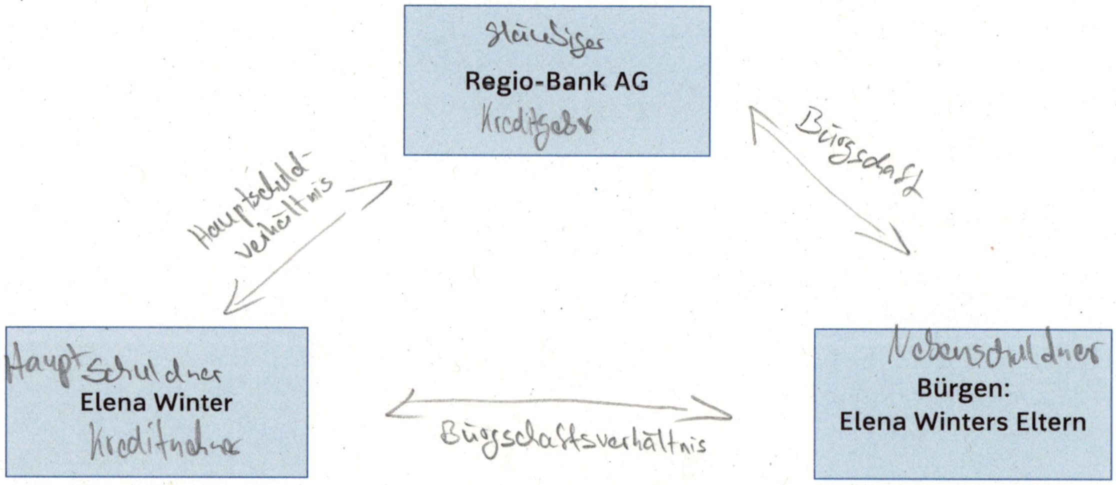

Übersicht möglicher kritischer Einwände gegen einzelne Punkte im Bürgschaftsvertrag

Einwände zu Punkt ... aus dem Bürgschaftsvertrag	Reaktion
Nebenleistung der Bürgschaft wie Zinsen (z.B. Überziehungszinsen) und Kosten sind unklar	Erläuterung der Beschränkung der Überziehungszinsen

Durchführen

Einwände zu Punkt ... aus dem Bürgschaftsvertrag	Reaktion

Füllen Sie die Formulare „Gehaltsabtretung“ und „Bürgschaft“ (Seite 264 und 265) aus.

Kontrolle

- Stellen Sie Ihre Übersichten und Skizzen Ihren Mitschülern vor.
- Bei arbeitsteiligem Vorgehen präsentieren Sie jeweils gegenseitig die von Ihnen bearbeitete Sicherheit.
- Tauschen Sie sich über die möglichen kritischen Einwände gegenüber der Bürgschaft aus. Wo sehen Sie Gemeinsamkeiten, welche Unterschiede stellen Sie fest?

Bewerten

Beobachten Sie sich selbst in unterschiedlichen Sitzhaltungen und überlegen Sie, ob Sie den folgenden Beispielen mit der jeweiligen Interpretation zustimmen.

Sitzhaltung	Interpretation	Ja oder Nein
aufrechtes Sitzen	Sicherheit, Konzentration auf den Gesprächspartner	
lässige Sitzposition	Desinteresse, Überheblichkeit	
Füße um die Stuhlbeine geschlungen	Unsicherheit, Anspannung	
guter Bodenkontakt, Füße leicht geöffnet	selbstsicher, nicht überheblich, souverän	
Arme vor dem Oberkörper verschränkt	Ablehnung	
leicht schräg geneigte Kopfhaltung	Konzentration auf den Gesprächspartner, Interesse	
Oberkörper zurücklehnen	Distanz schaffen	
Annäherung des Oberkörpers	Zustimmung	

Bürgschaftsarten

- gewöhnliche Bürgschaft nach BGB = Ausfallbürgschaft
  § 771 BGB: Einrede der Vorausklage möglich
- selbstschuldnerische Bürgschaft (bankübliche Form): § 773 BGB
  Verzicht auf Einrede der Vorausklage

Aufgabe zur Lernsituation

Abtretung der Gehaltsansprüche

Zur Sicherung eines Ratenkredites hat Silke Förster ihre Gehaltsansprüche an die Regio-Bank AG abgetreten. Silke Förster ist ledig und hat keine Unterhaltsverpflichtungen. Sie erzielt ein monatliches Nettogehalt von 1 720,00 EUR.

a) **Stellen Sie fest, welche zwei der folgenden Aussagen über die Gehaltsabtretung zutreffend sind.** [1] [4]

√ *(1) Die Abtretung der Gehaltsansprüche gehört zu den fiduziarischen Sicherheiten.*
(2) Mit der Abtretung erwirbt die Regio-Bank AG ein Pfandrecht an allen zukünftigen Gehaltsansprüchen von Silke Förster.
(3) Dem Arbeitgeber von Silke Förster wird die Abtretung mitgeteilt, damit er in Zukunft das Gehalt direkt an die Regio-Bank AG überweisen kann.
(4) Eine Offenlegung und Verwertung der Zession wird die Regio-Bank AG der Kundin vorher androhen und erst nach Ablauf einer angemessenen Frist vornehmen.
(5) Die Abtretung der Gehaltsansprüche gehört zu den akzessorischen Sicherheiten.
(6) Zur Verwertung der Sicherheit benötigt die Regio-Bank AG einen vollstreckbaren Titel.

Zur Beurteilung des Sicherungswertes der Abtretung ermitteln Sie den pfändbaren Teil des Gehaltes. Die Pfändungsgrenzen sind in der Zivilprozessordnung (ZPO) geregelt.

Pfändungsgrenzen für Arbeitseinkommen (§ 850c ZPO)
(1) Arbeitseinkommen ist unpfändbar, wenn es, je nach Zeitraum, für den es gezahlt wird, nicht mehr als 1 133,80 Euro monatlich (...) beträgt. Gewährt der Schuldner aufgrund einer gesetzlichen Verpflichtung seinem Ehegatten, (...) Unterhalt, so erhöht sich der Betrag, bis zu dessen Höhe, Arbeitseinkommen unpfändbar ist, auf bis zu 2511,43 Euro monatlich (...) und zwar um 426,71 Euro monatlich (...) für die erste Person, der Unterhalt gewährt wird, und um je 237,73 Euro monatlich (...) für die zweite bis fünfte Person.
(2) Übersteigt das Arbeitseinkommen den Betrag, bis zu dessen Höhe es je nach Zahl der Personen, denen der Schuldner Unterhalt gewährt, nach Absatz 1 unpfändbar ist, so ist es hinsichtlich des überschießenden Betrags zu einem Teil unpfändbar, und zwar in Höhe von drei Zehnteln, wenn der Schuldner keiner der in Absatz 1 genannten Personen Unterhalt gewährt, zwei weiteren Zehnteln für die erste Person, der Unterhalt gewährt wird, und je einem weiteren Zehntel für die zweite bis fünfte Person. Der Teil des Arbeitseinkommens, der 3 475,79 Euro monatlich (...) übersteigt, bleibt bei der Berechnung des unpfändbaren Betrages unberücksichtigt.

b) **Ermitteln Sie den pfändbaren Teil des Gehaltes von Silke Förster.** *EUR* [ ]

410,34

1.720,00
− 1.133,80
586,20 x 3/10
= 175,86

unpfändbar sind: 1.133,80 + 175,86 = 1.309,66
pfändbar: 1.720,00 − 1.309,66 = 410,34

1.5 Kreditfinanzierung oder Leasing des neuen Pkw von Antonia Ruffig

Situationsbeschreibung

Ihre Kundin Antonia Ruffig, 26 Jahre alt, wird in Kürze ihr Masterstudium in Psychologie abschließen. Im Anschluss tritt sie eine Stelle in der Universitätsklinik als Psychologin an. Für den Weg zur Arbeit (etwa 25 km entfernt) benötigt sie allerdings einen Pkw.

Telefonisch erfahren Sie, dass Frau Ruffig sich für ein Elektroauto von Volkswagen interessiert, für das der Staat Fördermittel in Höhe von bis zu 6000,00 EUR bereitstellt.

Sie hält ein Leasingangebot der Car Leasing AG mit einer Leasingrate von 299,00 EUR für sehr attraktiv. Ihnen gelingt es, mit Frau Ruffig für den nächsten Tag einen Beratungstermin zu vereinbaren, um sie von einem Verbraucherdarlehen als Alternative zum Leasing zu überzeugen. Sie haben auch erfahren, dass Frau Ruffig keine Eigenmittel einbringen kann.

Das Leasingangebot der Car Leasing AG schickt sie Ihnen vorab per E-Mail zu:

Fahrzeug	Volkswagen ID.3
Fahrzeugpreis	29430,00 EUR
Euro-Umweltprämie	6000,00 EUR
Reichweite	420 km
Leasingrate monatlich	299,00 EUR
Laufzeit	48 Monate
Preis bei Inanspruchnahme der Kaufoption nach 48 Monaten	12000,00 EUR

Weitere Vertragsvereinbarungen (gekürzt)

1. jährliche Fahrleistung: 10000 km
2. Mehrbelastung pro km: 15 Cent/km
3. Abschluss einer Vollkaskoversicherung auf Rechnung des Leasingnehmers mit Selbstbeteiligung in Höhe von maximal 650,00 EUR
4. Alle mit dem Betrieb des Fahrzeuges zusammenhängenden Kosten trägt der Leasingnehmer.
5. Reparaturen sind unverzüglich in einer Vertragswerkstatt vorzunehmen.
6. Das Fahrzeug ist schonend und nach den Vorschriften der Betriebsanleitung zu behandeln.
7. Es besteht ein Sonderkündigungsrecht bei Untergang des Fahrzeuges oder einem unfallbedingten Reparaturschaden in Höhe von zwei Drittel des Zeitwertes.
8. Änderungen am Fahrzeug dürfen nur in Abstimmung mit dem Leasinggeber vorgenommen werden und sind ggf. bei Rückgabe des Fahrzeugs auf Kosten des Leasingnehmers rückgängig zu machen.
9. Bei Verzug von zwei aufeinanderfolgenden Leasingraten steht dem Leasinggeber ein außerordentliches Kündigungsrecht zu.

Bei Barzahlung des Fahrzeuges hat der Autohändler einen Barzahlungspreis in Höhe von 28000,00 EUR in Aussicht gestellt. Frau Ruffig schien recht überzeugt von dem Leasingangebot zu sein, weshalb Sie mit einigen Einwänden gegenüber Ihrem Finanzierungsvorschlag rechnen.

Bereiten Sie das Beratungsgespräch vor und erstellen Sie

- eine Informationsschrift zum Autoleasing als Finanzierungsalternative,
- eine Vergleichsrechnung der Finanzierungsalternativen und
- eine Übersicht mit Gesprächstechniken zur Entkräftung von Einwänden.

Information

Beschreiben Sie drei Aspekte des Leasingangebotes, die Frau Ruffig überzeugend finden könnte.

Planen und Entscheiden

Erstellen Sie einen Arbeits- und Zeitplan und überlegen Sie sich weitere Informationsquellen zum Thema Leasing.

Durchführen

Bearbeiten Sie die Unterlagen zu den Handlungsprodukten.

Informationsschrift zum Autoleasing als Finanzierungsalternative

Definition Leasing		
Leasingarten	Operate Leasing	Finance Leasing
Eigentums- und Besitzverhältnisse beim Pkw-Leasing		
Versicherungspflicht		

Durchführen

Arten Pkw-Leasing	Restwertabrechnung	Kilometerabrechnung
Vorteile der Leasing-finanzierung		

Vergleichsrechnung der Finanzierungsalternativen

	Leasing	Kreditaufnahme und Barkauf
Monatliche Belastung		
Ergebnis		
Gesamtaufwand		
Ergebnis		

Übersicht mit Gesprächstechniken zur Entkräftung von Einwänden

Einwände der Kundin	Erläuterung der Gesprächs-technik zur Entkräftung des Einwandes	Fallbezogene Anwendung
„Der Leasinggeber übernimmt das Restwertrisiko."	Ja-Aber-Methode:	Entkräftung des Einwandes:

Durchführen

Einwände der Kundin	Erläuterung der Gesprächstechnik zur Entkräftung des Einwandes	Fallbezogene Anwendung
„Mir genügt das Leasingangebot und eine Fahrleistung von 10 000 km.“	Vergleichsmethode:	Entkräftung des Einwandes:
„Ich wollte eigentlich nie einen Konsumkredit aufnehmen.“	Fragemethode:	Entkräftung des Einwandes:
„Beim Leasing habe ich bei Vertragsende die Wahl, das Fahrzeug zu kaufen oder ein neues Auto zu leasen.“	Bumerangmethode (Umkehrmethode):	Entkräftung des Einwandes:
„Die monatliche Belastung ist beim Leasing deutlich geringer.“	Preiseinwandmethode:	Entkräftung des Einwandes:

Kontrolle

Vergleichen Sie Ihr Ergebnis mit Ihren Mitschülerinnen und Mitschülern und erklären Sie sich gegenseitig Ihre ausgewählten Beispiele zur Einwandbehandlung.

Bewerten

Reflektieren Sie die von Ihnen und Ihren Mitschülerinnen und Mitschülern herausgearbeiteten Einwände, indem Sie diese auf Ihre persönliche Einstellung zu Kauf und Finanzierung eines Autos beziehen. Was bevorzugen Sie persönlich – Kaufen oder Leasen, Neuwagen oder Gebrauchtwagen?

Aufgaben zur Lernsituation

1. Autofinanzierung oder Pkw-Leasing?

Helge Reiners möchte einen neuen Pkw erwerben. Da er nicht über genügend liquide Mittel verfügt, möchte er das Fahrzeug entweder über ein Verbraucherdarlehen (Ratenkredit) finanzieren oder den Wagen leasen. Von seinem Autohändler hat er ein Leasingangebot mit Restwertabrechnung erhalten.

a) **Welche der folgenden Aussagen zum Leasingangebot ist zutreffend?** ☐

(1) Die Höhe der Leasingprämie hängt von der Bonität des Leasingnehmers ab.
(2) Die Leasingverträge haben in der Regel eine Laufzeit von 12 bis 18 Monaten.
(3) Der Leasingnehmer muss neben den Wartungs- und Reparaturkosten auch die Kraftfahrzeugsteuer und die Versicherungsprämien tragen.
(4) Ist der kalkulierte Restwert des Pkw kleiner als der Verkaufserlös, verbleibt der Mehrerlös beim Leasinggeber.
(5) Der Leasinggeber ist verpflichtet, eine Vollkaskoversicherung auf den Namen des Leasingnehmers abzuschließen.

Sie möchten Herrn Reiners von einer Kreditfinanzierung im Vergleich zum Leasing überzeugen.

b) **Mit welcher Aussage informieren Sie Ihren Kunden richtig?** ☐

(1) „Die Kreditfinanzierung bringt Ihnen Liquiditätsvorteile, da die monatliche Belastung niedriger ist."
(2) „Bei der Rückgabe des Fahrzeugs an den Leasinggeber am Ende der Laufzeit können zusätzliche Kosten anfallen."
(3) „Verbraucherdarlehensverträge und Leasingverträge können Sie während der Laufzeit nicht kündigen."
(4) „Wenn der Restwert des Fahrzeugs aufgrund von Beschädigungen unter dem kalkulierten Wert liegt, müssen Sie sich selbst um die Verwertung des Fahrzeugs kümmern."
(5) „Beim Leasing werden Sie zwar Eigentümer des Fahrzeugs, die Zulassungsbescheinigung Teil II verbleibt allerdings beim Leasinggeber.

2. Leasingkosten

Ermitteln Sie die Gesamtkosten eines Pkw-Leasing am Ende der Laufzeit anhand des folgenden Auszugs aus dem Leasingvertrag bei einem Kilometerstand von 68 172 km.

EUR ☐☐☐☐☐,☐☐

Auszug aus dem Leasingvertrag:

- Laufzeit: 36 Monate
- Sonderzahlung: 6 000,00 EUR
- monatliche Leasingrate: 230,00 EUR
- jährliche Fahrleistung: 20 000 km
- Kilometerabrechnung: 0,09 EUR je Mehrkilometer

3. Umgang mit Kundeneinwänden

Entkräften Sie die Kundeneinwände mit einer geeigneten Gesprächstechnik.

Kundeneinwand	Einwandbehandlung
„Die Kontoführungsgebühren sind mir zu hoch. Onlinebanken nehmen für die Kontoführung keine Gebühren."	
„Wozu benötigen Sie die SCHUFA-Abfrage? Sie kennen mich doch schon lange als Kunden."	
„Ich habe den Eindruck, dass die AGBs mich als Kunden benachteiligen."	
„Die Bankkarte genügt mir. Damit kann ich auch im Ausland bezahlen. Die Kreditkartengebühren sind mir zu hoch."	

1.6 Notleidender Kredit – Folgen für die Regio-Bank AG und den Verbraucher

Situationsbeschreibung

Selma Cengaz und Frederick Peters, Auszubildende der Regio-Bank AG im zweiten Ausbildungsjahr, haben vor einigen Monaten begonnen, im Rahmen ihrer JAV-Tätigkeit einen monatlichen Newsletter für die Auszubildenden und jungen Angestellten herauszugeben. In diesem Newsletter werden mitunter Fachabteilungen vorgestellt, die die Auszubildenden noch nicht kennen. Der nächste Newsletter zum Thema „Notleidender Kredit – Folgen für die Regio-Bank AG und den Verbraucher" ist in Planung. Diesmal soll die Arbeit der Kreditabteilung, besonders die Bearbeitung notleidender Kredite, vorgestellt werden. Außerdem sollen die Aufgaben der Geschäftsstellen bei notleidenden Krediten beschrieben werden. Selma und Frederick möchten sich ferner an die Schuldnerberatung wenden, um dort Informationen über die Thematik einzuholen.

Selma hat nun für den nächsten Tag einen Gesprächstermin mit Johanna Förster, Leiterin der Kreditabteilung, vereinbart, um sich über die Abwicklung von notleidenden Darlehen bei der Regio-Bank AG zu informieren. Frederick will morgen die örtliche Schuldnerberatung aufsuchen, um die Thematik auch aus einer anderen Perspektive zu durchleuchten.

Selma und Frederick bereiten sich auf die beiden Gespräche vor. Sie haben viele Fragen:

- Wie ist der genaue Ablauf bei ausbleibenden Ratenzahlungen im Hause der Regio-Bank AG geregelt?
- Wird eine Gehaltsabtretung immer offengelegt?
- Stimmt es, dass Verbraucher drei Jahre nach ihrer Insolvenz schuldenfrei sind?
- ... und viele mehr.

Erstellen Sie für den Newsletter

- eine Liste mit Fragen an die beiden Gesprächspartner,
- Informationen und Ablaufskizzen zum notleidenden Kredit, zum gerichtlichen Mahnverfahren und zur Verbraucherinsolvenz
- einen Eingangstext (Header) für den Beitrag im Newsletter, der auf die Problematik notleidender Kredite aufmerksam macht.

Information

Formulieren Sie Fragen, die Sie an die Abteilungsleiterin der Kreditabteilung und an den Mitarbeiter der Schuldnerberatung hätten.

Erkundigen Sie sich nach Regelungen Ihres Ausbildungsinstituts zum Umgang mit notleidenden Krediten.

Planen und Entscheiden

Erstellen Sie einen Arbeits- und Zeitplan und gehen Sie arbeitsteilig hinsichtlich der Bearbeitung der notleidenden Kredite bei der Regio-Bank AG und der Schuldnerberatung vor.

Durchführen

Bearbeiten Sie die Unterlagen zu den Handlungsprodukten.

Liste mit Fragen an die beiden Gesprächspartner

Fragen an die Kreditabteilung

Fragen an die Schuldnerberatung

Durchführen

Information und Ablaufskizzen zum notleidenden Kredit

Abwicklung notleidender Kredite	
Schritt 1: Mahnungen bei Zahlungsverzug	
1. und 2. Mahnung	

erfolglos ↓

3. Mahnung	

erfolglos ↓

Maßnahmen bei erfolgloser Mahnung	

↓

Schritt 2: Fälligstellung des Kredits	
Prüfung der Voraussetzungen § 498 BGB	
Meldung an die SCHUFA	

Durchführen

Ermittlung der Restschuld	

Schritt 3: Verwertung von Sicherheiten nach Androhung und Fristsetzung	
Wahlrecht § 17 ff. AGB	
AGB-Pfandrecht	
Offenlegung Gehaltszession	

Schritt 4: Bei verbleibender Restforderung: Erlangung eines vollstreckbaren Titels	
Arten von vollstreckbaren Titeln	
Zweck des vollstreckbaren Titels	

Durchführen

Informationen zum gerichtlichen Mahnverfahren und zur Verbraucherinsolvenz

Gerichtliches Mahnverfahren	
	Beschreibung des Verfahrens
Mahnbescheid	Antrag ___ ___ Zustellung ___ ___ Widerspruchsrecht ___ ___ ___
Vollstreckungs-bescheid	Erlass ___ ___ Einspruchsrecht ___ ___ Vollstreckbarer Titel ___ ___ ___

Verbraucherinsolvenz	
	Beschreibung des Verfahrens
Ziel	___ ___
Vollstreckungs-bescheid	1. Versuch einer außergerichtlichen Einigung ___ ___ ___ 2. Versuch eines gerichtlichen Vergleichs ___ ___ ___

Durchführen

	3. Eröffnung des Verbraucherinsolvenzverfahrens 4. Restschuldbefreiung und Wohlverhaltensphase

Prüfen Sie, ob alle Fragen an die Leiterin der Kreditabteilung und an den Mitarbeiter der Schuldnerberatung inhaltlich geklärt sind. Welche Fragen sind noch offen?

Fragen	Klärung

Eingangstext (Header) für den Beitrag im Newsletter, der auf die Problematik notleidender Kredite aufmerksam macht

Der Beitrag soll die Leser (Auszubildende und junge Mitarbeiterinnen und Mitarbeiter) ansprechen.

Tipps für Newsletter:

Blickverlauf für den Leser: Das Wichtigste zuerst! Kurz und knackig!

Kontrolle

- **Stellen Sie die Informationen und Ablaufskizzen gegenseitig vor.**
- **Prüfen Sie, ob Sie die folgenden Begriffe verwendet haben und diese erklären können.**
- **Ergänzen Sie Ihre Darstellungen.**

Gerichtliches Mahnverfahren	Insolvenzverfahren
Mahnbescheid	Außergerichtliche Einigung
Widerspruch	Restschuldbefreiung
Frist	Eröffnung des Insolvenzverfahrens
Vollstreckungsbescheid	Wohlverhaltensperiode
Zwangsvollstreckung	Restschuldbefreiung

Bewerten

Diskutieren Sie vor dem Hintergrund Ihrer Ergebnisse aus der Lernsituation die folgenden Aussagen. Beachten Sie bei kontroversen Meinungen zu einzelnen Punkten die Grundsätze des aktiven Zuhörens.

- **Wer zu hohe Schulden hat, ist selbst schuld!**
- **Banken treiben Schuldner in die Überschuldung!**
- **Die Einschränkungen während der Privatinsolvenz sind groß und motivieren zur schnellen Rückzahlung der Schulden!**
- **Autokredite und Handyverträge, es sind immer dieselben Gründe, die in die Überschuldung führen!**
- **Privatinsolvenz: Aus der Krise in die Zukunft!**
- **Ein schuldenfreies Leben schon nach drei Jahren verführt zum Schuldenmachen!**
- **Frühwarnsysteme sind notwendig!**

Aufgaben zur Lernsituation

1. Gerichtliches Mahnverfahren

Welche Aussage zum gerichtlichen Mahnverfahren ist zutreffend? ☐

Aussagen

(1) Das Amtsgericht des Schuldners ist für das Mahnverfahren zuständig.
(2) Das Mahnverfahren beginnt auf Antrag des Schuldners mit dem Erlass eines Mahnbescheides.
(3) Gegen den Mahnbescheid kann innerhalb von zwei Wochen Widerspruch eingelegt werden.
(4) Ein im Zusammenhang mit dem Mahnverfahren erworbener Vollstreckungstitel erleichtert einem Kreditinstitut das Klageverfahren gegen den Schuldner.
(5) Gegen einen nach dem Mahnbescheid erlassenen Vollstreckungsbescheid kann kein Widerspruch eingelegt werden.

2. Ein Kredit soll fällig gestellt werden

Die Regio-Bank AG hat einem Kunden einen Ratenkredit mit einer Laufzeit von 30 Monaten gewährt. Da der Kunde nach Ablauf eines Jahres keine Raten mehr zahlt, möchte die Regio-Bank AG die Restschuld fällig stellen. Welche der nachstehenden Aussagen ist in diesem Zusammenhang zutreffend? ☐

Aussagen

Die Regio-Bank AG ...

(1) ... muss zunächst die Zustimmung des Kunden zur Fälligstellung einholen.
(2) ... muss warten, bis der Kreditnehmer mit mindestens zwei aufeinanderfolgenden Raten sowie mindestens 10 % des Nennbetrages des Darlehens in Verzug gerät.

(3) ... muss vor der Fälligstellung eine Meldung an die SCHUFA machen, damit diese das Negativmerkmal sofort berücksichtigen kann.
(4) ... muss noch bis zum Ablauf von 15 Monaten ab Kreditgewährung warten, da erst zu diesem Zeitpunkt eine Fälligstellung möglich ist.
(5) ... muss warten, bis der Kreditnehmer mit mindestens zwei aufeinanderfolgenden Raten sowie mindestens 5 % des Nennbetrages des Darlehens in Verzug gerät.

3. Verwertung einer Sicherheit – Gehaltsabtretung

Ein Ratenkredit der Regio-Bank AG wurde durch eine Gehaltsabtretung besichert. Nach ordnungsgemäßer Fälligstellung des Kredites fordert die Regio-Bank AG den Arbeitgeber auf, den pfändbaren Gehaltsteils auf ein Konto der Bank zu überweisen. Welche Aussage ist in diesem Zusammenhang zutreffend? ☐

Aussagen
Der Arbeitgeber ...
(1) ... kann die Zahlung mit dem Hinweis verweigern, dass er nur bei einer zum Zeitpunkt der Kreditgewährung offengelegten Abtretung zahlen muss.
(2) ... kann die Zahlung mit dem Hinweis verweigern, dass er der Abtretung bei Abschluss des Kreditvertrages hätte zustimmen müssen.
(3) ... kann die Zahlung mit dem Hinweis verweigern, dass eine Ermittlung des pfändbaren Teils des Gehaltes für ihn weder möglich noch zumutbar ist.
(4) ... kann gegen die Regio-Bank AG die Einrede der Vorausklage vorbringen.
(5) ... kann die Zahlung verweigern, sofern zwischen ihm und seinen Arbeitnehmern eine Vereinbarung besteht, dass Gehaltsbezüge nicht abgetreten werden dürfen.

4. Tim Schmelter kann sein Darlehen nicht zurückzahlen

Tim Schmelter hat von der Regio-Bank AG einen Ratenkredit von 14 000,00 EUR zu folgenden Konditionen erhalten:

- **Nominalzinssatz 9,00 % p. a.**
- **Laufzeit 54 Monate**
- **Monatsrate 316,25 EUR**

a) Ermitteln Sie den Gesamtrückzahlungsbetrag. EUR ☐☐☐☐☐,☐☐

Nach Eingang von 16 Monatsraten stellt der Kreditnehmer die Zahlungen ein.

b) Unter welchen Voraussetzungen kann die Regio-Bank AG das Darlehen fällig stellen?

____

____

____

____

____

Die Regio-Bank AG kündigt nach mehrfachen Mahnungen den Kredit fristgerecht und fordert die Rückzahlung der gesamten Restschuld nach 20 Monaten. Zudem berechnet die Regio-Bank AG Vorzugszinsen gemäß § 288 BGB für die rückständigen Raten. Der Basiszinssatz der Deutschen Bundesbank beträgt 2,00 %.

c) Ermitteln Sie mithilfe einer Excel-Tabelle die Restschuld des Kunden nach 20 Monaten, die sich bei planmäßiger Tilgung ergeben würde. EUR ☐☐☐☐,☐☐

d) Ermitteln Sie die Höhe der Verzugszinsen für die rückständigen Raten. EUR ☐☐,☐☐

e) Ermitteln Sie den Gesamtrückzahlungsanspruch der Regio-Bank AG. EUR ☐☐☐☐☐,☐☐

2 Aufgaben zum Lernfeld

2.1 Finanzierung einer neuen Küche

1. Aufgabe

Julia Böhnke plant den Kauf einer neuen Küche zum Preis von 15000,00 EUR. Da sie nur über ein Sparguthaben von 3000,00 EUR verfügt, beantragt sie bei der Regio-Bank AG einen Ratenkredit über 12000,00 EUR.

Zur Beurteilung der Kreditwürdigkeit nutzt die Regio-Bank AG die Scoring-Methode.

a) Beschreiben Sie das Ziel des Scorings.

b) Nennen Sie zwei Merkmale, die beim Scoring berücksichtigt werden.

2. Aufgabe

Zur Beurteilung der Kreditwürdigkeit nutzen Sie auch externe Auskünfte.

Von welcher Stelle erhalten Sie diese Informationen?

3. Aufgabe

Das Darlehen soll durch eine Abtretung der Gehaltsansprüche gesichert werden.

a) Begründen Sie, warum in der Praxis eine Sicherungsabtretung und nicht eine Verpfändung der Gehaltsansprüche erfolgt.

b) In der Abtretungserklärung wird die Abtretung auf einen Teil des Gehaltes beschränkt. Begründen Sie diese Beschränkung.

4. Aufgabe

Nach einer positiven Kreditwürdigkeitsprüfung unterbreiten Sie der Kundin folgendes Angebot:

- **Nettodarlehensbetrag: 12 000,00 EUR**
- **Sollzinssatz: 7,50 %**
- **Effektivzins nach PAngV: 7,76 %**
- **Laufzeit: 48 Monate**

a) Ermitteln Sie mithilfe der untenstehenden Formel

aa) die Höhe der Monatsraten, *EUR* ______

ab) den Gesamtrückzahlungsbetrag und *EUR* ______

ac) die Höhe der Sollzinsen. *EUR* ______

$$MR = ND \cdot \frac{q^m \cdot (q - 1)}{(q^m - 1)}$$

MR: Monatsrate
ND: Nettodarlehensbetrag
p: Sollzinssatz
m: Laufzeit in Monaten

$$q = (1 + \frac{p}{1\,200{,}00})$$

b) Erläutern Sie die Vorvertraglichen Informationspflichten gegenüber dem Kunden.

5. Aufgabe

Noch vor dem Abschluss des Darlehensvertrages informieren Sie die Kundin über ihr Widerrufsrecht.

a) In welcher Form hat die Information hat die Information zu erfolgen?

b) Wie lang ist die Widerspruchsfrist?

6. Aufgabe

Ein Jahr nach Vertragsabschluss erbt Julia Böhnke von einer Tante 35 000,00 EUR. Sie möchte deshalb das Darlehen vorzeitig kündigen.

Informieren Sie die Kundin, ob und gegebenenfalls unter welchen Bedingungen eine vorzeitige Auflösung des Darlehnsvertrages möglich ist.

2.2 Finanzierung eines Wohnmobils

1. Aufgabe

Die Eheleute Yvonne und Jan Schmidt planen den Kauf eines Wohnmobils zum Preis von 39 990,00 EUR.

Zur Finanzierung des Fahrzeugs beantragen Sie bei der Regio-Bank AG ein Darlehen über 25 000,00 EUR mit einer Laufzeit von fünf Jahren. Der Sollzinssatz beträgt 7,50 %.

Zur Sicherung des Darlehens soll eine Abtretung der Gehaltsansprüche der Kreditnehmer erfolgen.

Ermitteln Sie die Höhe der Monatsraten mithilfe der abgebildeten Tabelle. *EUR* ☐☐☐☐☐

Höhe der Monatsrate bei einer Kreditsumme von 10 000,00 EUR				
Sollzinssatz	**Laufzeit in Monaten**			
	36	**48**	**60**	**72**
6,00 %	304,22 EUR	234,85 EUR	193,33 EUR	165,73 EUR
6,50 %	306,49 EUR	237,15 EUR	195,66 EUR	168,10 EUR
7,00 %	308,77 EUR	239,46 EUR	198,01 EUR	170,49 EUR
7,50 %	311,06 EUR	241,79 EUR	200,38 EUR	172,90 EUR
8,00 %	313,36 EUR	244,13 EUR	202,76 EUR	175,33 EUR
8,50 %	315,68 EUR	246,48 EUR	205,17 EUR	177,78 EUR
9,00 %	318,00 EUR	248,85 EUR	207,58 EUR	180,26 EUR

2. Aufgabe

Folgende Kundendaten sind Ihnen bekannt:

	Jan Schmidt	Yvonne Schmidt
Alter	32 Jahre	30 Jahre
Beruf	Informatiker	Bürokauffrau
Arbeitgeber	DataSoft AG	Weber & Theissen GmbH
beschäftigt seit	9 Jahren	6 Jahren

Yvonne und Jan Schmidt sind seit einem Jahr verheiratet und haben keine Kinder. Sie besitzen zwei Pkws.

Die Haushaltsrechnung ergibt folgende Daten:

Monatseinnahmen	Betrag	Monatsausgaben	Betrag
Nettoeinkommen 1. Kreditnehmer	2 200,00 EUR	Miete inkl. Nebenkosten	840,00 EUR
Nettoeinkommen 2. Kreditnehmer	1 400,00 EUR	Lebensversicherung	100,00 EUR
Kindergeld	– – –	Weitere Kredite	280,00 EUR
Sonstige Einkünfte	keine	Segelverein	140,00 EUR
		Lebenshaltungskosten	800,00 EUR
		Autokosten (2 Pkws)	400,00 EUR

Prüfen und beurteilen Sie die Kapitaldienstfähigkeit der Eheleute Schmidt.

3. Aufgabe

Sie ermitteln weitere Daten für den Darlehensvertrag.

Nennen Sie folgende, im Darlehensvertrag anzugebende Kreditdaten.

a) Gesamtrückzahlungsbetrag EUR

b) Summe der Sollzinsen EUR

4. Aufgabe

Als die Ratenzahlungen auch in der Folgezeit ausbleiben, möchte die Regio-Bank AG den Kredit kündigen. Zudem beabsichtigt die Bank, die Gehaltsabtretung offenzulegen.

a) Unter welchen Voraussetzungen kann der Kredit fällig gestellt werden?

b) Unter welchen Voraussetzungen darf die Zession offengelegt werden?

2.3 Jessica Peters möchte einen Pkw leasen oder kreditfinanzieren

1. Aufgabe

Jessica Peters möchte sich einen neuen VW Passat zulegen, da ihr alter Wagen in die Jahre gekommen ist. Sie benötigt den Pkw insbesondere, um zu ihrem Arbeitsplatz zu fahren. Ihre jährliche Fahrleistung beträgt ca. 13000 km.
Frau Peters ist langjährige Kundin der Regio-Bank AG und verfügt über Eigenmittel in Höhe von 8000,00 EUR, die sie für die Finanzierung des Pkw einsetzen könnte. Bei Barzahlung des Fahrzeugs hat ihr der Autohändler einen Barzahlungsrabatt in Höhe von 5 % auf den Bruttopreis angeboten.
Zudem hat Jessica Peters von einem Autohändler ein nach ihrer Meinung sehr interessantes Leasingangebot erhalten:

Angebot der Volkswagen Leasing GmbH	
Fahrzeugklasse	Passat Variant Highline 1,4 l TSI ACT
Fahrzeugpreis	Nettopreis 31 000,00 EUR + 19 % MwSt. 5 890,00 EUR Bruttopreis 36 890,00 EUR
Sonderzahlung zu Beginn des Leasingvertrages (einmalig)	5 000,00 EUR
Laufzeit	48 Monate
Monatliche Leasingrate	Nettorate 311,00 EUR + 19 % MwSt. 59,09 EUR Bruttorate 370,09 EUR
Vertragsart	Kilometerabrechnung
Übernahmeoption	Der Leasingnehmer hat das Recht, den Pkw nach Ablauf des Vertrages zum Preis von 17 000,00 EUR zu erwerben.

Sie möchten der Kundin als Finanzierungsalternative ein Verbraucherdarlehen anbieten. Nach einer Bonitätsprüfung wird Jessica Peters der Scoring-Klasse 9 zugeordnet. Die Regio-Bank AG bietet Kunden dieser Scoring-Klasse Darlehen zu folgenden Konditionen an:

Autokredit-Konditionen der Regio-Bank AG	
Nettokreditbetrag (Spanne)	25 000,00 bis 40 000,00 EUR
Sollzinssatz	5,50 %
Effektivzinssatz	5,65 %
Laufzeit	4 Jahre

Ratenkredite mit monatlicher Tilgungsverrechnung

Höhe der Monatsrate bei einer Kreditsumme von 10 000,00 EUR

Sollzinssatz p. a.	Laufzeit in Monaten						
	36	42	48	54	60	66	72
5,00 %	299,71 EUR	260,03 EUR	230,29 EUR	207,18 EUR	188,71 EUR	173,62 EUR	161,05 EUR
5,50 %	301,96 EUR	262,29 EUR	232,56 EUR	209,47 EUR	191,01 EUR	175,93 EUR	163,38 EUR
6,00 %	304,22 EUR	264,56 EUR	234,85 EUR	211,77 EUR	193,33 EUR	178,26 EUR	165,73 EUR
6,50 %	306,49 EUR	266,85 EUR	237,15 EUR	214,08 EUR	195,66 EUR	180,61 EUR	168,10 EUR
7,00 %	308,77 EUR	269,14 EUR	239,46 EUR	216,42 EUR	198,01 EUR	182,98 EUR	170,49 EUR
7,50 %	311,06 EUR	271,45 EUR	241,79 EUR	218,76 EUR	200,38 EUR	185,37 EUR	172,90 EUR
8,00 %	313,36 EUR	273,77 EUR	244,13 EUR	221,12 EUR	202,76 EUR	187,78 EUR	175,33 EUR

Berechnen Sie auf Basis der gegebenen Informationen

a) den benötigten Nettodarlehensbetrag (auf volle 100,00 EUR aufrunden), EUR

b) die monatliche Rate, EUR

c) die Höhe der Kreditkosten und EUR

d) den Gesamtaufwand für den Pkw bei einer Kreditfinanzierung. EUR

2. Aufgabe

Frau Peters möchte das Finanzierungsangebot der Regio-Bank AG mit dem Leasingangebot vergleichen. Die Höhe der festgesetzten Leasingrate kann sie nicht nachvollziehen.

a) Erklären Sie, aus welchen Bestandteilen sich Leasingprämien und Darlehensraten zusammensetzen.

b) Ermitteln Sie für das Leasingangebot die Gesamtkosten

ba) bei einer Rückgabe des Fahrzeugs am Laufzeitende, *EUR*

bb) bei einer Übernahme des Fahrzeugs am Laufzeitende. *EUR*

3. Aufgabe

Sie möchten Jessica Peters von den Vorteilen Ihres Finanzierungsangebotes überzeugen.

Erläutern Sie drei Argumente, die für eine Kreditfinanzierung im Vergleich zum Leasing sprechen.

2.4 Sicherungsübereignung eines Pkw

1. Aufgabe

Alexander von Hugenstein benötigt zur Finanzierung seines neuen Mercedes S-Klasse einen Ratenkredit von 60 000,00 EUR. Zur Sicherung des Darlehens soll der Pkw an die Regio-Bank AG sicherungsübereignet werden.

a) Begründen Sie, warum in der Praxis eine Sicherungsübereignung und nicht eine Verpfändung des Pkw erfolgt.

b) Beschreiben Sie die Rechtshandlungen, die zur Bestellung der Sicherheit notwendig sind.

c) Nennen Sie drei Inhalte des Sicherungsübereignungsvertrages, die den fiduziarischen Charakter dieser Sicherheit verdeutlichen.

2. Aufgabe

Die Regio-Bank AG fordert den Kunden auf, die Zulassungsbescheinigung Teil 2 bei der Bank einzureichen.

Begründen Sie, warum die Regio-Bank AG vom Kreditnehmer die Zulassungsbescheinigung Teil 2 verlangt.

3. Aufgabe

Die Regio-Bank AG fordert von der Versicherung einen Sicherungsschein an.

Welche Bedeutung hat der Sicherungsschein für die Bank?

4. Aufgabe

Alexander von Hugenstein gerät in Zahlungsschwierigkeiten und kann das Darlehen nicht zurückzahlen.

Beschreiben Sie die Verwertung des Sicherungsgutes.

2.5 Besicherung eines Darlehens durch Pfandrechte

1. Aufgabe

Leo Faber beantragt bei der Regio-Bank AG ein Darlehen von 35 000,00 EUR. Folgende Sicherheiten bietet der Kunde an:

- **Goldmünzen im Wert von 10 000,00 EUR**
- **Aktien im Kurswert von 50 000,00 EUR im Depot von Leo Faber bei der Westbank AG**

Die Goldmünzen und das Depot sollen zur Sicherung des Darlehens an die Regio-Bank AG verpfändet werden.

Beurteilen Sie die angebotenen Werte auf ihre Eignung als Kreditsicherheit und bestimmen Sie die jeweiligen Beleihungsgrenzen.

2. Aufgabe

Die Regio-Bank AG und Leo Faber schließen einen Pfandvertrag.

a) Beschreiben Sie die Bestellung des Pfandrechts an den Goldmünzen.

b) Beschreiben Sie die Bestellung des Pfandrechts an den Wertpapieren.

3. Aufgabe

Die Regio-Bank AG bittet die Westbank AG um einen Verzicht auf ihr AGB-Pfandrecht.

Begründen Sie diese Bitte.

4. Aufgabe

Leo Faber gerät in Zahlungsschwierigkeiten und kann das Darlehen nicht zurückzahlen.

a) Unter welchen Voraussetzungen kann die Regio-Bank AG die Sicherheiten verwerten?

b) Beschreiben Sie die Verwertung der Goldmünzen.

c) Beschreiben Sie die Verwertung der Wertpapiere.

2.6 Verpfändung eines Wertpapierdepots

1. Aufgabe

Die Regio-Bank AG gewährt Ferdinand Zilke einen Bauzwischenkredit über 30000,00 EUR, Laufzeit sechs Monate.

Zur Besicherung sollen folgende bei der Regio-Bank AG unterhaltene Depotwerte des Kunden eingesetzt werden:

- **nom. 25000,00 EUR 4,25%-Bundesobligationen, Kurs 99,5%, Beleihungssatz 90%, GS**
- **168 Stück PETRO-Chemie-AG-Aktien, Kurs 127,00 EUR, Beleihungssatz 60%, GS**

Ermitteln Sie den Beleihungswert der Wertpapiere.
(Das Gesamtergebnis ist auf volle 1 000,00 EUR abzurunden.) EUR

2. Aufgabe

Die Bundesobligationen sollen in ihrem gesamten Umfang, die PETRO-Chemie-AG-Aktien nur in der Stückzahl als Sicherheit hereingenommen werden, die zur Herstellung des erforderlichen Sicherungsrahmens notwendig ist.

a) Wie viel PETRO-Chemie-AG-Aktien sind im Depot des Kunden zu sperren?

b) Welche Information über das Pfandrecht an den Wertpapieren ist zutreffend? 5

(1) Mit der Verpfändung der Wertpapiere erwirbt die Regio-Bank AG das Eigentum an den Effekten.
(2) Während der Laufzeit des Darlehens darf Ferdinand Zilke die Wertpapiere nicht verkaufen.
(3) Die Verwertung der Wertpapiere bei Nichterfüllung des Kreditvertrages erfolgt durch öffentliche Versteigerung.
(4) Die Verpfändung ist den Emittenten der Wertpapiere anzuzeigen.
(5) Das Pfandrecht erlischt automatisch, wenn Ferdinand Zilke das Darlehen getilgt hat.

2.7 Bürgschaft

Alina Kubiak hat bei der Regio-Bank AG einen Ratenkredit über 15 000,00 EUR zur Finanzierung einer neuen Küche beantragt. Ihr Vater Lothar Kubiak ist bereit für das Darlehen zu bürgen.
Welche der folgenden Aussagen zur Bürgschaft ist richtig? 4

(1) Der Bürgschaftsvertrag kann formfrei geschlossen werden.
(2) Die Bürgschaft ist ein einseitiges Rechtsgeschäft, in dem sich Lothar Kubiak gegenüber der Regio-Bank AG verpflichtet, für die Verbindlichkeiten von Alina Kubiak einzutreten.
(3) Bei einer selbstschuldnerischen Bürgschaft muss Lothar Kubiak erst zahlen, nachdem die Regio-Bank AG eine erfolglose Zwangsvollstreckung in das bewegliche Vermögen von Alina Kubiak betrieben hat.
(4) Die Regio-Bank AG prüft die Bonität von Alina Kubiak und von Lothar Kubiak.
(5) Die Bürgschaft gehört zu den fiduziarischen Sicherheiten. Sie erlischt somit nicht automatisch, wenn die gesicherte Forderung getilgt ist.

2.8 Notleidender Kredit

1. Aufgabe

Helene Breuer, Kundin der Regio-Bank AG, ist arbeitslos und konnte die Raten ihres Verbraucherdarlehens in den vergangenen zwei Monaten nur teilweise zahlen.

anfängliche Darlehenshöhe	16 000,00 EUR
Laufzeit	60 Monate
Sollzinssatz	8,50 %
Monatsrate	369,72 EUR
aktuelle Restschuld	8 940,00 EUR

Nachdem die Kundin auf Gesprächsangebote der Regio-Bank AG nicht reagiert hat, möchte die Regio-Bank AG das Darlehen fällig stellen.

Wie hoch muss der Zahlungsrückstand mindestens sein, damit die Regio-Bank AG das Darlehen fällig stellen kann? ☐

(1) 1 600,00 EUR
(2) 894,10 EUR
(3) 800,00 EUR
(4) 739,44 EUR
(5) 359,72 EUR

2. Aufgabe

Die Regio-Bank AG hat das Darlehen fällig gestellt, nachdem Helene Breuer nunmehr mit vier Monatsraten in Verzug ist.

Welchen Betrag kann die Regio-Bank AG von der Kundin fordern? ☐

(1) 8 940,00 EUR und Zinsen für die rückständigen Raten in Höhe von 8,50 % p. a.
(2) 8 940,00 EUR und als Vorfälligkeitsentgelt 5 % des Darlehensbetrages
(3) 8 940,00 EUR und als Vorfälligkeitsentgelt 10 % des Darlehensbetrages
(4) 8 940,00 EUR und Verzugszinsen für die rückständigen Raten in Höhe des Basiszinssatzes
(5) 8 940,00 EUR und Verzugszinsen für die rückständigen Raten in Höhe des Basiszinssatzes zuzüglich 5,00 % p. a.

Bildquellenverzeichnis

EUFISERV Payments s.c.r.l., Bruxelles: 89.3. |EURO Kartensysteme GmbH, Frankfurt am Main: 85.1, 86.2, 86.3, 89.1, 89.2, 89.4. |fotolia.com, New York: Alter-falter 247.1, 255.1; B. Wylezich 118.1; blende11.photo 210.1; contrastwerkstatt 31.1; corinna 13.1; kir_prime 21.1; momius 228.1; PhotoSG 92.1; Stockfotos-MG 43.1; Tim, Julia 89.6. |Handelsverband Deutschland - HDE - e.V., Berlin: 86.1, 89.7, 105.1. |Hild, Claudia, Angelburg: 209.1. |Imago, Berlin: ITAR-TASS 161.1. |KAHOOT!: 231.1. |Mastercard Europe SPRL, Frankfurt am Main: 2020, Maestro ist ein eingetragenes Markenzeichen und das Kreisdesign ist ein Markenzeichen von Mastercard International Incorporated. 89.9. |Microsoft Deutschland GmbH, München: 19.1, 23.1, 23.2, 23.3, 77.1, 115.1; Ettmann, Bernd; Hürth 200.1, 202.1, 203.1, 219.1, 221.1. |Picture-Alliance GmbH, Frankfurt/M.: CHROMORANGE / Peter Kirschner 263.1; dpa-infografik 59.1; dpa/ Lenz, Katja 84.1; dpa/Kleefeldt, Frank 111.1. |stock.adobe.com, Dublin: Antonio 32.2; ASDF 7.1; Cagkan 32.1; contrastwerkstatt Titel, 75.1, 191.1, 241.1; DOC RABE Media 37.1; F8studio 8.1, 276.1; Finanzfoto 49.1; industrieblick 169.1; jonasginter 61.1; Jung, Christian 216.1; k.u.r.t. 123.1; Kostic, Dusan 17.1; leszekglasner 140.1; LIGHTFIELD STUDIOS 139.1; MQ-Illustrations 205.1; peterschreiber.media 222.1; Photographee.eu 148.1; runzelkorn 242.1; s4svisuals 98.1; StockRocket 76.1; 192.1, 192.1; thodonal 155.1; VanderWolf Images 176.1, 271.1. |www.cashgroup.de: 89.5. |© Deutscher Sparkassen Verlag, Stuttgart: 112.1, 113.1, 130.1, 211.1, 211.2, 264.1, 264.2, 265.1, 265.2. |© Visa: 2020 89.8.

Umschlagfoto: stock.adobe.com, Dublin (contrastwerkstatt)

Wir arbeiten sehr sorgfältig daran, für alle verwendeten Abbildungen die Rechteinhaberinnen und Rechteinhaber zu ermitteln. Sollte uns dies im Einzelfall nicht vollständig gelungen sein, werden berechtigte Ansprüche selbstverständlich im Rahmen der üblichen Vereinbarungen abgegolten.